本书系"研究阐释党的十九届五中全会精神国家社科基金重大项目'推进以县城为重要载体的城镇化建设研究'（21ZDA071）"成果

从"镇"
到"市"的蝶变

龙港新型城镇化综合改革研究

张蔚文 李 实 刘 亭 等 编著

ZHEJIANG UNIVERSITY PRESS
浙江大学出版社

图书在版编目（CIP）数据

从"镇"到"市"的蝶变：龙港新型城镇化综合改革研究 / 张蔚文等编著. -- 杭州：浙江大学出版社，2021.12（2024.7重印）

ISBN 978-7-308-22223-5

Ⅰ.①从… Ⅱ.①张… Ⅲ.①城市化—发展—研究—温州 Ⅳ.①F299.275.53

中国版本图书馆CIP数据核字（2021）第276511号

从"镇"到"市"的蝶变：龙港新型城镇化综合改革研究

张蔚文　李　实　刘　亭　等编著

策划编辑	张　琛　吴伟伟
责任编辑	陈佩钰（yukin_chen@zju.edu.cn）
文字编辑	葛　超
责任校对	许艺涛
封面设计	周　灵
出版发行	浙江大学出版社
	（杭州天目山路148号　　邮政编码：310007）
	（网址：http://www.zjupress.com）
排　　版	浙江大千时代文化传媒有限公司
印　　刷	杭州高腾印务有限公司
开　　本	710mm×1000mm　1/16
印　　张	19.5
字　　数	310千
版 印 次	2021年12月第1版　2024年7月第3次印刷
书　　号	ISBN 978-7-308-22223-5
定　　价	78.00元

浙江大学出版社市场运营中心联系方式：　（0571）88925591；http://zjdxcbs.tmall.com

序一

永立潮头：改革中的龙港

2019 年 9 月 25 日，龙港正式撤镇设市，实现了由"农民城"到全国首个"镇改市"的历史蝶变。在撤镇设市两周年之际，回顾"发端于改革、兴起于改革"的龙港路径，我不免感慨万千。适逢《从"镇"到"市"的蝶变》一书作者邀我作序，我得以有机会先睹为快，重新认识龙港系统集成改革的制度成果和实践成果。

作为"中国农民自费造城的样板"，20 世纪 80 年代，龙港从鳌江南岸的小渔村迅速成长为"温州模式"下城镇化的典型。为了进一步解放生产力和优化宜居环境，成为真正意义上的城市，龙港人民付出了 30 多年的努力，持续推进龙港建市。为此，龙港先后抓住全国小城镇综合改革试点、温州市强镇扩权改革试点、浙江省首批小城市培育试点、国家新型城镇化综合试点等多轮机遇，尝试探索出一条职能分工合理、行政层级优化、管理机构精简、行政成本降低、行政效能提高、公共服务改善、治理能力提升的新型设市模式。2019 年 9 月，县级龙港市正式设立，经过近两年的努力探索，龙港初步形成了一整套通过政务改革赋能新型城镇化建设的县域治理模式，这也正是《从"镇"到"市"的蝶变》一书写作的初衷。

从体制变革的角度来看，如何引领改革创新之先，探索建立一套精简、高效、创新的新型设市模式，打造全国性的"示范窗口"，对龙港来说是一个重大的挑战。借助 2014 年列入首批国家新型城镇化综合试点的机会，龙港积极推进大部门制改革和扁平化管理，通过政府职能的整合和转移，进行了县级市的城市管理探索，为 2019 年的"撤镇设市"奠定了良好的基础。面临党政机构行政编制"只减不增"的硬约束，龙港的"大部制"改革以"合并同类项"为原则，打通工作性质和职能相近的部门，将党政横向部门机构数从 41 个调整为 15 个，比省内同类县市机构数量少约 60%。作为全国唯一的不设乡镇、街道的县级行政区，龙港"扁平化"改革伊始，是按照"市管村居、分片服务"的管理体制，设立了 9 个片区服务综合体，将 102 个社区划分成 384 个网格，实现了市直管社区，减少了行政层级；随着扁平化改革的进一步深入，再加上考虑到"片区"概念的模糊性，龙港市取消片区层级，组建 26＋1（龙港新城）个社区联合党委，并相应设立联勤工作站和社区综合服务中心，建立起"三位一体"的基层治理运行体系。龙港还在全国率先创设了基层治理委员会，统筹协调社区和基层治理平台事务，同时赋予社区相应的社会管理和公共服务职能，并把若干政府行政审批和公共服务事项通过电子网络平台延伸至社区。

此外，龙港还开启了一系列的治理工具创新。如在"一枚印章管审批""一张清单转职能"等实际治理场景中，龙港创建了政务服务全域同权就近办的新模式；并且充分地调动起市场、社会的力量，打造多方合力、共治共享的社会参与体系，为构建"小政府、大社会"的治理格局提供了可参照的样板。本书"体制变革篇"的五章，分别从行政管理"大部制"、基层治理"扁平化"、全域一体化政务服务、"整体智治"、干部激励的维度，系统总结了龙港改革中可以复制、可以推广的经验，并为进一步提升龙港治理体系和治理能力的现代化出谋划策。

从新型城镇化建设的角度来看，作为全国首个"镇改市"，龙港市对于新型城镇化综合改革的探索，寄托着习近平总书记的亲切关怀和殷切嘱托。有别于西方所谓"城市化"的概念，"城镇化"的表述与定位意味着县城和中小城镇是我国城镇化进程中的重要战略方向之一。对比国外发达经济体，我国县城和小城镇建设还处于现代化水平低、基础公共服务不完善的阶段，是新型城镇化建设中的突出短板，其经济衰退和人口流失，不仅会导致大量人口涌入大城市，加剧"大城市病"，也会弱化县城作为城乡间要素流动枢纽的作用，影响乡村振兴、城乡融合和共同富裕的历史进程。为此，浙江、江苏、广东等地的经济发达县、经济强镇、"特大镇"等，先后对如何走出一条新型城镇化的路子进行了有益探索，其实践路径聚焦于两个方向：一是"强镇扩权""强县扩权""省直管县"，争取更多的行政管理权限，破解权责倒挂问题；二是"赋权扩能"，如"县改市""镇改市"等，进行更深入的行政体制改革。

从龙港的实践来看，龙港是典型的自下而上的城镇化，印刷业等产业的空间集聚对农村剩余劳动力产生巨大拉力，进而驱动城镇基础设施建设和公共服务发展，作为"农民城"的龙港就此成形。然而，作为特大镇和经济发达镇的典型代表，龙港长期面临"公共品提供不足"的困境，尽管开展了一轮又一轮"强镇扩权"试验，但没有从根本上摆脱政府城市管理职能和职权不足的困境。"镇改市"后，龙港被赋予了县级市政府的财政权、人事权、审批权等，在用地指标、财政额度、辖区空间上获得了更多的公共资源配置权，在一定程度上打破了资源约束造成的新型城镇化建设的"天花板"。当然，"镇改市"不仅解决了乡镇作为基层政府"责大权小功能弱"的问题，也意味着龙港全域城市化、农村社区化的提速，其所承担的城市管理和服务事项愈发复杂。以打造全国新型城镇化改革策源地为目标，围绕人口迁移的"自由化"、土地利用的"集约化"、资金运作的"市场化"，龙港积极推动并优化土地、劳动力、资本、技术、数据等要素的市场化配置，高质量推进产业融合发展、城乡融合发展、县域共同富裕。本书"城镇化改革篇"的四章，正是围绕以上维度，梳理了龙港在全域城市化、农村社区化中的工作亮点、成效与经验。

龙港发端于改革，兴起于改革，自建镇到设市，再到体制变革和新型城镇化建设，贯穿其中的一条主线就是强烈的改革创新意识。《从"镇"到"市"的蝶变》这一书名，很好地点出了龙港发展的历程和成果——过去，龙港牢牢把握国家顶层设计为其提供的历史机遇，经过数年改革探索，成功升格为市，在承载着"中国第一农民城""中国印刷城"、联合国开发署"可持续发展试点镇"、十八大以来全国首个"镇改市"等一长串美誉的沃土上化茧成蝶；现在，行政建制的蝶变为龙港插上了腾飞的翅膀，龙港加大先行先试探索力度，全力做好龙港撤镇设市改革"后半篇文章",初步形成了一整套通过政务改革赋能新型城镇化建设的县域治理模式,其改革实践为我们分析新型城镇化背景下特大镇行政体制改革的基本逻辑与优化路径提供了鲜活的观察样本。我们有理由期待,飞越鳌江的龙港不仅使龙港的面貌焕然一新,更是为全国新型城镇化改革输出可复制的经验做法,形成新型城镇化改革的"蝴蝶效应",成为新时代中国改革发展的排头兵。

仇保兴

2021 年 8 月于北京

序二

龙港做对了什么？

我是 1998 年进入城市化这一研究领域的，彼时浙江省第十次党代会在全国第一个正式推出了城市化发展战略。2006 年，浙江又在全国第一个提出"走新型城市化道路"。出于工作上的联系和学习的兴趣，我一直在关注着这个领域的理论创新和实践探索，也因此出过几本小册子。

这次能具体参与对龙港市"撤镇设市"两周年的调研和相应研究成果的形成，实属三生有幸。至于要为本书写篇序言，实在是课题组织者对我的高看一眼。作为请辞前的浙江大学中国新型城镇化研究院专家委副主任，以及浙江大学区域与城市发展研究中心的主任，尽管力所不逮、勉为其难，面对诚挚的盛情相邀，也只能是"恭敬不如从命"了。

世纪之交，诺贝尔经济学奖得主斯蒂格里茨曾提及世界范围内的两件大事：一件是中国的城市化，另一件是美国的新技术革命。结合新时代的初心和使命，我们便有了"一体两翼"的"发展新政"："一体"是在两个"一百年"基础上实现中华民族的伟大复兴，也即中国梦，这是全国人民共同的奋斗目标和不懈追求。"两翼"中的一翼为"创新驱动发展"，另一翼为"新型城镇化"，这是我们实现目标追求的两条主要路径。

推进城镇化对于中国这样一个后发国家的意义，怎么估计都不会过高：现代化是我们孜孜以求的美好愿景，而"城镇化是现代化的必由之路"[①]；发展特别是经济发展是解决一切问题的基础，而"城镇化是保持经济持续健康发展的强大引擎"；"三农"是全党工作的重中之重，而"城镇化是解决'三农'问题的重要途径"；产业结构的高级化是增进国际竞争力的要害所在，而"城镇化是加快产业结构转型升级的重要抓手"；国家的稳定有赖于区域发展的相对均衡，"城镇化是推动区域协调发展的有力支撑"；在物质共同富裕的同时，我们还要实现精神共同富有，而"城镇化是促进社会全面进步的必然要求"。

然而，在中国的语境下，与其讲城镇化的发展，还不如说是城镇化的改革。因为城乡二元结构体制，是新中国成立以后实行计划经济给我们留下的"遗产"之一，也是一个因人为阻断城市化伴随工业化进程的"怪胎"。随着改革开放的启动，尤其是农民进城打工潮的兴起，这一本应能够较快改变的被动局面，却囿于利益格局的固化和体制变革的滞后，不幸地成为一个"半拉子工程"，甚至还出现了种种"见物不见人、兴城不兴业"的重大偏差。直到紧随党的十八大专题召开了中央城镇化工作会议，明确提出"走以人为核心的新型城镇化道路"，中国的城镇化才算是进入了一个比较健康可持续的发展轨道。

龙港难能可贵的是，作为地方冲破旧体制藩篱的城镇化案例，从一开始就是坚持以户籍、土地、社保、行政管理体制的综合配套改革，来促进农业转移人口市民化的伟大历史变迁。谁又能够想象，不过是几户人家的一个小渔村，仅仅历经 42 年的改革和发展，如今竟变身为一个拥有 46 万人口、184 平方公里、年产出 316.4 亿元的县级市。这是一个多么令人震撼的发展奇迹，又是一场何等波澜壮阔的社会变革！

龙港做对了什么？如果接着要健康可持续地发展下去，我们还要坚持什么？

发展其实是有"路径依赖"的。一地良好的发展，既要善扬既有的传统优势之长，又要在此基础之上，审时度势、与时俱进，顺势培育潜在的新兴优势。这两方面优势的深度融合、良性互动，正是习近平总书记当年主政浙江时提

---

① 本段所有引文均见《国家新型城镇化规划（2014—2020 年）》。

出的"八（既有优势）八（新兴优势）战略"优势论之精华，亦为区域经济特色竞争发展战略之要旨。

回望当年龙港的平地崛起，什么才是它"做对了的"最大秘诀所在呢？我思来想去，最能说明问题和指引方向的，还是党的十九大报告所指出的"要素市场化配置"。

近代的双要素论，最初由 400 年前的英国古典经济学家威廉·佩第提出，谓之"劳动是财富之父、土地是财富之母"。及至今日，党的十九届四次全会《决定》，已将之扩展为"劳动、资本、土地、知识、技术、管理、数据等生产要素"的七（全）要素论。但其中最本源的，还是前三项。如果有心结合龙港的城镇化实践，我们可以比照悟到的是：

首先是"劳动"。在城市化语境下则聚焦在"人"上：如何突破户籍制度藩篱，让劳动的主体——劳动力，进而使包括赡养人口在内的社会人口能够做到自由流变①。

其次是"资本"。在城市化语境下则聚焦在"钱"上：如何突破资本匮乏困局，让建城的资金在单一的政府划拨之外，从市场、从社会获取，进而使资本能够做到自由流动。

最后是"土地"。在城市化语境下则聚焦在"地"上：如何突破城乡分割迷思，让土地由农地基于城市化发展的正常需要能够便利地得以调整，进而使土地能够做到自由流转。

城市化从特定角度来看，其实就是一个诸多生产要素根据集中集聚集约发展的要求，重新优化配置并增值财富的过程。其间很大一部分农民变成了市民，农业变成了工商业，农用地变成了城市用地，这既是一个"自然历史的过程"，也是一桩顺应人类社会发展规律守正创新的大好事。

今天回望这段来路，后人还看到了当年上层建筑对于经济基础变动随流扬波、顺势而为的机敏和睿智，否则龙港也不会在风起云涌的大变革中脱颖而出。虽然前述强调了"人、钱、地"的三个"自由"，但这里所谓的自由，是法治范围内的自由、是权利和义务相对称的自由、是"使市场对资源配置

---

① "自由流变"包含两层意思，一是流动的"流"，人口在城乡间的自由流动和迁徙；二是改变的"变"，身份和职业的转变：原来是农民，现在是二、三产业和新经济的就业者；原来是村民，现在是城市居民、市民。

起决定性的作用，政府更好发挥作用"体制下的自由，应是不言自明的常识。

"要素市场化配置"既是当年龙港崛起的不二法门、决胜之道，也是今天仍然能扛起"全国新型城镇化改革策源地"盛名的最大秘诀！

龙港曾因"农民城"而声名鹊起，但这一看似"体制外野蛮生长"最终得以成功，是仰赖于体制对"要素市场化配置"作为的高度认可，并力求纳入"体制内健康成长"轨道的包容性发展。2019年9月25日，经国务院批准，苍南县龙港镇撤销，挂牌设立县级龙港市，成为全国镇改市的先驱。作为"全国新型城镇化综合改革试点城市"，龙港正在积极推进县级行政建制的"大部制、扁平化"改革，探索城镇化发展"低成本、高效率"的运行机制，意在为全国新型城镇化发展提供可推广、可复制的先行示范。

在这一新征程中，坚持"以人民为中心"的发展观，悉心听取来自民间和市场的发展诉求和治理呼声，力求在新一轮政府和市场协同的"市场化配置资源"上取得新的实质性进展，显然是再明智不过的理性选择。要素的高效合理配置，是发展尤其是赶超发展的永恒主题。到什么时候，我们的"人"能因其对继续教育、身份岗位的"自由流变"而人尽其才、才尽其用，"钱"能因其对投资方向、增值空间的"自由流动"而钱尽其用、用尽其效，"地"因其对用途调整、增减挂钩的"自由流转"而地尽其用，用尽其力，并因全要素的优化配置、最佳组合而"自由发展"，那我们的新型城镇化综合改革，也算是功德圆满、终成正果了。

回望40多年的总体小康到全面小康，改革开放到哪里，发展就会到哪里；前瞻未来30年的现代化新发展阶段，深化市场化改革和扩大制度型开放到哪里，高质量可持续的发展也就会到哪里。对于龙港借"镇改市""鲤鱼跳龙门"之良机，再展雄风将龙港发展引入一个现代市场经济和治理现代化的全新境界，我们殷殷期待着……

刘 亭

2021年8月于杭州

目　录

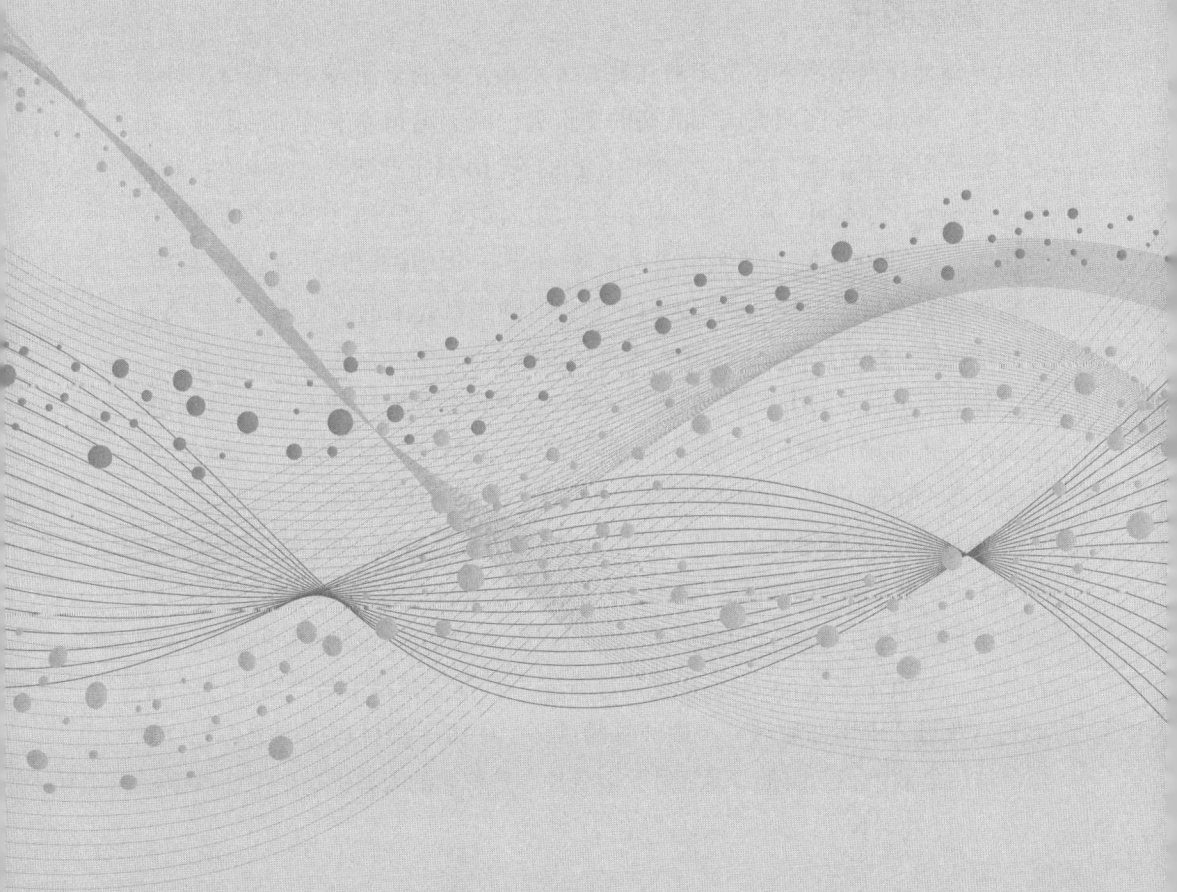

总　论

坚持改革创新之路，持续输出
新型城镇化的"龙港经验"

——龙港撤镇设市两周年研究报告

一、龙港概况

  龙港地处温州南部，位于浙江省八大水系之一的鳌江入海口南岸，处于长三角、海西经济区两大国家战略的交汇处，毗邻温州苍南县和平阳县，历史上曾是苍南县方岩下村的一个渡口，1983 年 10 月正式建镇。建镇之初的龙港仅有 5 个"灯不明、水不清、路不平"的小渔村，面积仅有 5.2 平方公里，常住人口不到 8000 人。为了吸引农民进城，龙港在全国率先推行土地有偿使用、户籍管理和发展民营经济"三大改革"，鼓励先富起来的农民自理口粮来龙港购地建房、投资经商，并简化农民进城审批手续，方便农民进城建房办厂。这个看似毫不起眼的小乡镇，创造性地解决了小城镇发展中的人、地、钱问题，走出了一条市场机制下的城镇化新路子，"中国第一座农民城"在鳌江之滨迅速崛起，完成了从"小渔村"到"农民城"的第一次转型。

  1984 年，龙港建镇时工业总产值仅为 233 万元。到 1994 年，龙港综合经济实力已跃居温州全市乡镇第一，在全国亿元乡镇中名列第 17 位。2018 年，龙港实现地区生产总值 299.5 亿元，人口达到 38.2 万人，辖区面积 183.99 平方公里，城镇化率达 63.2%，在全国综合实力百强镇榜单中名列第 17 位。龙港先后获得"中国印刷城""中国礼品城""中国印刷材料交易中心""中国台挂历集散中心"四张"国字号"金名片，是著名的人口大镇、工业重镇、经济强镇。龙港实现了从"农民城"到"产业城"的第二次迈进。

1995 年，龙港镇被国家 11 个部委列为全国 57 个小城镇综合改革试点镇之一；2009 年，被列为温州市首批 5 个强镇扩权试点镇；2010 年，被列为浙江省首批 27 个小城市培育试点乡镇。2014 年，龙港作为全国仅有的两个镇级新型城镇化综合试点之一，开展行政管理体系创新探索。2019 年 8 月 16 日，经国务院批准，龙港撤镇设市，9 月 25 日挂牌成立。至此，龙港成为新型城镇化以来的首个"镇改市"，完成了由"产业城"到"县级市"的第三次历史跨越。

龙港市是目前全国唯一实行"大部制＋扁平化"行政管理体制改革的县级市，全市共设 6 个党委机构、9 个政府部门和 1 个群团部门，不设乡镇、街道，直辖 102 个社区，设 26 个社区联合党委、联勤工作站。辖区面积 183.99 平方公里，2020 年常住人口约 46.5 万人。2020 年，全市地区生产总值 316.40 亿元，财政总收入 25.33 亿元。

二、"撤镇设市"两周年改革的主要成效

（一）大部制高效运行机制持续优化

龙港撤镇设市后，大幅精简机构，机构数量和人员编制仅为同类县（市、区）的 40%。为破解日益突出的"人少事多"矛盾，龙港市大力推动"大科室模块化"机构改革，积极探索政务集成改革，实现了从机构合并"物理整合"到职能重构"化学反应"的转变，打造了"小政府、大服务"的系统集成、高效运转模式。

"模块化"改革稳步推进。龙港市以农业农林局和经济发展局为试点，其他大部门同步推进，大力推进内设机构跨部门多职能同类业务集成，建立了职能科室与模块化专班双轨运行机制。（1）弹性化组织结构提高了行政效率。"模块化"改革将"局长—副局长—科长—副科长—科员"的多级刚性结构转变为"局长（副局长）—模块长（副模块长）—模块员"的简易弹性结构，使得组织能够根据工作需要灵活地调整模块结构和人员。日常对接按模块进行，重要工作则统筹模块力量，共同完成任务。（2）"服务对象归属"

原则优化了政府职能。根据工作需要建立若干建撤灵活的工作专班，作为模块化运行模式的有力补充。打破了传统条线——对应，将科室业务拆分为模块，按业务类型重组成 N 个模块，实现了"业务类型归属"向"服务对象归属"原则转变，保障了模块对上能够承接职能，对下能够便民服务。

"四个一"集成改革初见成效。龙港市大部制实施政务集成改革，在重点领域实现突破。（1）"一枚印章管审批"改革推动了"低成本、高效率"。开展相对集中行政许可权改革省级试点，分两批将分散的共 1146 项行政许可审批事项集中划转至行政审批局，实现浙江全省首个涉企领域"一枚印章管审批"，并通过流程再造精简审批人员 20%、压缩审批时间 50%，每年节约行政成本近千万元。（2）"一支队伍管执法"改革优化了综合执法管理体系。开展综合行政执法体制改革省级试点，把全市 9 个政府部门 29 个领域的 3043 项执法事项全部划转至综合行政执法局，将 80% 的执法力量下沉至一线，探索推行"综合查一次"，率先在县级层面构建了跨领域、跨部门执法事项最集中的执法管理体系。（3）"一张清单转职能"改革加速了"多元共治"治理格局。按照"政府可转移、社会力量可承接"原则，一方面，通过梳理建立政府职能转移清单 154 项，将环保管家、城市管家等 76 项首批事项有序转移给社会力量；另一方面，按照"重点培育行业枢纽型社会组织、大力扶持成长型社会组织"原则，逐步建立了覆盖全市各级各类的社会组织体系，探索出县域"多元共治"的龙港模式。（4）"一流团队强攻坚"改革创新了干部用人模式。针对市委重点项目，实施项目攻坚"揭榜挂帅"改革，探索出干部"固定岗位"和"流动岗位"相结合的用人新形式。开展公务员聘任制、政府雇员制、报备员额制等改革，创新机制破解高端人才制约瓶颈。

（二）扁平化基层治理模式不断升级

龙港市撤销了 9 个片区党工委，并全面实施"全域村改社区"改革，将 102 个社区整合为 26 个联合社区，真正实现了市直管社区"一竿子插到底"，完成了扁平化改革从 1.0 过渡版到 2.0 升级版的蝶变跃升。

党建统领的"三位一体"基层治理框架基本建成。龙港市围绕"市管社区、组团服务、数字治理、扁平高效"这一主线，持续推动"三位一体"新模式落地运行。（1）完成了"三位一体"组建运行。打破了原有 9 个片区格局，构建了"26＋1"的"三位一体"市直管社区新模式，理顺了社区联合党委、联勤工作站、综合服务中心三者的自治运行机制，基本构建起清晰化权责体系、协同化职能体系、制度化保障体系。（2）打造了社区党建联盟。构建了以社区联合党委为统领，以社区党组织为主体，驻社区各类党组织共同参与的区域党建联盟，整合区域内党建资源和其他各类资源，实现了共治共建、合作发展。

"多元共治"基层治理格局初步显现。龙港市通过强化社区赋能和强化多元共治，完善了治理格局。（1）初步实现了"四治融合、三社联动"。推动了社区赋权立法，赋予社区公共服务等职权。实施社区干部职业化，加大社会组织培育力度，激发社工队伍活力，社区主体作用不断增强。（2）打造了社区治理共同体。出台了部门下沉社区干部直接在社区兼职或者任职制度，吸纳了社会各行各业人员和各界别乡贤人士共治社区。

系列工作保障机制逐步建成。龙港市围绕高效、便民的核心，通过一系列机制保障扁平化改革的成效。（1）实现了社区直接管理。将党政工作系统终端向社区延伸覆盖，建立了"市委市政府协调"等制度，形成了分工合理、执行有力的运行体系，使指令"市直达社区"。（2）促进了问题直接解决。建立了"社区吹哨、部门报到"、分类协调解决、基层问题直通车等机制，提升基层问题响应速度和解决力度，破解基层治理"最后一公里"难题，使90%以上基层问题在网格一线解决。（3）推动了服务直接落地。将发生频率高、群众需求旺、涉及部门多的事项确定为"一项事"，实施了基层治理"一件事"改革。完成了联勤工作站数字化和智慧自治一张网平台建设以及示范社区功能性服务设施整合工作，构建起"部门下沉服务、社会组织参与服务、社区干部和网格员对接服务"的集成服务新模式，形成了"15分钟便民服务圈"。

（三）数字化改革先行创新突破

龙港市聚焦经济社会发展中的难点痛点和人民真实需求，重点打造了10个具有龙港辨识度的数字化应用项目。这十大特色数字化改革项目全面覆盖了党政机关整体智治、数字政府、数字经济、数字社会、数字法治五大综合应用领域，充分彰显了龙港市实现全域整体智治的决心和阶段性成果。

1. 数字赋能党政机关整体智治

龙港市按照省市两级统一部署,以"一张清单转职能"改革业务集成应用为重点,全面推进建设开发工作。(1)党政机关整体智治综合应用门户与"浙政钉"整体智治龙港市驾驶舱模块基本开发完成。基本实现了党政机关整体智治综合应用门户与省市门户的全面贯通,可以高效汇集全龙港党政部门力量,更好地践行新发展格局和理念,更高效地处理突发事件等相关任务。(2)党政机关整体智治综合应用生态体系建设全面推进。龙港数字纪检监察、"瓯江红党建大脑"、基层减负"数据宝"系统等应用开发取得了初步成效,建设了全局"一屏掌控"、政令"一键智达"、执行"一贯到底"、服务"一网通办"、监督"一览无余"等数字化协同工作场景。(3)"一张清单转职能"改革业务集成应用初露锋芒。整合建立了"安全管家""环保管家""城市管家"等特色场景平台,实现了政府职能转移事项数字化监管,确保了相关政府职能转得出,接得住。

2. 数字赋能政府高效能协同

龙港市正以打造"数字化改革先行县,全域整体智治先行区"为目标,以全域一体化新型政务服务数字化系统等重点项目为抓手,不断提升自身行政运转效率,提高了公共服务质量。(1)政务服务系统不断完善。完成了"浙政钉"用户体系等政务系统向社区的延伸,"浙政钉"用户日活跃率超85%。"浙里办"龙港城市频道建设不断完善,服务专区得到了优化,应用覆盖面与活跃度大幅提升。(2)重点数字化改革项目成效显著。智慧应急联动指挥系统方面,已经建成"防台防汛预警及应急指挥""园区安全管控"等场景,深化网格地图绘制等管控场景,推出"应急一张图"等应用。全域一体化新型政务服务数字化系统方面,赋能"一枚印章管审批"改革,实现全省首个全领域"一枚印章管审批",并基于政务服务系统建设政务服务专题数据库与审批业务监管协作平台,初步搭建起"一心多点"线上政务服务体系。"天空地一体化"市域态势感知综合应用方面,构建了实时多维融合的信息服务架构和实时监测智能感知网,实现对土地违法、耕地保护、森林防火、地灾监测、建设用地全生命周期监管等全要素、全方位、全天候的智能监管服务。

3. 数字赋能经济高质量发展

龙港市聚焦营商环境提升和产业转型升级,目前已基本建立了以营商环境为基础，以数据为关键生产要素、以产业大脑为支撑的全要素、全产业链、全价值链全面连接的数字经济运行系统。（1）涉企服务不断优化，营商环境稳步提升。建立了"云审批"远程审批机制，着力推进"数据跑"代替"企业跑"。创新企业投资项目办理模式，大大缩减了企业审批时间。（2）数字协同程度不断提升，产业大脑建设取得成效。创新建设了"印刷产业"大脑，目前已处于试运行阶段。企业服务综合应用（"企业码"）效果显著，打造政企联动、互联互通、功能完善、响应迅速的县级综合服务示范平台，项目开始正常运营。此外，公共资源交易服务平台等试点创新项目也稳步推进，取得初步成效。

4. 数字赋能社会高品质运行

龙港市聚焦未来社区等关键场景建设，全面夯实社会事业领域数字化改革的基础。（1）数字化社会服务效能不断提升。"民生共享"数字化系统逐渐完善，迭代升级电子施教区查询系统，创新智慧交通，完善政府购买公交服务机制，实现了智慧公交服务全城一票通。在教育等多个民生领域率先形成跨部门多业务协同应用新突破。（2）数字化社会应用场景持续升级。河底高未来社区数字化改造稳步推进，县域未来社区建设样板逐渐形成。开发建设未来社区智慧服务平台，集成相关应用和数据，展示社区实时动态。扎实推进数字公共空间建设，2020年全年共建设15个智慧小区和100个智慧校园。

5. 数字赋能法治高要求执行

龙港市充分利用党政一体、市管社区的制度优势，在建设数字法治体系、构建基层治理制度方面取得成效。（1）社会治理一体化格局初步彰显。将原有分散的智慧平台整合，形成了"多中心多平台合一"的综合性协同指挥系统，初步形成"一图抓治理、一屏管全域、一链强指挥"的全域治理模式。（2）"三位一体"数字化基层治理体系基本建成。充分整合智慧村社通、社区物联感知等数据，完成了联勤工作站数字化和智慧自治一张网平台建设，实现"小事不出基层"。（3）一体化、智能化的综合执法体系初步完善。全面应用全省统一行政处罚办案系统，推进执法规范化、标准化、智能化建设。完成了视频一张网、"雪亮工程"二期等工程建设。

三、"龙港模式"的经验做法

（一）以人为本，强化要素市场化配置

"人"是城镇化发展中的最活跃的因素，也是城镇化发展的最核心要素。龙港以"中国第一座农民城"闻名遐迩，与以往的城镇化路径不同，龙港从一开始就是一座农民发挥主观能动性、自理口粮、自建住宅、自办企业而自发形成的城镇。在发展过程中，龙港围绕"人、地、钱"，使人口、土地、资本等关键要素充分、自由流动，为龙港城镇化提供了源源不断的活力。

1. 以户籍制度改革为重点推进全域人口市民化

建镇初期，龙港突破长期禁锢着农民的"户籍禁区"，提出"地不分南北、人不分东西"的口号，鼓励先富起来的农民进城建房。这一举措不仅有效推动了农村剩余劳动力向城镇转移，而且为龙港城镇建设和经济发展集聚了大量人才。到1984年底，就有5000多户农民申请到龙港建房落户。到1991年，龙港人口从建镇时的0.78万人迅速增长到4.7万人，城镇化率高达70.4%，远高于全国26.9%、全省30.8%的平均水平。1995年，龙港进一步深化户籍制度改革，按照常住地登记和就业原则，将原有农业户口、非农业户口、自理口粮户口以及其他类型的户口统一按程序登记为常住户口。也就是说，只要符合在建成区内有合法固定住所、稳定职业和生活来源等条件，即可登记为城镇居民户口，其待遇和义务与原城镇非农业户口基本等同。

2020年，设市后的龙港以"没有本地人外地人，来了就是龙港人"为导向，深化全域人口市民化集成改革。户籍制度改革是其中的核心项目，本次户籍制度改革的主要做法有：（1）放开人才引进落户条件。（2）取消亲属投靠落户中对父母的年龄和人员数量限制。（3）大大放开"合法稳定住所"的认定范围和居住地落户、社保就业落户条件。（4）大大放开落户地的选择。（5）扩大具有突出贡献的政策性落户人员范畴，有效期限由2年延长至3年。（6）对投资创业人员举家搬迁实行照顾性落户。（7）取消市内迁移落户城镇和农村的条件区别。户籍制度2.0改革全面放开落户限制，真正实现落户"零门槛"，为想进城的农业转移人口扫清了障碍，第二次全民市场化建城的氛围正逐步形成。同时，龙港市仅用时两个月就完成了"全域村改社区"，撤销了73个行政村，建立了102个社区，21万村民就地转为市民，享受与城镇

居民同等的公共服务待遇。

2.以土地要素双向自由流转为核心突破城乡二元结构藩篱

龙港镇设立后，率先在全国探索土地有偿使用制度改革，将土地作为商品来经营收取土地征用费，破解了启动资金不足的难题。编制实施城镇建设规划，将全镇分为三纵九横27条街道，按照土地的区位分等级收取市政设施配套费。根据人的生产生活需要，建设相应的基础设施，并没有严格的土地性质区分。土地出让收入持续为龙港城镇化提供动力，2007—2020年龙港共取得土地出让收入160.98亿元。

撤镇设市后，龙港市统筹实施了全域土地综合整治和农村宅基地制度联动改革。全域土地综合整治方面，在首批6个社区先行先试，核心任务包括：（1）规划先行，健全机制。加强总体和专项规划设计，建立健全政府引导、集体主导、部门协同、多方参与、全过程数字监管的协同推进工作机制，确保试点工作不走偏。（2）整体谋划，协同推进。"一张图"整合"三线"划定、增减挂钩、"三块地"改革、城镇低效用地开发、乡村闲置建设用地优化整合、生态补偿制度等土地综合整治政策路径。（3）三生融合，资源优化。严格保护耕地，大规模建设高标准永久性农田，开展农村建设用地整治，改善农村生产生活条件。推进城镇和工矿建设用地整治，提高建设用地保障能力。整治山水林田湖草等多重资源，构筑自然生态安全屏障。合理开发利用海洋海涂资源，加强蓝色国土整治与安全建设。合理开展跨区域资源调配工程，促进区域资源有效互动与统筹发展。

宅基地制度改革方面，2020年龙港市被列为新一轮农村宅基地制度改革国家试点。试点的具体做法有：（1）启动集体资产股权量化分配改革。综合户籍关系、婚姻关系、继承关系、土地承包、居住情况和履行义务等因素，将宅基地所有权确权到不同层级的集体经济组织成员集体，并依法由集体经济组织行使宅基地所有权占有、使用、收益、处分（包括分配）权能。（2）发挥基层网格自治组织作用，实现宅基地网格化管理。（3）建立自愿有偿退出机制，探索保权退出（退出使用权保留资格权）、永久退出（同时退出使用权和资格权）等不同退出方式和货币、"房票"等多样化补偿政策。（4）建立宅基地跨社区保障机制，优先保障无房户、危房户、住房困难户、因土地征收、搬迁、独居孤寡老人等特殊群体的专项建设用地指标和妥善安置。通过社区化、货币化、异地安置等多样化的宅基地资格权保障方式，充分实现基本居住权益的兜底保障。（5）建立"产权明晰，流转顺畅"的宅基地流转市场。以城镇规划范围内的宅基地转为集体经营性建设用地入市为突破口，逐步推进宅基地使用权（农房）市域范围流转的制度建设和实践探索。赋予宅基地资格权人应有的处分权、收益权，包括以转让、继承、互换、赠与、出租、抵押、入股等方式流转宅基地使用权。完善套式农房房地一体转让的合同管理和确权登记发证机制，建立全市统一的宅基地使用权和农房流转交易平台。

3. 以撬动社会资本为支点探索多元化投融资模式

龙港建镇之初按照"谁投资、谁建设、谁经营、谁受益"的原则，将公共配套设施以及公共基础设施推向社会，吸引民间投资，建立多元化的投资运行维护机制。筹资方式主要有：（1）收取市政设施配套费。有偿推出每间占地 42 平方米的地基，并按照不同地段梯度式征收市政公共设施建设费。到 1985 年底，征收的市政设施配套费达 1000 多万元，基本解决了当时的"三通一平"建设所需的资金。（2）个人建房投资。发动各企业和集体单位的职工干部和先富先来的农民集资建房，并按照建房有偿使用土地收费的标准，分别收取造地费、征地费、赔青赔肥费、劳动力安置费，以及差异化的公共设施费。（3）合股投资。工厂、商店等配套设施，由经营大户、企业家以股份形式投资。学校等公益设施一般采用无偿捐资方式。到 1994 年，仅教育基建投入就达 5000 多万元，其中地方无偿集资占 95%。这种市场化的集资建城模式，使龙港走出了一条"以城建城、以城养城、以城兴城"的城镇化道路。

撤镇设市后，龙港注重发挥社会资本力量，不断探索多元的市场化投融资模式。典型的案例有：（1）智慧印艺小镇依托国企平台发行全国首单新型城镇化建设专项企业债。厘清政府与国企的资产负债边界，建立"1＋5"国企架构。龙港国资公司主要承担国企监管和投融资等职责，下设子公司承担交通、供水、龙港新城建设开发、城市基础设施建设等职责。获批注册的县城专项债募集资金拟用于龙港市智慧印艺小镇（一期）项目、补充营运资金，目前一期（10 亿元）已发行完成，该案例为全国特色小镇开辟项目融资新渠道提供了率先示范效应。（2）央地合作探索龙湖片区综合开发新模式。采用

"授权开发＋投资合作＋EPC＋O"的合作模式，引入中国交通建设集团（央企）以城市合伙人身份参与城市综合开发。龙港市政府授权新城建设中心为项目实施主体，政府平台公司与中标人通过股权合作成立项目公司实施项目。项目按照"整体开发建设、内部封闭运行"方式，政府与企业之间"风险共担、下不兜底"的原则实施。（3）华中社区乡贤带动模式。华中社区突出党建引领，注重发挥乡贤力量打好乡贤牌。2015年以来，7名乡贤结伴回乡投资，先后投入3000多万元，建设运营了"梦江南生态园"。该园区是龙港首家台商合资农业项目，兼具农业观光、农家乐、采摘等多重功能，既为居民提供了假日游玩的好去处，又通过发展农业休闲项目促进了经济增长和就业。在乡贤带动下，越来越多的居民通过筹集资金或引进项目参与社区发展。华中社区先后通过梦江南大棚出租、华大驾校场地出租、微小型养老院等多种经营方式，实现村集体零收入增长到每年185万元。为进一步践行"乡贤助乡兴"，华中社区还成立了乡贤理事会，在每年春节和重阳节召开乡贤议事大会，发挥乡贤资金、资源和人脉优势，为社区发展助力。

（二）为国担当，深耕新型城镇化综合改革的国家"试验室"

从"中国第一个农民城"到新型城镇化时期第一个"镇改市"，龙港始终以"探路者"的姿态行走在我国城镇化道路的最前沿。回望历史，龙港探索出一条农民自费建城的城镇化新路子；立足现在，撤镇设市后的龙港是全国第一个不设乡镇和街道的新型县级市，也是全国唯一一个同时实施大部制和扁平化行政管理体制的县级市；展望未来，龙港在"十四五"期间提出打造"全国新型城镇化改革策源地""高质量发展新高地""基层治理样板区"，为全国新型城镇化持续输出新的原创性经验。

1. 持续推进强镇扩权尝试

凭借先行改革所释放的制度红利和"中国第一座农民城"的品牌效应，龙港迅速发展成为极具影响力的经济强镇，也为其获得各类强镇扩权改革试点赢得了先机。1992年，温州将龙港列入城乡一体化发展试验区，授予部分县级经济管理权限，增设财政税务、城建土地、工商和公安分局，并在金融、信贷、供电和土地指标安排等方面给予倾斜。1995年，龙港镇被国家11个部委列为全国57个小城镇综合改革试点镇之一，在行政管理体制、财政管理体制、计划管理体制等 7 个方面进行改革，并设立了浙江省第一个镇级金库，龙港镇获得更多的财政自主权，初步构筑了适应城镇运行的管理机制。1999年，龙港镇被联合国开发计划署列为"可持续发展的中国小城镇"试点镇。2009 年被列为温州市首批 5 个强镇扩权试点镇之一，在扩充"四大权限"（土地使用权、财政支配权、行政审批权和事务管理权）和打造"四大平台"（龙港城镇管理综合执法大队、龙港行政审批服务中心、龙港土地储备中心、龙港公共资源交易中心）等方面进行了积极探索。2010 年，龙港镇被列入浙江省首批小城市培育试点，探索财政、国资、社区和农村集体产权制度改革。

这些改革试点所产生的叠加效应，为龙港城镇化发展注入持续动力，城镇综合实力不断增强。到 2000 年，龙港 GDP 在浙江全省占比达峰值 5.83‰。然而，历次改革最终都陷入了权力收放的循环中，因为这种仅靠县级政府放权的不稳定机制不能从根本上解决特大镇发展自主权不足的问题。龙港想要获得更大自主权，必须通过制度的变革将放权固化下来。

2. 先行探索大部制和扁平化并行的行政管理模式

2014 年，龙港作为全国仅有的两个镇级新型城镇化综合试点之一，开始试点"建立行政管理创新和行政成本降低"的新型设市模式。2019 年 9 月 25 日，经国务院批准，撤销苍南县龙港镇，挂牌设立县级龙港市，率先在全国推动县级行政建制的"大部制、扁平化"改革，探索城镇化发展"低成本、高效率"的运行机制。

推动"大科室模块化"改革，创新大部制运行模式。为破解大部制改革所面临的"人少事多"困境，龙港市开展了"大科室模块化改革"。"模块化"改革将科室中的业务按照上级各部门对应业务需求重新划分，打破原有科室结构，形成 N 个业务模块，并在每个模块根据业务量分配以不同数量的人员。每个模块均设置"模块长"作为负责人，实现大部门内部的模块化管理。以最早开展试点的龙港市农业农村局为例，在大部制改革之初，农业农村局综合了农办、扶贫办、农业局、海洋渔业局的渔业部门，后来进一步和水利、林业、工商等部门合并，形成现在的农业农村局，共设 8 个科室、2 个事业单位。其具体做法有：（1）按业务类型重组部门。有效梳理、细化全局重点工作，整合共性共融业务，最终把全局分为 5 大系统、27 个模块。（2）制度化落实责任边界。制定《工作模块化管理制度（试行）》，对每个模块的工作职责和人员配备等，做了详细规定。每个模块设立一个负责人，落实"一岗双责"责任制。在业务分工方面，27个模块间的业务边界比较清晰，各个模块之间进行分工的同时也有相互协作，形成"对上线状专科，对下块状全科"的运作模式。（3）建立高效灵活的人事制度。27个模块由4位副局长分管领导，副局长有权调配模块内人员（局长把关），负责随工作重点转移而调动各模块人员，减轻了分管副局长和局长的工作压力，可以更高效地承接上级任务和满足基层需求。

构建"三位一体"治理框架，升级"扁平化"基层治理结构。设市之初，龙港就在全国率先创设基层治理委员会，统筹推进基层治理事务。改革初期，龙港市创新了"片区"这一新的非行政层级的管理单位作为过渡。为避免"乡镇化"倾向，2021年，龙港市撤销了9个片区党工委，以建成区3万—4万人、非建成区1万—2万人的常住人口为服务半径，建立了"26＋1"个社区联合党委、社区联勤工作站、社区综合服务中心"三位一体"治理架构，初步构建起"党建引领、市管社区、四治融合、组团服务"的"市管社区"块统模式。三者都由各个社区派"代表"和机关下沉干部、社工等共同入驻，联合办公、组团服务。其中，社区联合党委由多个社区党组织和属地部分企事业单位联合组建，与市级层面直接对接，起统筹引领作用；社区联勤工作站是市直部门的延伸管理平台，具体负责安全生产、消防安全等社会管理工作；社区综合服务中心的职能是提供矛盾调解、文体功能等便民服务。此外，改革构建了一系列工作机制。以芦浦第二社区联合党委为例，该社区由华中社区等4个风俗相近的社区联合组建，其在社区治理方面的做法有：（1）构建"党建＋微网格"平台，推动精细化治理。在全社区37个微网格上各建立一个党小组，每名党员一般联系10—15户，党员干部主动深入居民家中，打通基层治理"最后一步路"。（2）服务下沉，实现为民服务"一门办理"。主动承接居民需求高的便民服务事项，优化调整窗口设置，建立代办帮办队伍，实现"一口受理、一窗通办"。（3）权限下放，实现社区执法"一支队伍"。借助市委推动公安、执法、市监等行政执法权限下放，围绕重点领域，在社区范围开展联合执法。"市直管社区"模式使90%以上的个人事项真正在家门口"社区"解决。目前，龙港市正逐步融合拆并102个社区，计划五年内完成所有社区的调整合并，进一步提高社区管理的"规模经济"效应。

（三）创新引领，坚持产业兴镇强市

产业兴则城市兴，龙港经济持续发展的最大秘笈就是始终秉承"工业兴镇、工业强镇、产城融合"的战略导向，将工业化作为城镇化的主要驱动力，坚持不懈地实践和迭代升级。创新强则城市强，创新要素的集聚为龙港经济再次腾飞插上翅膀。

1. 坚持工业兴镇强镇

龙港建镇之初，农民的进城热情空前高涨，信用社柜台一度被挤垮，倒逼政府"店小二"刀刃向内的革命。具体做法有：（1）简化企业审批手续。第一步是"捆印"，每月两次相关部门联合现场办公，8枚大印一次盖全；第二步是"减印"，凡申请进城办厂经商农民，只要盖县计委一个大印即可，减去社队企业局、工商管理局等7枚大印；再到1984年6月，县长办公会议决定，将审批手续直接下放给龙港镇。（2）鼓励多种所有制经济共同发展。突破传统体制下的集中经营模式，采取自由组合、自主经营、自负盈亏、照章纳税，鼓励国有、集体、个体等各种所有制经济成分共同发展。（3）推动股份合作制改革。通过联户、合资、合伙、合股等形式，引导家庭作坊集资扩大经营规模，创办股份合作制企业，提高企业经营效益。在高效灵活的产业环境下，龙港工业化发展驶入快车道。到1990年，工业总产值达到2.32亿元，成为温州第一个工业产值超2亿元的乡镇。特别是印刷、礼品、纺织、塑编四大支柱产业的集聚发展，让龙港的特色优势产业名扬天下。

从1995年开始，龙港大力实施"工业兴镇、工业强镇"战略，城镇建设取得了长足发展。21世纪初，为破解产业发展中的"低、小、散"问题，龙港开始进行优势行业园区化的尝试，引导企业入园集聚发展，在激烈的市场竞争中率先进行产业转型升级，走工业化和城镇化良性互动的道路，坚持以城镇化为龙头，以招商引资为突破口，以工业园建设为载体，重引资、建平台、调结构、优环境、打品牌，不断做大做强产业。所建设的工业园产值约占全镇规模工业企业产值的70%。

2. 创新激活经济高质量发展

龙港市成立后，将改革、开放、创新作为高质量发展的动力源，坚持人才强市、创新强市，努力建设创业创新新高地、现代产业高质量发展样板区。

　　审批模式创新赋能营商环境改善。龙港市以"最多跑一次"改革为引擎，率先探索"一枚印章管审批"改革，营造了高效便企的营商环境。主要做法有：（1）构建审批与监管协同闭环机制。为了解决审批与监管的职能衔接的问题，龙港市一方面深化执法监管闭环体系改革。按照"谁审批、谁监管，谁主管、谁监管"原则，确定承担相对集中行政许可职能的部门与承担监管职能的部门的职责定位，理清权责关系，落实监管责任的要求，推动业务部门与综合行政执法部门形成许可—监管—处罚的全闭环行政执法新体系。另一方面建立审批与监管信息集成推送平台，行政审批局将审批结果信息通过网络及时告知监管部门，同时，监管部门将监管中实施行政处罚等情况，通过网络及时反馈给行政审批局，使"一枚印章管审批"以数字化方式呈现，让审批过程全知晓。（2）建立首办负责及窗口全能岗工作机制。为有效解决职能交叉带来的岗位责任不清等问题，一是确立首办负责任人制。群众办理业务时，负责受理或办理工作事项的首位工作人员为首办负责人，首办负责人对办理事项全程跟踪、协调、督办并承担首办负责人责任。二是定人不定岗。打破审批局科室内角色分工限制，建设"一窗告知、一窗受理、一窗办结"窗口全能岗，通过轮岗互动、业务交流、核心指导等举措创新实施全能岗建设，锻炼一批业务全能手，着力提升群众满意度。

　　创新要素集聚赋能高端产业发展。龙港市当前面临传统产业转型升级步伐不快、新兴产业能级不足、大产业项目落地较少、新旧动能转换的任务仍然艰巨等成长中的烦恼。为破解这些难题，龙港市以集聚创新要素为突破口，开展以下工作：（1）加速传统产业转型升级。坚持"产城融合"理念，完善园区的产业设施和公共服务配套设施，引导企业向小微园区和特色小镇集聚，提升平台能级。主攻产业链招商，聚焦印刷包装、新型材料、绿色纺织等三大传统产业，定向招引一批产业链核心企业和上下游配套企业，加快打造三个百亿级产业集群。创新推出"印刷产业综合服务平台"——"印刷产业大脑"，汇聚规上规下印刷企业全部数据，建成产业大脑数据仓，并通过数字化手段赋能印刷小微企业园建设管理，推动小微企业园建成"小而专、小而精、小而好"的企业培育平台，成为服务本地乃至辐射全国印刷企业的综合服务平台"。（2）外引内培发展新兴产业。重点培育高端装备、医卫材料、通用机械三大战略性新兴产业，坚持大抓项目，抓大项目，重点瞄准世界500强等行业龙头企业进行招引，落地亿元以上项目20个。实施企业培育"龙腾计划"，对具有良好成长性、带动力强的龙腾企业在供地上给予支持，并授予"龙腾杯"作为精神奖励。（3）创新赋能智力资源集聚。签约共建浙江理工大学龙港研究院、北京印刷学院产业学院，强化产学研合作。出台温州最优惠的人才"50条"，博士购房补贴约80万元，可覆盖总价的50%；人才政策辐射大专生、有技工证的重点行业工匠人才。打造人才创业平台，举办"港为人先"全球创新创业大赛，建设了温州市首个人才客厅。创新性设立"印刷机长"荣誉称号，获得该称号的人才不仅代表受到行业认可，还可以享受子女入学、医疗服务等优待。

（四）数字赋能，持续探索治理现代化

"大部制、扁平化"的行政管理体制使龙港市率先实现全域整体智治驶入快车道，也是破解"人少事多"难题，实现"低成本、高效率"的有效手段。龙港市通过基础设施和平台建设"软硬兼施"，夯实数字化改革基础。建立十大特色场景应用，加快打造整体智治先行区。

1. 推进集约共享的数字基础设施体系建设

目前，龙港市已经初步建立覆盖城市环境感知、网络数据传输、公共数据汇集处理的全方位数字基础设施生态体系。主要做法有：（1）推进全域政务物联感知网建设。在重点公共场所、道路交通设施、市容环境设施上广泛布局了卫星遥感、高位铁塔监控、城市环境传感器等感知设备，覆盖各类重点应用场所。研究制定了《物联网感知终端接入技术标准》（温州龙港市地方标准规范），明确了物联感知终端接入政务物联感知网的技术标准与数据格式，对智慧消防、水质监测、智慧安防等22类物联感知场景67类传感设备的接入数据提出标准要求，为推动感知终端全域联通奠定基础。（2）夯实全市数据传输网络。构建高速、移动、安全、泛在的网络基础设施，目前已实现市区5G网络全覆盖，以及移动5G千兆和宽带千兆的双普及。搭建覆盖面广、可靠性高、承载力强的电子政务网络基础设施体系，纵向上接入温州市电子政务外网的全面互通和下属社区政务外网，横向上覆盖了全市各党政机关与事业单位。（3）构建龙港市政务"一朵云"。基于前期政务信息系统普查底数，积极推动各个部门非涉密

政务信息系统迁移至政务云平台，预计于2021年底实现党政部门信息系统上云率90%的目标，并不断依据实际需求推进政务云平台扩容提速，支撑医疗、教育、社保等社会重点数据资源上云，推进各领域数据协同共享。

2. 探索数据资源体系一体化

秉持市县一体、集约高效、共享共治的基本原则，依托温州市一体化智能化公共数据平台，由市智慧城市建设中心主要负责牵头建设的龙港市一体化智能化公共数据平台建设正稳步推进。具体包括：（1）汇集公共数据。依托温州市公共数据目录系统，建立市公共数据目录专区，实现全域公共数据的全流程管理。依据"目录应归尽归，目录之外无数据"的原则，已完成123个省市信息系统普查和目录录入，完成14个自建系统10833条数据项目录编制和29条信息资源1063条数据项的数据归集工作。（2）建设公共数据仓。目前已基本建成部门资源库、中心库、人口和法人等基础数据仓建设，初步实现各类基础数据全城覆盖。推进温州市一体化智能化公共数据平台数据共享子系统试点工作，完成5个本地特色接口注册工作任务。探索贯通省市两级数据仓，大力推动建设数据高铁试点项目，推动跨部门数据共享。（3）完善全流程公共数据安全保障体系。坚守公共数据安全底线，建设了数据脱敏系统、数据库透明加密系统、数据库安全网关系统等在内的一系列安全防护系统，并围绕数据采集、传输、存储、处理、使用、销毁的全流程环节积极打造云上网络安全项目，为龙港政务云端各租户按需提供安全服务。

3. 构建数字化改革的体制机制保障体系

龙港市一方面立足"大部制、扁平化"的行政体制特征，另一方面积极调动社会力量，探索了具有龙港特色的体制机制创新。

组织保障和项目建设管理机制不断完善。龙港市通过优化行政组织架构，探索项目管理方式，不断提升数字化改革效能。优化行政组织架构，探索项目管理方式，不断提升数字化改革效能。（1）推行领导直管、专班统领的组织机制。成立数字化改革领导小组，市委书记和市长任双组长，领导全市数字化改革工作，同时构建"1＋5"专班机制，明确牵头领导与负责人员，实行"一个专项、一个领导、一个团队、一抓到底"的工作推进机制，有效避免职能交叉、多头指挥导致的责任推诿、效率低下问题。（2）加强建设部门间统筹机制。由市委市府办承担数字化改革总牵头作用，工作专班负责改革工作的总体设计，负责协调在任务推进中遇到的需多部门协调处置的事务。（3）成立数字化建设专职部门。成立市智慧城市建设中心，作为全市智慧城市建设、数据资源管理的关键部门，负责全市党政部门数字化项目的统筹审批、技术指导等工作。

引入多元合作机制助力整体智治改革成效。基于"一张清单转职能"等政府购买服务经验，龙港市积极与外部技术公司合作，共同开展数字化改革项目试点创新。（1）引入技术企业合作开发数字化应用。与杭州数澜科技公司达成合作，调遣多名技术人员常驻龙港，对全市数字化改革项目开展 V 字模型、组件式开发指导；此外，与猪八戒网、温州电信、温州移动等公司合作，开发印刷产业大脑等创新数字化应用项目。（2）构建智库合作机制。与中央党校、浙江大学、浙江省委党校等高校学术研究机构积极合作，听取外部专家建议，通过专题报告、研讨会等形式拓展和提升自身数字化视野与数字化素养，校正自身数字化改革战略方向。（3）创新探索多元化的政府企业合作形式。通过特许经营、投资补助、政府购买服务等多种方式，引导社会资本、民间资本参与数字化改革与智慧城市建设，例如与万科合资成立国资控股混合所有制企业，推进城市管家项目建设。

四、新型城镇化"龙港模式"未来发展路径

（一）以"城市权利"为核心，加速推进"新市民"融入城市

（1）深化户籍制度改革。实行经常居住地登记户口制度，落实合法稳定住所（含租赁）落户及配偶、直系亲属随迁政策，实现"零门槛、无差别"落户，创建"自由流动、按需申请"的人口户籍改革新格局，使"新市民"拥有"进入城市的权利"。（2）提高新市民就业和享受公共服务能力。基于产业发展和就业市场需求，开展面向"新市民"的职业技能培训，加大创业就业扶持力度，保障其"留在城市的权利"。以数字化改革为牵引，创新人口服务管理模式，按照"实际管理服务人口"规模提供基本公共服务，重点解决好随迁子女教育和住房保障问题，并为未来的人口规模预留空间。（3）增强新市民的认同感和归属感。探索建立以"居住证＋积分"为核心的公共服务梯度供给制度，

扩展居住证持有人实际可享有的公共服务和社会保障内容。积分可根据"新市民"社保年限、工作贡献、参加志愿者服务、参与基层治理情况等指标设定，对有突出贡献的新市民给予医疗、教育、住房等优惠政策，并授予奖励荣誉。鼓励"新市民"参与社区治理和加入各类社会组织，提出其合法诉求，保障依法行使选举权和被选举权，真正以"主人翁"姿态融入城市，赋予其"在城市全面发展"的权利。

（二）以产业和公共服务为支撑，逐步打造小都市区节点城市

（1）积极融入新区域发展格局。深入参与长三角一体化和海西经济区等区域战略，高水平建设温州大都市区南部中心城市，通过产业协作、建设"人才飞地""创新飞地"等方式加强与杭州、温州等区域中心城市的区域协作；推进城市群、都市圈公共服务一体化发展。（2）夯实自身产业基础。利用数字赋能、科技赋能推动传统优势产业集聚和转型升级，外引内培发展战略性新兴产业和未来产业，培育若干世界级先进制造业集群。大力发展数字经济，推动先进制造业与高端服务业融合发展；基于居民不断升级的消费需求，打造以高端服务为先导的"数字＋服务"新业态新模式。（3）探索小都市区发展模式。推动浙南闽北区域合作试点，推动龙港与周边县市的基础设施、产业发展、公共服务、环境治理等协调联动，鼓励更多区域制定共同富裕行动计划。在试点内率先探索基本公共服务跨区域流转衔接办法，提升社保关系转移接续便捷度。深入开展社区协作和定点帮扶，健全帮扶机制，加强产业合作、资源互补、人才交流、公共服务共建共享。动员社会力量参与帮扶，在市场机制作用下，实现试点区域内协作资源有序流动，自发形成"小都市区"。

（三）以补短板强弱项为重点，全面促进城市高质量发展

（1）研究制定县城补短板强弱项指标体系。在"十四五"规划明确提出"推进以县城为重要载体的城镇化建设"背景下，龙港市应主动探索县城新型城镇化建设的国家标准，擦亮"国家新型城镇化改革策源地"名片。（2）基于可持续发展理念推进县城补短板强弱项工作。针对国家发改委公布的4个领域17项任务，加快实施一批重大民生设施项目。优先提升预防和应对疫情、洪涝等重大突发公共事项的能力、全面实施城市更新和老旧小区改造，

保障人的生命和财产安全,建设韧性城市;提升环境卫生设施,为人口特别是人才集聚营造良好的居住环境,建设生态城市;完善教育、文旅体育等公共服务设施,提升公民素质,建设文明城市;健全产业培育设施,面向居民的消费升级打造新业态,优化创新创业环境,形成生产、流通、分配、消费的良性循环,建设活力城市。(3)创新投融资模式。引入社会资本参与城市建设,探索基础设施领域不动产投资信托基金(REITs)等新型投融资模式。总结片区综合开发等市场化投融资模式经验,持续向全国输出"龙港经验"。

(四)以共同富裕为目标,统筹推动城乡融合发展

(1)协同推进"全域社区化"与"农民市民化"。实现全域城市化、就地市民化从空间形态到生活方式的转变,提升城镇化质量,释放城镇化潜力。(2)促进城乡土地市场化配置。深化全域土地综合整治,探索城镇、农业、生态等不同功能空间的土地集约利用,一体化推进美丽城区、美丽乡村、美丽田园建设。聚焦"三块地"改革,全面推进农村宅基地制度改革试点、创新承包地经营流转方式、推动农村集体经营性建设用地入市,增加农民收入,缩小城乡收入差距。(3)推动资金人才产业要素下乡。出台政策激励人才下乡、能人返乡,加强"农村专业人才队伍建设";引导资本兴乡,完善资本下乡准入和监管制度,警惕"圈地";支持乡村产业发展,促进农业与二、三产业融合发展。(4)全面开展城乡公共服务均等化。优化城乡基本公共服务布局,增加农村公共服务可及性。改善乡村基本公共服务设施,推动城乡公共服务一体化建设。创新村级人才机制,推进基层公共服务人才定向培养;采用名师名医轮岗等制度,加强基层公共服务人才流动机制建设。提升乡村数字化水平,通过远程教育、远程诊疗提升农村公共服务水平。建立面向全体城乡居民的生育津贴制度和全民统一的基本医疗保险制度,逐步实现城乡基本公共服务标准统一。

(五)以体制机制为突破,稳步迈向治理现代化

(1)协同推进大部制扁平化改革。注重改革效能,以建立人民满意的服务型政府为目标,突破思维定式,不拘泥于形式上的"大"和"扁",强调目标导向、结果导向。继续深化大部制改革,根据政府职能发展科学调整党

政机构的数量和规模。持续推动扁平化改革，切忌"三位一体"模式下的基层治理单元成为变相的行政层级。站在"整体政府"的视角，协同推进大部制和扁平化改革，使两项改革相互支撑，形成合力。（2）完善人事激励约束机制。采用对干部的隐性激励、物质激励、晋升激励等多元激励手段，提高干部工作回报，激发其工作动力。寻求政策突破，整合部门职能，理清职能边界，加快政府职能向社会力量转移，减轻干部队伍的工作负担。加强干部队伍建设，提升干部数字化素养，加强心理辅导，提升干部心理资本，多措并举提高干部的积极性、主动性和可持续性。（3）持续深化数字化改革。建设数字化基础设施体系，构建泛在互通的政务"一张网"。建设数字化应用支撑体系与数据资源体系，实现应用支撑与数据资源"一平台"。深入建设"市社一体、条抓块统"的整体智治数字化综合应用体系，高标准建设党政机关整体智治系统、数字政府综合应用、数字经济系统、数字社会系统、数字法治系统等平台。持续完善公共数据安全保障体系，坚守数字安全风险底线。

"不改革无龙港"，昔日的龙港是一座因改革而生的新城市；"无改革不龙港"，今日的龙港依旧走在改革开放的前沿。诚如习近平总书记在2014年亚太经合组织工商领导人峰会的演讲中所说："唯改革者进，唯创新者强，唯改革创新者胜。"撤镇设市以来，龙港市持续推进理念创新、产业创新、人才创新、制度创新，做好新型城镇化的"试验田"。创新正当时，改革无止境，龙港应秉承"以人为核心"的新型城镇化理念，面向高质量发展，面向共同富裕，以领跑者的姿态在现代化之路上迈进。

总课题负责人：张蔚文

总报告执笔人：张蔚文　孙思琪

体制
变革篇

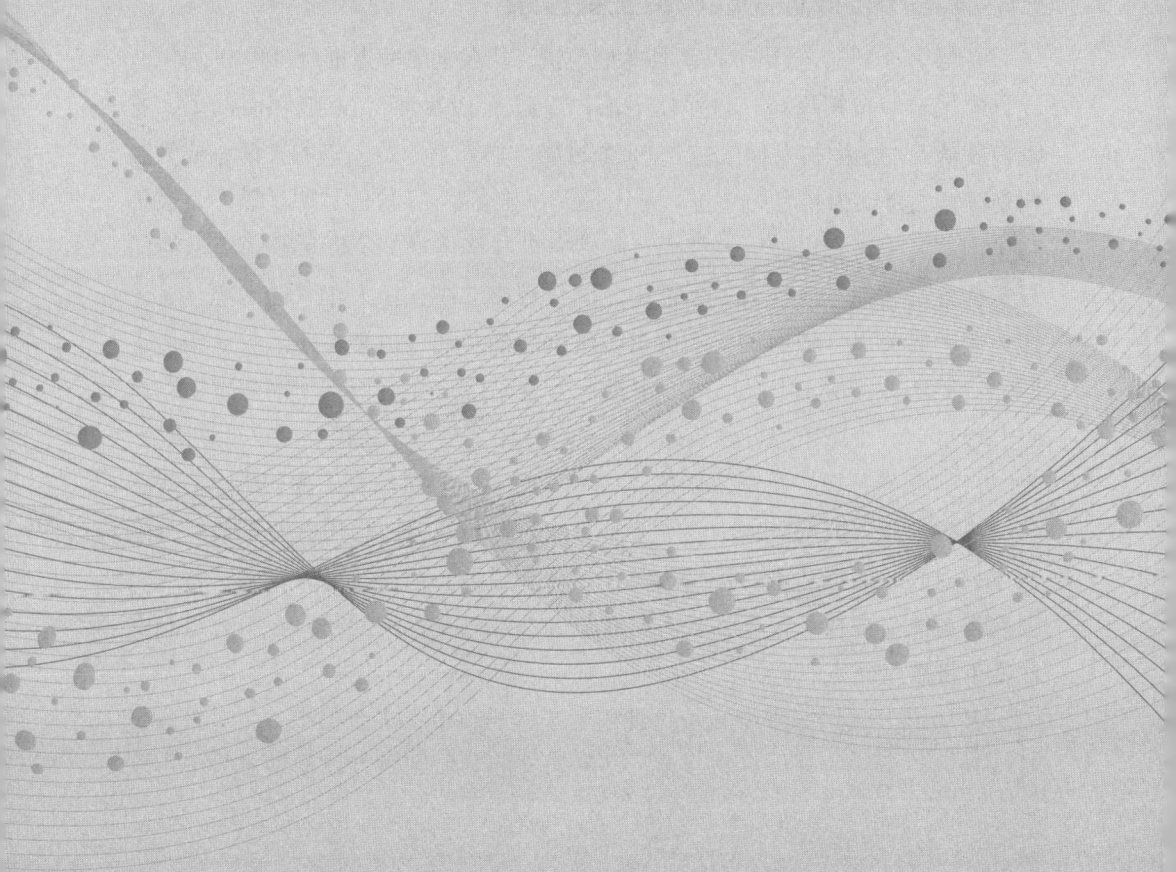

第一章　龙港市行政管理"大部制"改革实践研究

一、龙港市行政体制改革的主要背景

1983 年 10 月，温州市苍南县龙港建镇，并在全国率先推行"两户一体"，允许农民自带口粮进城、自建住宅落户。截至 1994 年，仅 10 年时间里，龙港镇就从 5 个小渔村发展成包含 68 个村居、13.5 万户籍人口的大镇，成为温州市综合经济实力排名第 1 位、全国亿元镇排名第 17 位的"明星镇"，被称为中国"第一座农民城"。然而，随着龙港经济体量的不断增长，镇政府的权责配置与当地经济社会发展需求之间呈现出"小马拉大车"的困境，县—镇体制矛盾突出，强镇扩权的诉求也越发强烈。建镇以来，龙港先后经历了 8 次扩权尝试：1984 年农民进城审批权下放、1992 年"城乡一体化发展"试点、1995 年"小城镇综合改革试点"、2004 年"全国小城镇发展改革试点"、2006 年"强县扩权"范围拓展试点、2007 年"中心镇培育工程"试点、2009 年"强镇扩权"试点、2010 年"小城市培育"试点等，但历次改革最终都陷入了权力收放的循环中。扩权改革中的现实阻力，使得龙港意识到，特大镇要获得更大自主权，仅靠县级政府放权并不能真正解决问题，必须通过制度的变革将放权固化下来。

2014 年，《国家新型城镇化规划（2014—2020 年）》提出："对具备行政区划调整条件的县可有序改市，把有条件的县城和重点镇发展成为中小城市。"2014 年 12 月，国家发改委、民政部等十一部委联合发布《关于印发〈国家新型城镇化综合试点方案〉的通知》，公布了全国首批国家新型城镇化综合试点，浙江省温州市苍南县龙港镇和吉林省延边市二道白河镇是其中仅有的两个镇，主要任务是探索一种新型城市或城镇管理模式。2016 年 2 月，国务院《关于深入推进新型城镇化建设的若干意见》进一步指出："开展特大镇功能设置试点，以下放事权、扩大财权、改革人事权及强化用地指标保障等为重点，赋予镇区人口 10 万以上的特大镇部分县级管理权限，允许其按照相同人口规模城市市政设施标准进行建设发展。"这一系列国家相关政策的出台，为龙港推进撤镇设市改革提供了坚定的外部支撑和强有力的改革依据。

2019 年 8 月，国务院批准龙港撤镇设县级市，并针对设市后的行政管理体制提出了"大部制、扁平化、低成本、高效率"的 12 字方针要求。目前，龙港市仅设立 6 个党委机构、9 个政府部门和 1 个群团部门，较同类县市，龙港市党政机构少设 60%，编制总量压缩 40%。此外，龙港市不设乡镇街道，探索"市直管社区"的扁平化运转新模式。2019 年 12 月，龙港市新四套班子到位后，按照《撤镇设市行政区划调整总体实施方案》，迅速完成部门组建和"三定"方案优化，实现了党政机构的顺畅运转和县级权限事项的有效承接。虽然撤镇设市后不久，龙港就面临疫情防控、复工复产、改革破题等多重压力和考验，但"大部制、扁平化"的行政体制改革实现了顺利起步，并随着"三位一体"和"模块化"等创新政策的推进，呈现出良好的发展态势。作为全国目前唯一同时推进大部制和扁平化改革的县级市，龙港的大部制和扁平化改革互为补充、相互支撑、形成合力，联动效果明显。这不仅确保了龙港行政体制改革的平稳推进，而且为经济发达镇建市后的组织架构和运行模式提供了经验借鉴和示范。

二、龙港大部制改革的历程与做法

（一）2016—2019 年：龙港镇的大部制改革

早在撤镇设市之前，龙港镇就已经开展了特大镇大部制改革的试点工作。经过 2014 年至 2015 年的准备阶段，龙港镇最终于 2016 年 6 月确定了大部门改组方案。通过职能同类项合并，整合 12 个镇内设机构、11 个事业单位和县派驻部门中的住建分局、国土分局、水利分局等 18 个单位在内的共计 41 个部门机构，打破传统条条对口模式，优化机构设置，大力推进党政机构综合设置，仅设立了 15 个党政大部门（见表 1-1）。此次大部制改革，不仅整合了横向的 23 个镇一级机构，并整合了纵向的 18 个苍南县派驻部门机构。

表1-1　龙港镇大部制改革后的党政机构

序号	机构名称	序号	机构名称
1	党政人大办公室	9	国土资源与城乡规划建设局
2	监察审计局	10	农村发展服务局
3	组织人事局	11	环境保护局
4	宣传统战事务局	12	市场监督管理局
5	社会治安综合治理服务局	13	安全生产监督管理局
6	经济发展服务局	14	城市管理和综合行政执法局
7	社会事业发展服务局	15	行政审批与公共资源交易管理局
8	财政局		

随着改革的深入推进，大部制在龙港的优势逐渐凸显：第一，通过部门整合，降低行政成本。大部制降低了部门间交易费用，在部门内部调剂任务，提高沟通协调效率，从而向低成本、高效率运行的目标靠近。第二，通过结构优化，实现资源共享。县域的资源总体有限，而大部制把有限的人力、财力资源集中，使资源配置更集中、有效、合理。第三，通过机构精简，提升干部能力。大部制改革将类似的职能进行整合，因而干部需要比以往部门林立时熟悉更多事项和职能，倒逼干部多学习、多思考、多协调，能力提升速度更快。第四，通过业务整合，提升行政效率。一些需要与人民群众直接打交道的部门整合为大部门后，提供"一站式服务"，群众办事无需东奔西跑。例如，作为大部门的经济发展局，能够集中办理审批、投资事项服务，与经商、运营工厂相关的事项只需到经济发展局就可以一站式办理。

（二）2019 年至今：龙港市继续深化大部制改革

2019 年 8 月，龙港撤镇设县级市，维持党政机构的基本格局，保持原 15

个大部门数量不变。然而,龙港镇时期大部制改革中固有的"隐疾"逐渐发作。其中,最严峻的问题当属"人少事多"。一方面,"人少事多"的问题来自撤镇设市后政府职能的增加。具体来说,作为镇的龙港,在行政层级上属于基层行政单位,其配置的是镇级政府的职责权限。与作为县级市的龙港相比,其负责的基层执行性事务较多而决策性事务较少。撤镇设市后的龙港成为县级政区,其配置的是县级市的职责权限,负责的决策性事务与执行性事务都大幅度增加,需要承上(地级市、省级政府)启下(社区)的行政事务也明显增多。

另一方面,"人少事多"的问题则主要来自上级对龙港市编制数量的严格约束。与龙港市同等规模的县(市)相比,其行政机构数量通常为30—37个,行政编制人员一般在2000人上下,且还有数倍于行政人员的事业单位人员未纳入统计。反观龙港市,党政机构长期稳定在15个左右,行政编制仅有776人,机关事业编制则为1030人。撤镇设市时,龙港编制配置的主导权掌握在温州市和原苍南县手中,相对来说,苍南县更多地保留了编制和干部。以经济发展局为例,经发局对应发改、经信、统计、科技、商务等8个部门,其中经信科仅有4位行政人员,远远少于苍南县经信局35人的数量,而这4位工作人员需要对接温州市的十几个处,一人多岗,一科室对多局成为常态。另外,全市干部平均年龄在44岁左右,老龄化较严重,且缺乏法律事务、信息技术等专业人才,存在干部业务能力与业务需求不对等的矛盾。还有一个不容忽视的情况是,龙港市干部的经济待遇与其高强度的工作任务不匹配,且由于编制和职数限制,晋升空间一再被挤压,从而在某种程度上抑制了部分干部的工作积极性。

为进一步解决"人少事多"的问题,龙港市通过机制再创、流程再造优化大部门体制,明确了模块化、数字化、社会化、协同化、专班化"五化"改革路径和四大保障机制,即以"模块化"改革为重点,以"数字化"为手段,以"一枚印章管审批,一支队伍管执法,一张清单转职能"为纽带,以完善党政机构职能为突破,以干部人事制度改革为抓手,全力深化"大部制"改革。

(三)龙港市大部制改革中的"模块化"创新

"模块化"改革将科室中的业务按照上级各部门对应业务需求进行重新

划分，打破原有科室，设置 N 个业务模块，并根据每个模块的业务量分配不同数量的人员。每个模块均设置"模块长"作为负责人，实现大部门内部的模块化管理。

龙港市农业农村局最早实施了模块化改革试点。在大部制改革之初，农业农村局综合了农办、扶贫办、农业局、海洋渔业局的渔业部门，后来进一步和水利、林业等部门合并。在编制设置上，农业农村局共设 8 个科室、2 个事业单位（见图 1-1）。在模块化改革之前，农业农村局同样陷于"人少事多"的困境之中。为解决业务职能"一对多"、职责分工"难理清"等问题，农业农村局主动采纳模块化管理建议，有效梳理、细化全局重点工作，整合共性共融业务，最终把全局分为 5 大系统、27 个模块（见图 1-2，承接关系略）。农业农村局《工作模块化管理制度（试行）》对每个模块的工作职责、承接上级部门和人员配备，做了详细规定。每个模块设立一个负责人，落实"一岗双责"责任制。在业务分工方面，27 个模块间的业务边界比较清晰，各个模块之间进行分工的同时也有相互协作，形成"对上线状专科，对下块状全科"的运作模式。在人事管理方面，27 个模块由 4 位副局长分管领导，副局长有权调配分管模块内人员（局长把关），负责随工作重点转移而调动各模块人员，防止因工作重点随时间和季节变化而使各模块忙闲不均。在模块化运行机制下，农业农村局减轻了分管副局长和局长的工作压力，锻炼了模块负责人的工作能力和协调水平，并可以有效承接上级任务和满足基层需求。

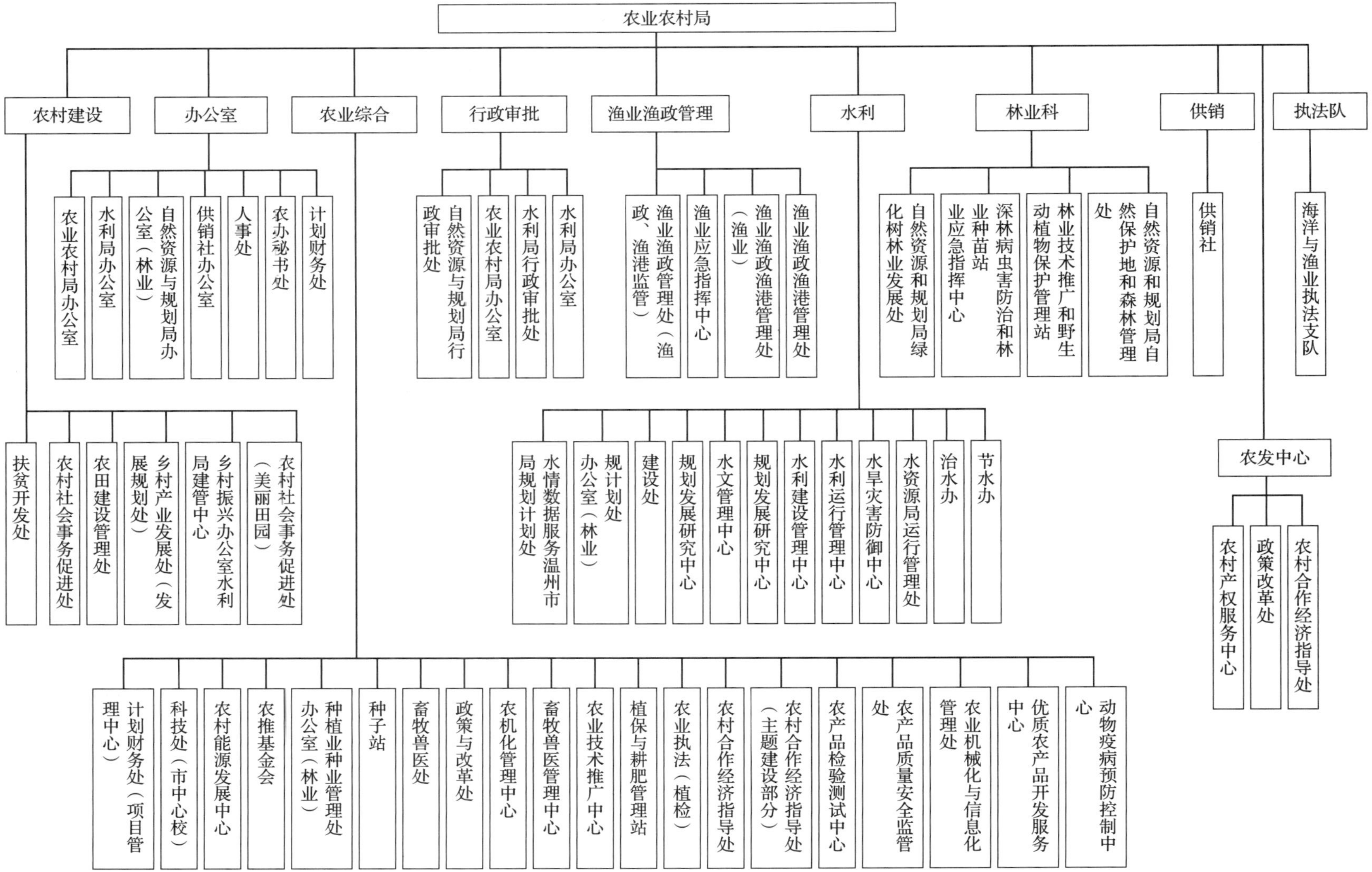

图 1—1 农业农村局科室结构及承接关系

```
                          局党组会议、局长办公会议
                                   │
   ┌──────────┬──────────────┬──────────┬──────────┬──────────┐
综合协调系统  管理创新系统  乡村建设系统  审批监管系统  党建群团系统
```

综合协调系统
- 办公综合模块
- 机关事务模块
- 安全维稳模块
- 计划财务模块
- 农指两干办模块

管理创新系统
- 林业发展模块
- 渔业互保模块
- 农业发展模块
- 种植业管理模块
- 畜牧农机模块
- 供销服务模块
- 水利管理模块
- 水资源水保模块
- 渔业产业模块
- 农经管理模块
- 改革创新模块
- 宅基地管理模块

乡村建设系统
- 水利规划模块
- 乡村振兴（重点工程）模块
- 农村建设模块
- 农田管理模块
- 农林水利发展模块

审批监管系统
- 工程项目监督模块
- 审批法制模块
- 渔业执法（海上民兵）模块
- 渔政渔监（信息中心）模块

党建群团系统
- 机关党委模块
- 纪工委模块
- 工会模块
- 妇联模块

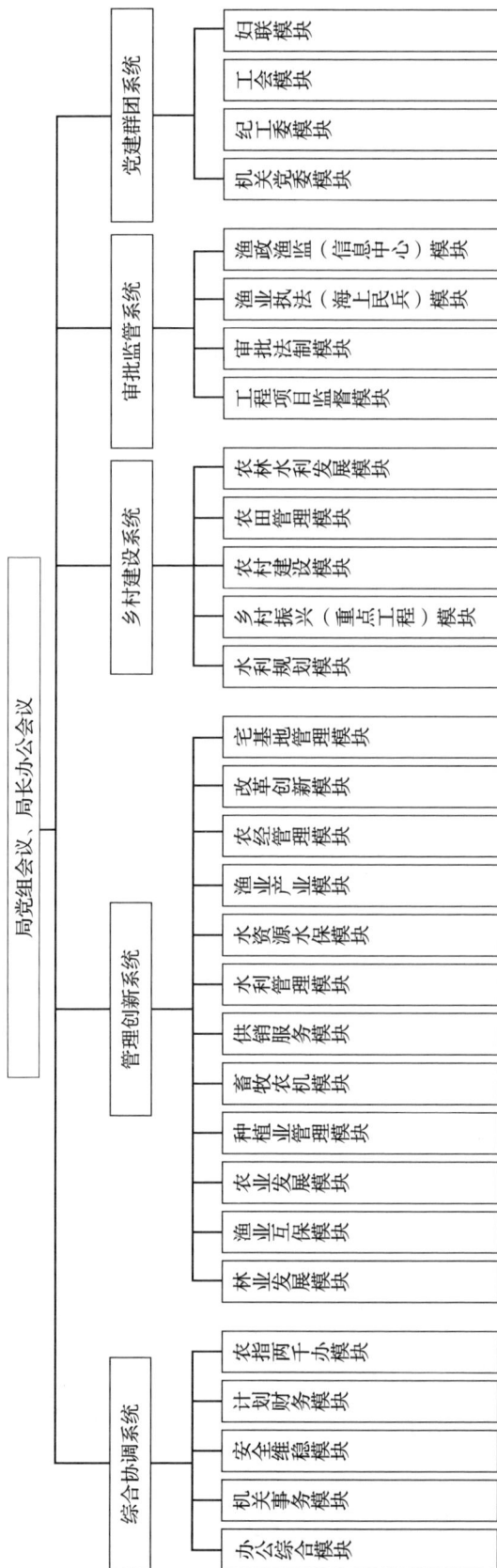

图1-2 农业农村局的模块化架构

继农业农村局之后，龙港市经济发展局也开展了模块化改革试点。以"权责统一、分工合理、执行有力"为着力点，进一步厘清部门、岗位工作职责，构建部门内部的"大科室模块化"运行机制。打破原有的科室界限，将原12个内设机构和2个事业单位承担的所有事项进行梳理汇总，组建在局党组会议、局长办公会议统一领导下的办公综合、党建监督、改革规划、项目建设、产业发展、产业培育、商贸服务、科技创新、金融与经济监管、粮食物资、统计管理等11个工作模块，43个业务组，形成了上下贯通、执行有力的组织框架（见图1-3）。实行工作T型运行架构模块化运作（见图1-4），落实模块负责人"一岗双责"责任制，绩效考核按照模块化管理制度执行，考核结果作为干部推荐提拔任用的参考。《龙港市经济发展局大科室模块化改革实施方案》对模块职责、模块颗粒、人员配置和承接上级业务部门处室等做了明确规定，并建立了五大保障机制，即统分结合的承接机制；集成落地的执行机制；数字赋能、职能转移的服务新机制；充分授权、有效监督的运行协调机制；专班化和模块化的互动机制。

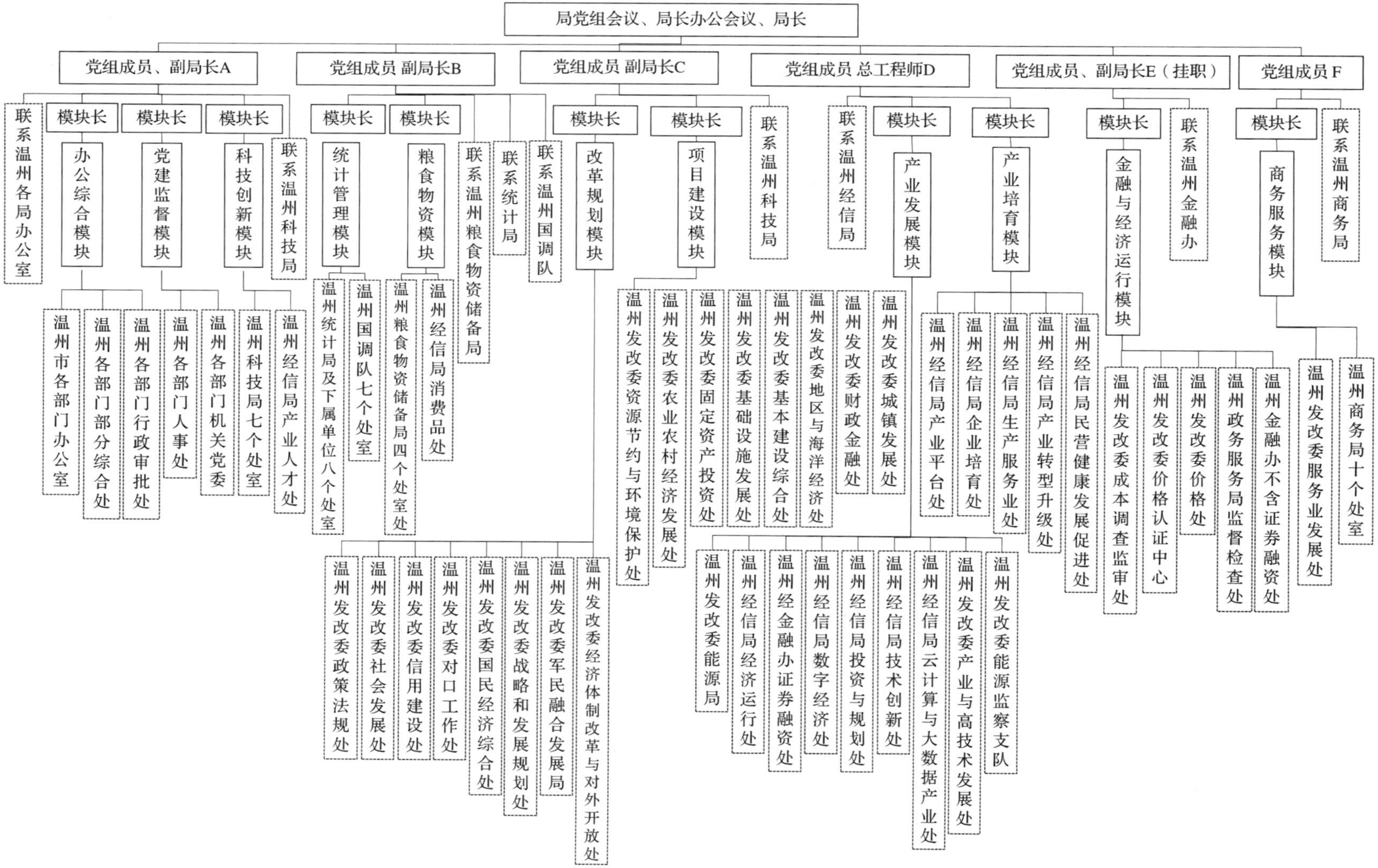

图 1-3　经济发展局的模块化构架及承接关系

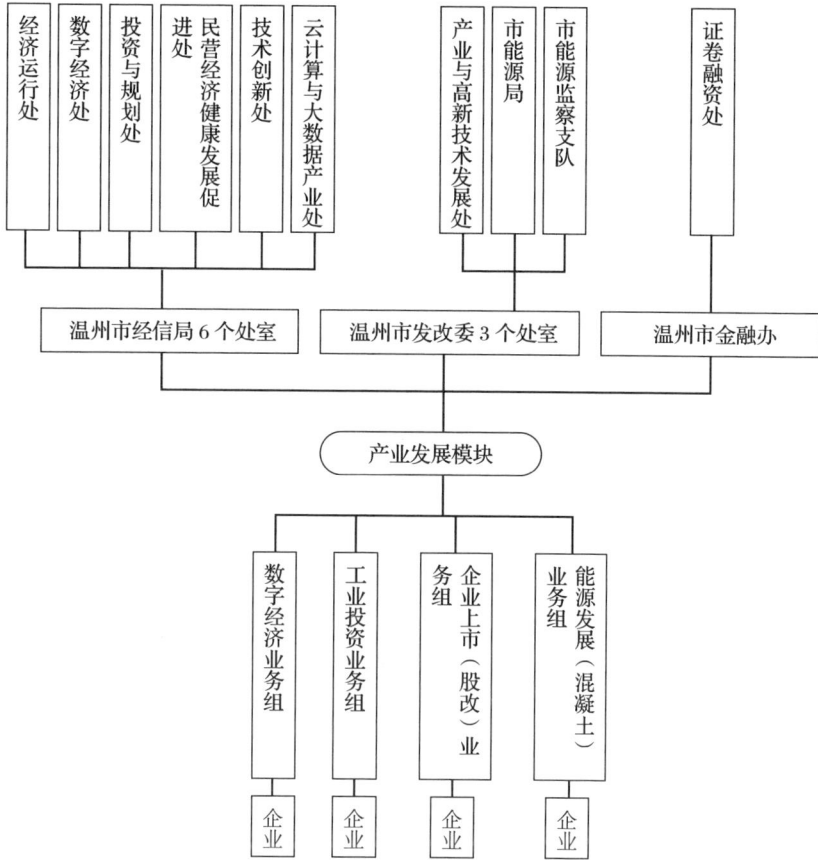

图 1-4　龙港市经济发展局产业发展模块 T 型结构

总体而言，模块化改革的创新意义在于，变刚性的科层为弹性化组织，使得组织能够根据工作需要灵活地调整模块结构和人员，从而提高行政效率，在一定程度上缓解人少事多的困境。在"三定"规定中，一个局设多少个科室和科长编制，都是需要核定并且不能超出的。但模块化管理不对模块数量做刚性限制，使得职能部门可以根据工作内容和工作量大小设置与之相适应的模块。农业农村局和经济发展局的改革试点提供了两种模块化的思路：对于农业农村局来说，其模块数量超过原科室的数量，这可以为大部门内部的扁平化改革开创条件。组织规模一定的情况下，管理幅度与管理层级成反比；模块数的增加，实际上就是职能部门领导管理幅度的增加，从而可以减少部门内的信息传递层级。但是在经济发展局，模块数量少于原有科室数量，形成了大部门内的大部制。经济发展局的改革得益于流程再造和职能转移。"一枚印章管审批"改革已覆盖 1146 项涉企审批事项,对内提升工作效率,对外提升审批服务效率。"一张清单转职能"改革推动职能转移,实现部门"减负"。可见,无论是大部门内的扁平化,还是大部门内的大部制,其遵循的原则都是"大部制、扁平化、低成本、高效率"。

(四)龙港市大部制改革中的其他路径创新

(1)数字化。龙港市以数字化为手段,借助浙政钉、OA 办公系统、政务互动直通码等系统平台,一方面,逐步建立标准化工作流程,完善模块业务协同和数据共享,实现政策集成推送、指令快速到达、进度在线督办和绩效智能评估;另一方面,运用数字化思维深化"一件事"集成改革,推动决策、执行、服务、监督全流程数字化闭环管理,实现党政机关内部高效协调以及党政机关与社会企业的高效协同。比如,龙港市农业农村局农业发展模块依托市智慧农业系统平台,强化"三农"信息在线咨询服务,做到问题即时受理、模块迅速反馈,为广大农户提供更加优质高效的"一站式"服务(见图 1-5)。

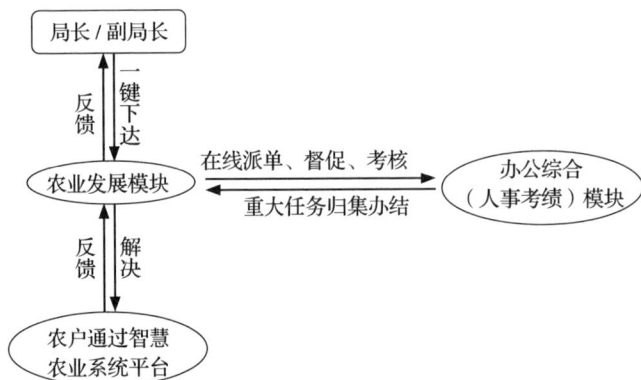

图 1-5 龙港市农业农村局农业发展模块数字化闭环管理流程

(2)社会化。为全力保障大部门体制的高效运行,破解"大部制"带来的"人少事多"困境,龙港市三管齐下,创新推出政府职能向社会转移改革。一是拓展转移范围。在转移职能上,除法律、法规另有规定外,凡是适合向社会转移的行政辅助职能,实现"能转尽转""应转尽转";在承接主体上,打破承接主体属地化限制，在全国范围寻找适合承接政府职能的组织机构；在转移主体上，由以往的政府部门转移主体扩展到9个党政部门和群团机关。二是培育社会力量。坚持职能转移与社会组织培育同步进行，将政府职能转移优先向社会组织倾斜，体现培育和发展专业化社会组织导向、社会协同共治导向。三是强化监管评估。制定量化的绩效评估标准与监管办法，实施职能转移全程绩效管理，及时开展监督检查和考核评估工作，切实防止承接政府职能的社会组织等社会力量成为"二政府"，确保"清单职能"管得好。目前全市已有85个职能事项向社会转移，共有18家社会组织、67家企事业单位和7家院校承接，走出了一条"多元共治"的新路子。

（3）协同化。龙港市以"审批执法改革"为两翼，深化"一枚印章管审批""一支队伍管执法"改革，探索审批、监管、执法高效协调配合途径，推动三方面协同发力。一是以"力量整合"为抓手，打造多方融合的"执法模式"。开展综合行政执法体制改革省级试点，更大范围整合执法职责、执法力量、执法资源，把全市9个政府部门33个领域的3370项执法事项全部划转至综合行政执法局，并将一线人员整编进入27个执法责任区，探索推行"综合查一次"，率先在县级层面构建跨领域、跨部门执法事项最集中的执法管理体系。二是以"审批集成"为核心，打造集约便民的"审批模式"。开展相对集中行政许可权改革，将分散的1146项行政许可审批事项集中划转至行政审批局，实现全省首个涉企类全领域"一枚印章管审批"，在一般项目投资建设领域、市场准入等领域，审批部门由7家缩减为1家，由17枚印章缩减为1枚印章；审批科室由32个缩减为1个审批大模块，审批人员由56名缩减为26名。三是以"协同高效"为目标，打造无缝衔接的"闭环链条"。制定了《综合行政执法协作配合工作机制》和《行政审批与监管协调联动工作机制》，完成梳理执法高频事项32项、高风险事项28项，进一步明确职责边界。探索"互联网＋审批＋执法＋监管"模式，形成相互支撑、有效衔接、整体联动的审批执法监管新格局。

（4）专班化。积极探索中心工作、重点工作专班专营，作为模块化运行模式的有力补充。开展重点项目攻坚"揭榜挂帅"，实施攻坚干部积分制管理，全力锻造唯实唯先、善作善成的高素质干部队伍。2020年，龙港市共挂牌5个重大项目，"招募"140名干部参与攻坚，评选出金牌团队4个，金牌团长 7 名，金牌队员 17 名，促进中心工作与干部培育"双丰收、双促进"。2021 年已上榜挂牌 10 个"攻坚项目"，有效解决重点项目推进不力的难题。

（五）龙港市大部制高效运行的保障机制

为保障大部制改革过程中"模块化"改革创新的高效平稳推进，龙港市构建了四大保障机制。首先，协调机制按照"谁为主、谁协调，谁协调、谁负责"的原则，不依据分管领导排名顺序，而是根据责任大小确定牵头领导，由牵头领导具体协调其他领导，明确牵头模块与协同模块。其次，授权机制通过建立逐级授权模块长非核心业务决策、核心业务建议、跨层级工作汇报的扁平化决策执行模式，减少运行层次和环节，有效提高决策和执行效率。再次，建立激励机制，全面推行龙港市干部差异化考核待遇，在考绩奖总额不变的基础上，实行"岗位聘任、项目赋分、差异分配、优胜劣汰"的激励格局，模块之间、个人之间绩效奖金拉开差距，实现多劳多得；同时，将模块化考核结果作为干部推荐提拔任用的参考。最后，聚焦大部制权力过于集中问题，构建市级层面建立纪检监察"室组一体化"全覆盖的监督机制，各部门内部专门成立"党建+纪检"模块，强化日常监督评估，持续优化政治生态，为权力运行上好"廉政保险"（见图 1-6）。

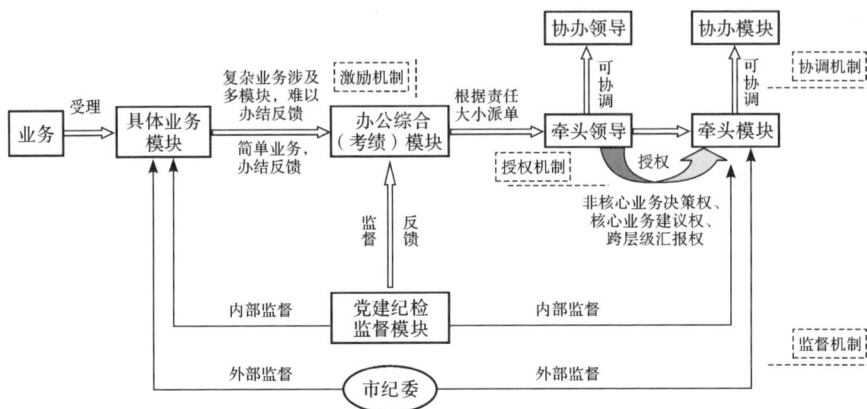

图 1-6 龙港市大部制改革的四大保障机制

三、县级政府大部制改革的案例比较

从 1998 年开始，我国逐步推进以精简机构、转变职能和理顺关系为目标的机构改革。2008 年，党的十七届二中全会审议通过《关于深化行政管理体制改革的意见》，明确指出"探索实行职能有机统一的大部门体制，完善行政运行机制"。随后，党的十八大报告进一步提出"稳步推进大部门制改革，健全部门职责体系"。纵观我国县（市、区）政府大部制改革的实践，2008年以前部分县级政府就率先开启了大部制改革的探索，2008 年后县级政府大部制改革的案例逐渐增加（典型案例请参见表 1–2）。总体来看，大部制改革可以缓解政府部门之间的职能交叉，实现对资源的集中整合，减少部门间沟通协调的成本，并提升公共服务的效能。但是，大部制改革也经历了一些坎坷甚至倒退。以控制编制总量为目的的黄龙县大部制改革，由于陷入"下改上不改"的尴尬局面，难以承受上下级机构不对应的压力，最终几乎回到原有体制。以富阳为代表的"专委会"模式大部制改革以虚设机构代替实体部门进行职能整合，改革后有些部门仍按老一套行事，专委会制度作用发挥不足。采用"党政统合"模式的顺德，大部制改革精简党政部门至 16 个之后，在重重压力之下又增设了 2 个部门，部门数量由 16 个增加为 18 个。

表1-2 我国县级政府大部制改革的典型案例

地区	陕西省黄龙县	浙江省杭州市富阳区	广东省佛山市顺德区	浙江省龙港市	山西省河曲县
开始时间	1994年	2007年	2009年	2016年	2020年
改革缘起	黄龙县的改革因财政问题而起。由于机构臃肿、人员膨胀，政府人不敷出。人多钱少的压力迫使政府进行机构改革，精简人员	部门林立，互不通气、互不协调，部门利益带来政务重复运作造成巨大浪费。原有各部门结构不变，但在功能行使上对应与服从一个委员会之为"专门委员会"的协调机构，即大部制结构	在国家大部制改革后广东省进行的一个试点。以"党政联动"改革为创新性举措，广受舆论关注	在撤设市之前，就已将碎片化的小部门整合为15个大部门。撤设市后，龙港市开始深化大部制改革，但大部门的基本框架没有调整	财政供养能力不足、财政供养人员比例相对较高、事业机构"小、散、弱"。2020年12月，全面部署推进试点小县机构改革工作，采用职能合并方式精简机构数量
改革举措	通过部门合并来精简机构和人员。共撤并党政事业单位58个，将一些职能相近的局合并，比如将科委、教委与科教文体局合并为科教文局。精简编制435名	建立"5+15"结构。市四套班子成立工业化战略推进领导小组、城市化战略推进领导小组、作风建设领导小组，监督管理委员会以及决策咨询委员会，其职能定协调重大事项。建立全新的市政府运行机制，成立15个专门委会，由副市长担任主任，一些相应的局为牵头，所有相关局、办为组成部门	采用合并职能同类项的方法，将碎片化的部门整合为大部门。将党政职能相近的党政部门合并组成大部门，机构从原来的41个局减少到16个	采取职能同类项合并的做法进行优化，整合了12个镇内设机构、11个事业单位和县派驻部门中的18个单位共计41个，设立15个党政机构，其中设6个党委部门和9个政府部门。在深化改革阶段，开展了"模块化"管理试点	改革前党政机构共设置36个，改革后合并为22个，按照大部制、扁平化、强基层、重实战、高效率的原则，突出系统重塑、确保功能再造，逐步实现机构再编制，人员大幅度下降，保持干部队伍体系新鲜血液和合理年龄结构

续表

地区	陕西省黄龙县	浙江省杭州市富阳区	广东省佛山市顺德区	浙江省龙港市	山西省河曲县
改革成效	因新建的大部制结构与上级部门不对应而增加了上下的协调成本。最终，左设对齐、右设摆设了"上下设对齐，左右设摆设"，导致了"下改上不改，改了也白改"的结局	改革后，有些机构仍按老一套行事，专委会制度作用发挥不足。现仍维持46个党政机构和15个专委会	大部制改革后，出现上下协调成本增加。顺德区内部的运行效率提升，但也有部分被抵消。2014年，顺德区部门数量由16个增加为18个。现维持18个大部门	改革在提高效率、降低成本等方面取得较大成效，但在优化和可持续运营方面仍面临一些挑战	改革开始时间较晚，改革成效仍待观察

资料来源：詹乾威.地方政府大部制改革：组织结构角度的分析[J].中国行政管理，2014（4）：17-23；张紧跟.纵向政府间关系调整：地方政府机构改革的新视野[J].中山大学学报（社会科学版），2006（2）：88-93；澎湃新闻.山西河曲等人口小县试点机构改革：多部门整合组建新局挂牌[N].2020-12-26.等公开资料。

　　与龙港市最有比较意义的是广东省佛山市的顺德模式。2009 年，顺德区开展大部制改革，将原党政机构从 41 个精减为 16 个。2012 年，顺德区进一步深化大部制改革，将一些简单的常规职能下放到各镇街分局，实现属地化管理。然而，改革过程中上下级关系衔接和政策执行方面的现实困境渐渐浮出水面。2014 年 10 月，顺德区的党委部门恢复统战部，撤销区社会工作部，区社会工作部的管理职能归还对口的原单位，农村集体经济组织管理、民政事务、工青妇等事务也分别划归各自对口单位；根据最新党的纪检体制改革方向，区政务监察和审计局分拆，新设立区监察局（与纪委合署）和审计局两个部门；将文体旅游局分拆，设立文体局（与宣传部合署），并将旅游管理服务职能划归到区经济和科技促进局；新组建外事侨务局（与统战部合署）、农业局、司法局（与政法委合署）、民政和人社局等（见图 1-7）。

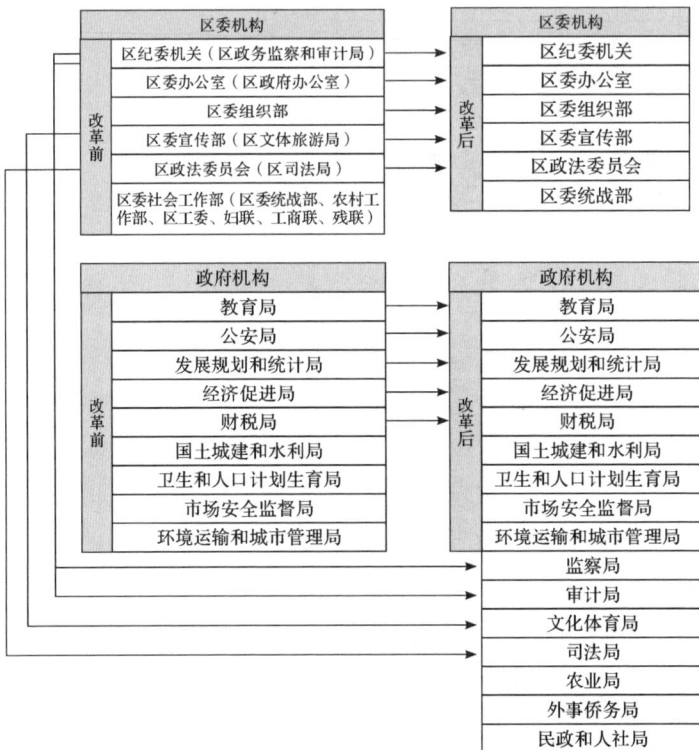

图 1-7　2014 年顺德区大部门调整示意

资料来源：吴曦. 佛山市顺德撤销社会工作部恢复单设统战部.南方都市报，搜狐新闻转载[EB/OL].(2014-10-14).http://news.sohu.com/20141014/n405087057.shtml.

　　龙港与顺德的大部制改革有着相似之处，两地均采取合并职能同类项的方式，整合形成大部门，且改革力度都相对较大。机构精简力度之高意味着大部制改革压力之重，而形成的超级大部门也会给部门内设科室之间的分工协调带来困难。一方面，大部门制中的大部门承担的职能相对于一般的部门更多，这就要求大部制中的公职人员成为"全科干部"，对公职人员的素质要求更高；另一方面，大部制中部门数量少往往伴随着编制数量少，"人少事多"的困境加剧，不仅带来了条块矛盾，还导致干部为应对管理、服务或程序性工作疲于奔命。

　　当然，龙港与顺德的大部制改革模式也存在差异。第一，两种改革模式所面临的制度环境不同。顺德在 2009 年、2012 年、2014 年的大部制改革过程中，行政建制并未发生变化。而龙港撤镇设市后，需要承担县级市政府的管理职责并享有相应的经济社会管理权限，但仍然维持原镇级政府的大部制格局和严格的编制约束。与镇级政府相比较，县级政府享有的权力与承担的职责都大幅度增加。在部门不变与编制没明显增加的情况下，龙港的大部制不得不在超负荷的情形下运行。第二，两种改革模式所处的政府层级结构不同。顺德下设的乡镇、街道能够协助区政府完成公共事务的执行，纾解区政府人手不足、以少对多的困境。而龙港同时开展了扁平化改革，不设乡镇、街道。这意味着具体的落实工作也需要由大部门承担，增加了各个大部门的工作压力。第三，两种改革模式运行的突破方向不同。顺德虽然经过几轮改革在不断完善大部制，但主要还是体现在机构增减和职能划转上。龙港的大部制改革，开创性地探索了"模块化"运行机制。综上，可以将龙港和顺德大部制改革模式的异同点用图 1-8 来表示。

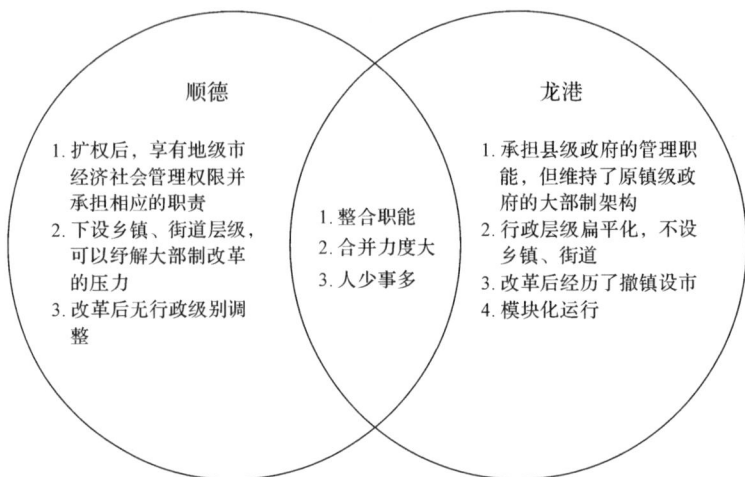

图 1-8　龙港与顺德大部制改革的比较

四、龙港市大部制和扁平化改革的联动机制

我国近年推进的大部制和扁平化改革（关于扁平化改革的具体介绍详见第二章），主张在横向上通过将职能相近的部门合并，以解决职能交叉的问题，并优化部门间协作；在纵向上通过缩减管理层次、拓宽横向管理幅度，以实现管理效率的提升。然而，以往的改革要么推动大部制改革，要么推进扁平化改革，鲜有地方政府同步推进两项改革。龙港市的大部制和扁平化改革同步推进，面临的约束条件相对较多，改革也更为复杂。

整体政府理论是一种通过横向和纵向协调的思想与行动，以实现预期利益的政府治理模式。Pollitt[1] 将整体政府理论总结为四个方面的内容：排除相互破坏与腐蚀的政策情境；更好地联合使用稀缺资源；促使某一政策领域中不同利益主体团结协作；为公民提供无缝隙而非分离的服务。王佃利和吕俊平[2] 则在此基础上进一步将整体政府理论的主要内容表述为：着眼于传统官僚制模式以及新公共管理的弊端，试图建立注重政府整体价值和绩效的文化和哲学；打破碎片化的政府功能分化，重塑政府结构；强调合作与协调的责任

---

① Pollitt C. Joined-up Government: A Survey[J]. Political Studies Review, 2003, 1(1): 34 - 49.
② 王佃利, 吕俊平. 整体性政府与大部门体制：行政改革的理念辨析 [J]. 中国行政管理, 2010（1）：105 - 109.

体系和激励机制,用以推动跨越组织界限的工作方式;强调政府整体效果的最优和公共利益整体最佳。总的来看,整体政府理论针对传统官僚制模式的弊病以及新公共管理的负面效应,侧重于对文化和价值的构建,而并非局限于组织结构调整本身,最终的目的在于政府能力的提升和政府绩效的改进,从而为公民提供无缝隙而非分离的服务①。

结合龙港市行政体制改革而言:(1)整体政府理论主张把职能相近的机构重新组合。龙港通过扁平化改革精简纵向的层次,通过大部制改革精简横向的部门,将职能相近的部门合并重组为大部门,以应对碎片化产生的低效率。(2)整体政府理论主张更好地联合使用稀缺资源。龙港改革力求人员精简、控制编制数量,以实现"低成本,高效率"。(3)整体政府理论主张多元主体的合作与协调。龙港改革实现了政府内部"条块"纵向关系优化和外部"政社"关系整合的有机衔接。(4)整体政府理论超越了传统的组织分工,追求更为平等、适应、灵活的组织架构方式。龙港行政体制改革创新性地提出了"模块化"管理和"三位一体"基层治理模式,打破了大部制与扁平化改革之间的观念和壁垒,实现了改革的联动。

事实上,大部制改革和扁平化改革既有冲突又有互补。比如,"市直管社区"使大部门既要完成上级政府交办的任务,又要直接参与对下的具体执行过程,显著增加了大部门的工作量;因为扩大了大部门的管理幅度,也因此提高了大部门的管理难度。正是这两项改革之间可能存在冲突,促使龙港市在改革过程中特别关注大部制和扁平化的联动。通过有机联动,龙港市不仅实现了功能互补,而且发挥了 1 + 1 大于 2 的系统效应(如图 1-9 所示)。

---

① 竺乾威."大部制"刍议 [J]. 中国行政管理,2008(3):26‐28.

建设服务型政府

```
┌─────────────────────────────┐        ┌─────────────────────────────┐
│  强化集中整合的对点服务       │   三   │  以确权形式明晰职责边界       │
├─────────────────────────────┤   位   ├─────────────────────────────┤
│  落实部门协作的组团服务       │   一   │  建立精简高效的工作模块       │
├─────────────────────────────┤   体   ├─────────────────────────────┤
│  搭建需求导向的便民服务       │        │  推行全域社区化基层自治       │
└─────────────────────────────┘        └─────────────────────────────┘
```

完善政府职能转变 → 强化集中整合的对点服务 落实部门协作的组团服务 搭建需求导向的便民服务

三位一体

以确权形式明晰职责边界 建立精简高效的工作模块 推行全域社区化基层自治 ← 提升基层治理效力

大部制 ←——————— 互补 冲突 ———————→ 扁平化

打破科室协调壁垒 → 将科室业务拆分为模块 按照功能共性整合重组 建立部门内外协商机制

模块化

多级刚性结构转变为简易弹性结构 模块长可作为代表参加上级业务会议 模块内业务直接办理，模块外业务上交局综合办流转 ← 统筹上下条块关系

部门协作高效化

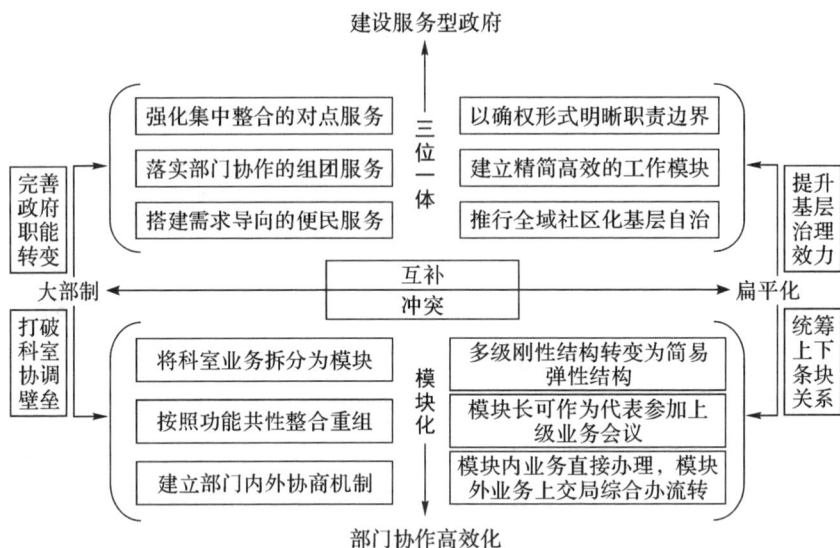

图 1-9 龙港市大部制和扁平化改革的联动机制

（一）"协同治理"下的两项改革互为支点

整体政府理论谱系中的"协同治理"主张建立构架和程序来促进不同参与主体共同提高公共事务决策和实施的质量，既强调政府、市场、社会的多元参与，也关注政府部门间横向与纵向的协作关系。具体表现为：第一，目标的公共性，即目的是解决公共问题，而不是某一方单独面对的问题；第二，参与主体的多元性，即除了政府主体，其他的行动主体诸如企业、社会组织以及公民等，也加入治理中，为达到共同的目标而努力；第三，参与主体之间的互动性，即各参与者之间为实现共同目标而有积极的互动，表现为信息、资源、优势的共享，议题和解决方案的协商，以及实施时的分工合作等；第四，制度的正式性，即为确保运作规范，提高各方投入程度，各参与者之间的关系职责应通过比较正式的制度或规则确定下来；第五，治理过程的动态性，即协同治理要依据所处环境及内部运作的诸多不确定性，随时调整组织架构、协同规则、议题范围、持续时间、解决方案以及具体执行等。

在行政体制改革过程中，龙港市基于"协同治理"理念，以营商环境和民生服务的改革作为切入点和突破口，通过基层治理模式的创新，促使政府

职能归位,进而理顺政府、社会和市场的关系。一方面,龙港市通过"三位一体"的基层治理模式充分调动社会资源,组织开展共治共建共享,构建了多元主体参与的协同治理机制;另一方面,龙港市通过"模块化"管理来解决职责同构下的上下级政府部门间的沟通对接压力,进一步减少部门间以及科室间的沟通成本,继而保障了"低成本、高效率"的改革目标实现。

1. 大部制是扁平化改革的重要保障

伴随大部制改革的结构调整,政府职能也发生转变。特别是政府职能的社会化和市场化,不仅为政府部门减负,而且赋予社会更大的发展空间。通过明确社区治理主体的定位和职责范围,理顺政府和社区的关系,激发社区自治单元的活力,促进"多元共治"的发展,可以保障扁平化改革的顺利开展。如果没有基层自治的广泛开展和切实保障,扁平化改革就不可能成功。如果没有大部制改革及其伴随的政府职能转变,基层自治就不可能有希望。此外,大部制改革通过构建"模块化"的运作方式,缩减了部门内部的治理层级,也实现了与基层自治的有效对接。大部制改革后的下沉人员履行的职能范围更加宽广,比部门林立状态下更能体现资源的集约使用。

在大部制改革过程中,龙港通过梳理政府职能清单,积极践行"小政府、大社会"治理理念,深度推进政府职能社会化转移工作,构建以《龙港市推进政府职能向社会转移工作方案》为核心,"职能转移""购买服务""承接组织"等三大指导目录为框架,"联席会议、年度考评、事后监管、承接管理"四项机制为配套的"1+3+4"制度体系建设。通过将一些适合社区行使的便利性权力下放给社区,龙港市赋予社区一定的自由裁量权。比如,将社区社会发展规划、社区三资决策、社区工程项目管理、社会保障类项目初审等权限交予社区,同时制定每项权力的运行流程。社区的重大事项决策等权力必须经社区两委、社区居委会、居民代表会议等讨论表决通过,从而强化基层自治。此外,龙港市还通过大部制改革解决了以往政出多门、职能碎片化等问题,并通过完善组织目标体系,以及目标实现效果的反馈机制,使大部门中的每个人都能自我管理,从而形成一种更具适应性和灵活性的组织环境。

在进一步深化大部制改革的过程中,模块化改革通过采取岗位负责和个人负责相结合的方式,建立了科室内部的细分工作模块,有效地解决了条线工作带来的干部分身乏术、疲于应付等难题。打破原刚性科层体系中职务职级的严格排序，根据具体事项责任大小确定事项具体牵头领导并协调其他领导。根据工作需要设置模块，实现大部门内的扁平化（农业农村局）或大部门内的大部制（经济发展局）。总体上，模块化改革不仅有利于在全局重点工作中统筹力量，共同完成任务，而且缩短了决策与执行之间的距离，打通了上下沟通的渠道。在龙港市农业农村局的模块化改革中，27 个模块还巧妙地与"三位一体"中的联勤工作站形成一一对应，更是为"市直管社区"的扁平化治理模式提供了支撑保障，有效地实现了与基层治理多元主体的良性互动和有效回应。

2. 扁平化是大部制的持久动力

扁平化改革强调信息共享，重视横向联系、沟通与协作。其重要表现在于，改革是围绕工作流程而不是部门职能来建立组织结构，因此具有层级灵活化、职能综合化、人员高素质化、管理层次简化等特点。在扁平化改革过程中，龙港市通过建立"三位一体"基层治理模式及配套的运行机制，整体提升了基层治理效能。通过"吹哨报到""日调度、周协调""市委市政府协调""市领导联系、市直部门单位捆绑"等制度，社区治理"一件事"机制，分门别类，精准施策，"点对点"地解决了社区在基层治理中碰到的困难。通过坚持干部下沉到底的网格运行机制，开展联勤巡查、就地处置，形成社区联勤巡查机制和"三五成群、就近响应"的网格运行机制，使得极大部分基层问题在网格一线得以解决。这些机制不仅有利于龙港市打造"10 分钟便民服务圈"，提升基层服务水平，强化社区赋能，而且在推动公共服务事项端口前移的过程中，有利于进一步理清政府、市场、社会等多元主体间的权责关系。

通过扁平化改革，龙港市坚持经济建设职能上移，社会管理服务职能下沉，建立健全部门事项准入社区机制，梳理跨部门、跨领域、跨层级联办的"基层治理一件事"目录，编制每件"一件事"运行流程图，形成"上报、受理、交办、处置、反馈、评价"的全周期管理闭环。龙港市的扁平化改革有利于明确部门、社区权责边界，提供了大部制改革的动力和支撑。一方面，扁平化改革为进一步深化大部制改革提供了重要动力；另一方面，基层自治和职能社会化有效保障了精简高效的大部制改革。同时，扁平化改革要求各职能部门人员下沉。在编制有限的情况下，部门数量少、部门职能全就可以体现出独特优势。一方面，相对于部门林立，大部制不需要派那么多人；另一方面，已经下沉的人员可以肩负更为综合的职能。在这个意义上，扁平化也为大部制改革提供了倒逼机制。

（二）"整体性治理"下的两项改革形成合力

1. "三位一体"中的大部制和扁平化

（1）大部制改革是"三位一体"的基础。龙港的大部制改革以"一张清单转职能改革"为纽带，推动职能转移，实现部门减负。2020年，"一张清单转职能"改革第一批目录中的76个事项完成向社会转移，共有17家社会组织、55家企事业单位、6家院校承接，取得了"低成本、高效率"的预期效果。具体来看，大部制的优势主要体现在三个方面：

第一，有利于强化集中整合的对点服务。一方面，干部调动等在组织部一条龙办理，有利于政府部门间组织人事协调高效；另一方面，按照职能划分合并后的大部门能够将有限的人力财力集中在一起办大事，使资源配置更加合理有效。

第二，有利于落实部门协作的组团服务。龙港市通过搭建信息化平台、强化网格管控、完善多元共治机制、打造社区党建联盟，不断优化"三位一体"运行机制。

第三，有利于搭建需求导向的便民服务。龙港市各个社区构建简约的便民社会服务体系，以群众办事需求为导向，围绕职能转变，充分发挥市场机制的作用。一方面，大部制改革通过梳理政府职能，进行部门的合并重组，有利于优化调整窗口设置，切实提升基层群众的获得感与满意度；另一方面，大部制改革通过落实社会性职能转移，将能够由社会高效提供的服务职能转移出去，更有利于发挥社会组织和基层群众性自治组织的作用。

（2）扁平化改革是"三位一体"的内核。"三位一体"是"市管社区、组团服务"的一种全新模式。社区联合党委、联勤工作站、综合服务中心同正式的行政层级截然不同，是一个由机关下沉的干部、社区派出的"代表"以及社工组成的联合办公与多元联动并提供组团服务的平台。总体来看，龙港市"三位一体"的扁平化改革有三个重点内容：

第一，以确权形式明晰职责边界。在构建"三位一体"治理框架之前，按照经济建设职能上移，社会治理和公共服务职能下沉的原则，龙港市厘清了部门和社区的职责定位，制定出台部门延伸社区服务事项清单、政府购买服务事项清单和市直管社区事项清单，以确权形式明晰职能部门与社区的职责边界，在逐步强化社区服务职能的同时弱化社区行政职能。

第二，建立精简高效的工作模块。首先，在市级层面设立基层治理委员会，负责社区人员编制及派驻，统筹协调社区基层治理事务。其次，在社区建立党工委、构建党建服务、综治工作、市场监管、综合执法、便民服务等五大工作模块的基础上，对上协调政府职能部门，对下联系社区基层一线，始终强化社区党工委在基层治理中的核心地位。最后，整编入驻公安、市监、执法等部门下沉人员、驻社干部、专职社工、社区两委干部，开展组团式服务、网格化治理。

第三，推行全域社区化基层自治。首先，推进社区干部职业化改革，以"收入有保障、干好有希望、退后有所养"的"三有"目标激励社区干部，加大从优秀社区干部招录公务员、事业人员甚至副科级干部的比例，有效激发社区干部的积极性和能动性。其次，加强社区党组织自身建设，以党建引领确保基层自治正确方向，坚持以发动群众为重点，最大限度地整合多方力量参与治理，实现群众自我管理、自我教育、自我服务。最后，以社区联勤工作站和社区综合服务中心为平台，将其职能定位为市直部门与社区的链接中介，为推进全域社区基层自治提供基础支持。建设好党群服务中心、社会综合服务中心、基层治理中心，构建多元的综合性社会服务平台，为深入推进并完善基层社会治理发挥了重要作用。

2. "模块化"中的大部制和扁平化

（1）大部制改革是"模块化"的本质。龙港市以农业农林局和经济发展局为试点，探索最优大部制运行模式，建立了职能科室与模块化专班双轨运行机制。其具体举措包括：第一，将科室业务拆分为模块。针对早期大部制改革导致的"上面千条线，下面一根针"现象，龙港市采取岗位负责和个人负责相结合，将科室按业务类型分成 N 个模块，锻造"科室模块链"。第二，按照功能共性整合重组。鉴于大部门制下科室职责边界过于清晰、协同性不足，以及科室间信息交易成本高等问题，龙港市通过推进大部制从"物理整合"向"化学反应"转变，探索部门内部职能优化试点，打破传统的条线一一对应，每个对接基层的模块长既可以在社区内高效落实相关模块工作，又可以代表大部门回应更多业务需求，保障对上能够承接职能，对下能够便民服务。第三，建立部门内外协商机制。按照"谁主责，谁牵头"原则，建立跨科室的工作模块。科室负责制与重大事项集体决策制，采取统分结合的方式。日常对接按模块进行，三重一大事项和全局重点工作则统筹模块力量，共同完成任务，形成一体化系统化的高效运行态势。

（2）扁平化改革是"模块化"的延伸。龙港市创新性地提出了"模块化"管理，把政府部门的科室职能颗粒化，将"局长—副局长—科长—副科长—科员"的多级刚性结构转变为"局长（副局长）—模块长（副模块长）—模块员"的简易弹性结构。这不仅提高了大部制的运行效率，还可以实现部门内的扁平化改革。模块化改革的创新意义主要在于，它变刚性的科室为弹性化组织，使大部门能够根据组织需要调整模块人员和结构，形成"对上是线状专科，对下是块状全科"的结构以及闭环的问题处理和管理模式，提高行政效率，缓解人少事多的困境。另外，一个局的科室往往有限定的数量，而模块化管理不对模块数量做限制，能够根据工作内容和工作量设置与之相适应的模块数量。模块长可作为代表参加上级业务会议，即温州市各部门处室召开的会议可以由模块长作为代表参会。以"模块＋岗位"的形式与上级部门进行对接，可以有效破解条线会议过多带来的分身乏术等难题。在联勤工作站中，模块内业务可由模块长直接办理，模块外业务上交局综合办流转。对于重大事项或需要全局统一协作的工作内容，由模块长在会上交流汇报，局长负责牵头部署，这有助于优化办事流程，提高办事效率。

（三）小结：大部制与扁平化改革的联动

龙港的大部制改革重组了政府部门，转移了政府职能，提升了社会和市场参与公共产品生产的空间，加强了基层单元的治理能力，从而为扁平化改革提供了重要的保障。首先，大部制改革以确权形式明晰了市直部门与社区的职责边界，既为构建"三位一体"基层治理模式提供了前提，也为部门内部"模块化"管理提供了依据。其次，大部制改革提升了政府部门的组织协调效率，既为推动"三位一体"统筹协调基层治理事务、落实五大工作模块的组团式服务、网格化治理提供了体制支持，也为构建"对上是线状专科，对下是块状全科"的模块化管理模式提供了组织框架。最后，大部制改革向社会转移职能，在实现多元共治、建设有为政府的同时，有利于激发基层群众自治，发挥社会组织的作用，为扁平化改革奠定基础。

龙港的扁平化改革主要体现在撤镇设市后，不设乡镇街道层级，实行"市直管社区"模式。"三位一体"基层治理模式在社区联合党委的统领下，逐步强化社区的公共服务，弱化社区的行政职能，以联勤工作站和综合服务中心为平台，推进全域社区化的基层自治。在大部制内实现模块化管理的过程中，也可以形成扁平的弹性化组织。扁平化的管理不仅需要基层自治的支撑，也要求政府的机构改革和职能转变。如果没有基层自治，"三位一体"的治理模式势必回归街道办体制，行政化和层级化就会越来越明显。如果没有大部制及其政府职能转变，扁平化的基层治理很可能会走向失控。也就是说，大部制改革是确保扁平化成功的前提保障，而扁平化则反过来为大部制提供了改革动力。

在协同治理的视角下，大部制和扁平化改革相互成为支点。在整体性治理的视角下，大部制和扁平化改革共同形成合力。无论是在"模块化"改革，还是在"三位一体"的治理模式中，都充分体现了大部制和扁平化的有机互动。在"三位一体"治理模式中，大部制改革是基础，扁平化改革是内核；在"模块化"管理模式中，大部制改革是本质，扁平化改革是延伸。大部制有利于强化集中整合的对点服务，有利于落实部门协作的组团服务，有利于搭建需求导向的便民服务。而扁平化则通过确权形式明晰职责边界、建立精简高效的工作模块、推行全域社区化基层自治，减少了行政层级，在"人少事多"的背景下，跟大部制一起共同推动了"低成本，高效率"目标的实现。

五、龙港市大部制改革成效与未来方向

（一）龙港市大部制改革的成效

撤镇设市以来，龙港市不断完善部门职能设置，强化模块集成联动，探索最优大部制运行模式，初步实现机构职能更加优化、权责更加协同、运行更加高效的改革目标。

破解了化学反应不足的难题。比如，龙港市市场监督管理局围绕大部制、

大综合、大协同理念，聚焦现代化治理重构市监安全保障职能，设置安全协调科，整合原分散在多个科室的特种设备安全、食品安全、药品安全等安全职能，有效发挥安全协调职能"多合一"统一行使的集成优势。

破解了上下衔接不畅的难题。比如，龙港市经济发展局通过实行"条块结合＋职能融合""定岗定责＋充分授权"，细化制定模块人员定岗表及考核任务表，明确不同层级事项的具体对接负责人，理顺了与温州市级8个业务主管部门的工作对接、请示汇报和沟通衔接关系，确保有效承接条线部门的任务，破解"一对多"造成的衔接不畅的难题。

破解了政社协作不强的难题。比如，龙港市应急管理局充分利用社会力量，实施"安全管家"＋"数字赋能"项目，加强政府部门与社会组织的良性互动。通过职能向社会转移，不仅解决大部制"人少事多"、专业人才匮乏等问题，实现了园区企业安全生产检查全覆盖，而且进一步达成了培育专业化社会组织的预期目标。截至目前，"安全管家"已入园检查企业1813家，全面提升龙港市安全生产智治水平，形成了政社多方共赢的新格局。

破解了执法力度不够的难题。比如，自2020年年底执法事项划转以来截至2021年6月，龙港市综合行政执法局共办理一般程序案件236起、简易程序625起、人行道违停抄告1.7万起，处罚金额超500万元，案件涉及领域持续拓展，已涉及文化、卫生健康、民宗、新闻出版、生态环境、水利、建设、自然资源等多个领域，实现了案件数量质量双提升。

破解了审批效率不高的难题。比如，龙港市委市政府办公室（市行政审批局）依托相对集中行政许可权改革，设置大审批模块。2021年1至5月份，共办理审批各类事项304656件（其中一般企业投资项目313件、商事登记18751件），日均办理2477件。第三方抽样调查结果显示，88.4%市民认为"龙港市党风政风和社会风气持续明显改善，实现办事"高效率"、运行"低成本"的改革要求，将审批领域的集成高效做到"极致"。

（二）龙港市行政体制改革的未来方向

无论是大部制还是扁平化改革，都依然"在路上"。龙港已经进行了卓有成效的创新探索，但有些问题还需要在发展中进一步完善。这就要求从"整体政府"的视角，围绕改革共识、组织结构、运行机制、干部队伍等方面，重新审视龙港市行政体制改革的未来方向。

1. 进一步凝聚改革共识，找准行政体制创新的目标定位

党的十九大报告明确指出："统筹考虑各类机构设置，科学配置党政部门及内设机构权力、明确职责。统筹使用各类编制资源，形成科学合理的管理体制，完善国家机构组织法。转变政府职能，深化简政放权，创新监管方式，增强政府公信力和执行力，建设人民满意的服务型政府。赋予省级及以下政府更多自主权。在省市县对职能相近的党政机关探索合并设立或合署办公。"中共中央《关于制定国民经济和社会发展第十四个五年规划和二〇三五年远景目标的建议》进一步提出："加快转变政府职能。建设职责明确、依法行政的政府治理体系。深化简政放权、放管结合、优化服务改革，全面实行政府权责清单制度。持续优化市场化法治化国际化营商环境……推进政务服务标准化、规范化、便利化，深化政务公开。"可见，龙港市开展大部制和扁平化改革完全符合中央精神和未来方向。

然而，"大部制、扁平化、低成本、高效率"的 12 字方针在正确指导龙港改革的同时，也会造成一定的思维定势或路径依赖。部分干部群众认为，"大部制就是缩减编制，扁平化就是削减层级，增加编制或层级就意味着改革失败"。这种思维模糊了改革的初衷，极易陷入"为改革而改革"的误区。大部制的"大"和扁平化的"扁"指示的是一种改革方向或改革手段，而非极端化的终极目标。部门越大、层级越扁并不必然带来低成本和高效率，将手段变为目标的本末倒置会给未来的深化改革带来不小的阻碍。因而，部门到底需多大、层级到底要多扁、"人少事多"矛盾如何解决等问题需要有创新的思维。而且，为了建设人民满意的服务型政府，可以把"高效率"改成"高效能"。相对来说，效率更关注成本与产出之间的关系，而效能更关注产出与结果之间的关系。前者更强调量，后者更强调质。同时，高效率与低成本有信息的重叠，而高效能则可以更好地表达服务型政府建设的结果导向。找准行政体制创新的目标定位，也就意味着改革不必太过拘泥于大部制的"大"和扁平化的"扁"，而是要看目标结果和实践效果。

2. 继续深化大部制改革，不断完善"模块化"运行机制

当前的大部制改革存在一些潜在隐患。首先，大部制改革增加了大部门内部科室间或模块间协调的负荷和难度，部门超负荷运转，公文积压，科室

之间的矛盾有所凸显。其次，大部制改革加剧了部门行政首长与其下属之间的紧张关系。大部制增加了部门行政首长的管理幅度，加大了管理监督各科室及其管理人员的难度。更为重要的是，大部门制下各科室在某种程度上垄断了设计某一领域政策方案所需的技术知识，有可能人为地制造信息壁垒。再次，在大部制改革过程中，政府容易注重对自身的调整，而忽视市场和社会多元主体的利益诉求和共建共享。最后，龙港的大部制改革，是在上级政府没有实施相应改革的情况下开展的，容易造成"上面千条线，下面一根针"。在职责同构的科层体系中，下级政府的大部门要承接上级众多条线部门的任务，面临巨大挑战。

　　龙港目前的大部制框架在撤镇设市之前建立，虽然具备一定的前瞻性，但主要匹配镇的建制及其职责权限。撤镇设市后，需要根据县级市的建制对大部制作出一些微调。事实上，增加少量新的部门和人员编制，未必就代表大部制改革的失败。以广东顺德为例，2009年的大部制改革将党政机构精简至16个，2014年新增食品药品监督管理局和农业局，并在大部门数量维持18个的条件下，对部门之间的职能分配进行了优化调整。尽管顺德区增设了2个部门，但数量依然远少于大部制改革前的41个，有效破解了原先部门林立、政出多门、推诿扯皮的困境。大部制的要义不仅在于通过职能整合减少党政机构的数量，更是需要随政府职能的发展不断调适机构的数量与规模，以实现有效治理。如果以精简机构和人员的数量作为改革成败的标准，行政体制改革就极有可能陷入"精简—膨胀—再精简—再膨胀"的怪圈。所以，必须解放思想，摒弃"增加部门或编制就是改革失败"的观念，通过科学调整党政机构的数量和规模，使之与政府职能的发展相适应。当然，也可以利用某些自下而上的"倒逼机制"，逐渐推动上级政府的大部制改革。

　　龙港市在深化大部制改革过程中，创造性地提出了"模块化"管理机制，打破了大部门内部刚性的科层设置，采取更为灵活的功能组合（模块）来应对上级多个部门的复杂任务。政府职能同类项的合并，有效减轻了大部门的工作压力。因为模块的弹性化设计，打破了原来科室之间的壁垒，不仅有利于信息的沟通协调，方便了人员忙闲不均时的灵活配置，同类职能的合并也可以产生规模效应并减少重复劳动。如果模块的数量多于科室，类似于增加不少中层管理岗位，因而对大部门的领导来说，不仅增加了助手，而且推动了部门内部的扁平化管理。然而，从服务型政府的价值理念和实践目标来看，公共事务的治理需要政府、私人部门、非营利组织以及公民等多方主体的协同参与。当前的模块化管理比较注重对接上级部门的任务要求，但在获取公共需求、优化公共服务、鼓励参与治理等问题上，需要在未来的改革中给予更多关注。另有一个需要提醒的是，模块化改革与"定机构、定职能、定编制"的"三定"方案存在一定的冲突。模块化强调机构和人员的灵活配置，甚至不受科室编制的约束，而"三定"方案的主要目的就是规范、约束各部门的机构设置、职责权限和人员编制。因而，未来的模块化改革必须完成合法化和制度化过程。

3. 持续推动扁平化改革，真正实现"市直管社区"模式

龙港撤镇设市以后，曾经采用片区的方式推动扁平化改革，但因为有街道办化的嫌疑，就转而提出"三位一体"的基层治理模式。这一模式与以安徽铜陵为代表的"组建大社区"模式、以贵州贵阳为代表的"一社多居"模式和以安徽芜湖为代表的"公共服务中心"模式都有所不同，充分体现了龙港的治理智慧。2021年3月，龙港市委常委会审议通过《深化"扁平化"基层治理改革实施方案》。此后，龙港迅速开展组建社区联合党委、设立社区联勤工作站、设立社区综合服务中心、强化社区赋能、推进数字治理、强化网格责任落实、推进基层治理"一件事"改革、完善"市管社区"系列工作机制在内的八项工作任务。目前，已在26个基层治理单元分别建立了社区联合党委、社区联勤工作站、社区综合服务中心，即"三位一体"的运行体系及其相应工作机制。

在未来的改革中，需重点关注两个问题。一是切忌"三位一体"形成的基层治理单元成为变相的行政层级。目前的基层治理单元，主要根据历史、人口和服务半径等因素综合划定。从市政府的管理幅度来看，直管102个基层社区相当困难，而合并成"26 + 1"的基层治理单元大体合适。但无论是从平均人口规模，还是从平均地域范围来看，这26个大社区作为基层自治单位都略显偏大。如果这26个大社区不是基层自治单位，那它的行政化和层级化倾向就会越来越明显，从而妨碍市直管社区模式的真正实现。二是确保不作为行政层级的"三位一体"基层治理模式可持续。目前，在强化社区扩权赋能的同时，因为政府管理与社区自治的边界不够清晰，导致基层负担越来

越重。要真正实现市直管社区，这 26 个大社区就需要实现基层自治。因而，必须进一步创造条件，使较大规模的基层群众自治成为可能。也就是说，扁平化改革的关键在于基层自治，以及作为基层自治前提的政府职能转变。从基层治理的角度讲，最好的政府不一定是老百姓需要什么就直接提供什么，而是应该竭尽全力为老百姓创造自己解决问题的能力和空间。

4. 大力推进干部队伍建设，逐渐完善人事激励约束机制

"人少事多"是龙港市行政体制改革的逻辑起点。由于政府职能转变不到位和人员编制受到严格控制等原因，全国很多地方政府都面临人少事多的困境。不过，龙港在撤镇设市的过程中，虽然层级提升了，职能扩大了，但公务人员的编制并没有得到相应比例的增加。而且，龙港的改革本身就肩负了探索"大部制、扁平化、低成本、高效率"的重要任务。其题中之义就是要在"人少事多"的背景下，开创出一条新的改革之路，并为其他地区（特别是经济发达镇）的行政体制改革提供经验借鉴。所以，相对于大多数地方政府，龙港"人少事多"的矛盾更为突出，而且还不能过分"抱怨"。龙港市可以通过大部制和扁平化改革赋予组织弹性和完善基层治理，通过政府职能的社会化转移来减轻公共服务提供的压力，通过向其他政府"借编"或向企业"借人"来缓解人手不足的问题。然而，"借编""借人"等非制度化渠道，会造成制度规定"不增编制"与非制度化渠道"增加人员"的矛盾。所以，只能作为改革过渡期的权宜之计。

一切事业的成败，最终都可归结于人的因素。同样，"大部制、扁平化、低成本、高效率"的改革能否取得成功，在很大程度上取决于龙港的干部队伍。大部制和扁平化改革，需要龙港的干部几乎是全能的。他们既要承担县级政府必须履行的职能，又必须在不设乡镇街道的情况下，面向基层一线提供基层公共服务；既需要承担职能科室的条线任务，又需要在模块化运行模式下，灵活"跳转"到新的业务领域。龙港撤镇设市对干部队伍的专业水平和创新能力都提出了更高的要求，但受制于龙港市人员编制和职数限制，政府利用公务员考试或社会招聘来引进高素质人才困难重重，在短时间内无法实现干部队伍的有机更新和升级换代。此外，大部制改革带来的机构减少与扁平化改革带来的政府层级不增导致人事晋升空间受限，干部队伍的活力有待进一步激发。为了支持龙港的改革，上级政府针对龙港市采取了"非必要，不考核"

的原则，但实际工作中对于"非必要"的界定不够明晰，考核标准也缺少对龙港撤镇设市面临众多新情况的足够考量，绩效考核和奖励制度与干部的工作负荷不太匹配。

面对"人少事多"的矛盾，思路主要有三个：一是增人；二是减事；三是激励现有的干部更好地做事。在未来，大力推进干部队伍建设、完善激励约束机制的思路在于：通过积极争取更多的人员编制、试点聘任制或雇员制，适当充实干部队伍，以便与承担的政府职责大体相当；通过转变干部观念、合理优化政府职能、充分听取群众需求，紧紧围绕中心工作，服务好群众最迫切的需求，并大力培育社区自治的能力；通过业务培训、交流轮岗、自我提升等方式，不断提高干部队伍的管理能力和业务水平；通过拓宽龙港干部的晋升通道，探索虚拟层级设立的可能性，完善考核奖励制度，使其工作负荷和薪酬待遇大体适应。当然，对于部分在政府职能社会化转移过程中寻租腐败、面对群众呼声不能担当作为、在日常管理或公共服务中慵懒怠政等行为，必须加强监督检查，并辅之以相应的惩戒措施，从而营造风清气正的良好氛围。

课题负责人：吴金群

课题组成员：陈思瑾　毛家楠

张　琦　廖超超

第二章　龙港市基层治理"扁平化"改革实践研究

扁平化改革是政府基层组织改革的必然趋势，也是龙港在国家新型城镇化综合改革中最具辨识度、最具标志性、最具吸引力的改革举措。两年来，龙港以协同治理理论为支撑来推动扁平化改革，以政府行政体制改革为突破口，以政府与社会协同共治为抓手，以高水平建设"整体智治"现代政府为目标，通过构建"三位一体"实现部门协同，通过"四治融合"实现政社协同，走出了一条"三位一体""四治融合"的基层治理新路子。在实践中，减少管理层级，实现管理服务下沉，推动社会力量广泛参与，在推动政府治理与社会调节、居民良性互动方面作出了有益的探索，为新型城镇化和基层社会治理创新提供了先行先试的改革经验。

一、龙港扁平化改革的历程和做法

龙港是改革开放的产物，建镇以来先后经历了三次体制改革，分别是：1984年建镇之初，率先进行土地有偿使用、户籍管理、股份合作制度三大改革，成功地走出了一条农村城镇化的路子，被誉为"中国第一座农民城"；1995年，被国家11个部委列为全国57个小城镇综合改革试点镇之一，在行政管理体制、财政管理体制、计划管理体制等7个方面进行了大刀阔斧的改革，初步构筑了适应城镇运行的管理机制，有力地促进了龙港经济和社会的发展；2009年被列为温州市首批5个强镇扩权试点镇之一，在扩充"四大权限"（土地使用权、财政支配权、行政审批权和事务管理权）和打造"四大平台"（龙港城镇管理综合执法大队、龙港行政审批服务中心、龙港土地储备中心、龙港公共资源交易中心）等方面进行了积极探索；2010 年 12 月，被列为浙江省首批 27 个小城市培育试点乡镇之一，在强镇扩权的基础上，积极开展了小城市培育试点工作。同时，龙港还经历了 1992 年、2000 年和 2011 年三次行政区划调整，调整后的龙港，按照温州市"1650"大都市发展总体规划要求，实行"区镇合一"的管理模式，在保留龙港镇建制镇的同时，设立了龙港综合功能区（龙港新区），进一步拉开了城市发展的框架。

2019 年 9 月龙港撤镇设市，成为全国第一个"镇改市"试点。全市共设 6 个党委机构、9 个政府部门、1 个群团部门，机构数量和人员编制仅为同类县市区的 40%，不设乡镇、街道，直辖 102 个社区，设立 9 个片区党工委，作为无固定编制的非独立法人机构，实行"市管社区、分片服务"的基层治理模式。2021 年 3 月，龙港市撤销 9 个片区党工委，以建成区 3 万—4 万、非建成区 1 万—2 万左右的常住人口为服务半径，建立 26 个社区联合党委、联勤工作站、综合服务中心"三位一体"治理架构，打造"党建统领、联勤处置、组团服务、数字治理"的"市直管社区"模式，在"扁平化"改革中突出党建引领、智能高效、多元联动，探索"市直管社区"高效扁平运转的新模式、新机制、新格局，主要做法包括：

（一）"市管社区"穿透式直接管理

设市初期，迅速推进全市 73 个行政村改社区，设立 9 个片区党工委，抓好过渡服务。2021 年，为避免出现片区"类乡镇化"问题，撤销 9 个片区，优化设立 26 个社区联合党委，精准划分成 336 个网格，26 位市领导、15 个市直党政单位与社区联合党委责任捆绑、同奖同罚，党组织进网入格全覆盖，形成"一个班子抓到底、一道政令落到底"的工作格局。同时，温州市委专门出台支持龙港改革上派下挂、跨县域交流、基层经历认定等干部政策，将社区干部工作经历视同乡镇工作经历，推动龙港各级干部向一线下沉。坚持问题导向，聚焦"五个直接"，实现扁平化制度优势向治理效能的转化（见图 2-1）。

一是社区直接管理。将党政办公 OA 系统、视频会议系统终端向社区延伸覆盖，实现市委市政府工作指令直达社区。做实市领导联系、市直部门单位捆绑社区工作制度，建立市直部门业务指导社区工作机制，实行社区事项、工作事项准入和负面清单机制，形成分工合理、执行有力、扁平高效的运行体系。二是网格直接处置。坚持干部沉到底，推动基层治理委、公安局、市监局、综合行政执法局450多名干部下沉社区，与网格员、专职社工和社区干部整编入格，形成"三五成群、就近响应"的网格运行机制。三是信息直接应用。以数字化改革为一号工程，差别化推进智慧社区建设，研发"市管社区"数字化协同应用系统，形成更精准的信息闭环应用。四是服务直接落地。将社区综合服务中心打造成为老百姓家门口的服务站，构建"部门下沉服务、社会组织参与服务、社区干部和网格员对接服务"的集成服务新模式，形成"15分钟便民服务圈"。五是矛盾直接解决。以快速响应、及时解决为原则，建立日常巡查、"社区吹哨、部门报到"机制、分类协调解决机制，提升基层问题响应速度和解决力度。

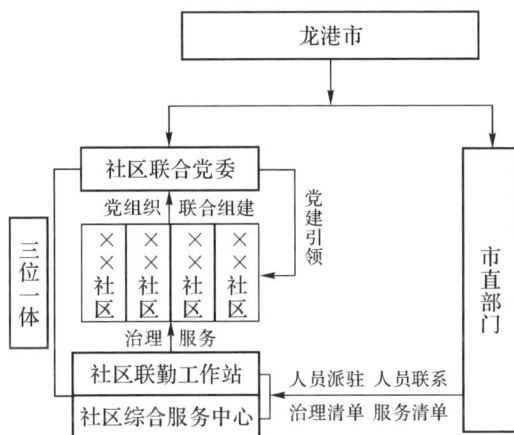

图 2-1　龙港市"市管社区"扁平化基层治理架构

（二）"三位一体"组团式一线响应

面对改革和经济发展的双重压力，龙港市在扁平化改革进程中创新性地构建了"三位一体"的治理框架。2021年3月，龙港市出台《深化"扁平化"基层治理改革实施方案》，明确了包括组建社区联合党委、设立社区联勤工作站、设立社区综合服务中心、强化社区赋能、推进数字治理、强化网格责任落实、推进基层治理一件事改革、完善"市管社区"系列工作机制在内的八项工作任务，并制定了改革时间表。在综合历史、人口和服务半径等因素的基础上，龙港市将 102 个社区划分为 26 个基层治理单元，分别建立了社区联合党委、社区联勤工作站、社区综合服务中心，即"三位一体"的运行体系。实行联合党委、联勤工作站、综合服务中心"三位一体"三方联动，高质量建好社区综治工作、市场监管、综合执法、便民服务等"四大平台"，健全完善"社区吹哨、部门联动"、社区治理"一件事"等机制。按照"基础力量一员一格、专业力量一员多格、联动力量一格多元"模式，推动全市 70% 机关干部下沉社区，整编入驻公安、市监、执法等部门干部，构建"联勤巡查、快速响应"处置机制，变"基层一根针"为"基层一张网"。近两年，办理社区"吹哨事项"1328 件，办结率、满意率分别达 98.6%、100%，累计化解历史遗留问题 243 件，群众点赞"龙港干部更快了、更勤了，也更亲了"。

（三）"党群连心"一站式集中服务

按照"组团服务、一站办理"的新模式，迭代升级"瓯江红"党群服务中心未来邻里功能，推进为民服务数字化转型，建立"近场"居家随时办、"中场"社区就近办、"远场"政务服务中心兜底办的"15 分钟便民服务圈"，实现 90% 以上基层矛盾、事项需求就近从快得到解决。坚持"党建统领、多元共治"的协同治理理念，完善基层群众自治制度，建强社区居民委员会，充分发挥居民自治功能，防止社区行政化，实现人人参与、人人负责、人人奉献、人人共享。

一是居民委员会与政府合作治理。龙港市政府职能部门强化对居民委员会工作的指导、支持和帮助，及时回应解决居民委员会的居民诉求和建议，直接面向社区投入资金和资源。居民委员会依法协助龙港市政府开展工作，维护居民的合法权益，对法定事项以外委托开展的工作可通过政府购买服务方式实现。二是居民委员会与驻社区单位合作治理。引导驻社区单位、业主委员会和社会组织支持居民委员会工作并参与社区治理，遵守居民委员会的有关决定和居民公约，以民主协商方式促进社区共建共治共享。三是居民委员会与社会组织合作治理。建立专业社工队伍，拓宽社区人才来源，完善培养选拔机制，健全"三岗十八级"科学薪酬体系，充分发挥专职社工在社区服务中的作用，打造一支专业化、职业化、规范化的专职社区工作者队伍。加快培育社会组织，加大社会组织进驻力度，提高其承接公共服务的能力，调动社会组织参与社区服务的积极性。四是居民委员会与物业公司合作治理。顺应龙港全域城市化的发展趋势,龙港市大力发展社会化、企业化、专业化物业管理,对部分所有、双方互有、全体共有的产权实施统一管理,明确小区业主委员会党组织对物业公司的领导以及居民委员会指导社区物业服务管理职责,构建物业管理与社区管理良性互动新机制,促进社区管理效率和管理水平的提高。

目前,龙港已经构建了以社区联合党委为统领,以社区党组织为主体,驻社区单位、非公企业、社会组织、物业公司等共同参与的区域党建联盟,整合42家驻社区单位、10846名社区党员、107名社区民警、442家社会组织、32566名志愿者共治社区,解决民生实事1082件,奏响基层社会治理"大合唱",将区域内党建资源、基础设施资源和其他社会资源整合,组织开展共治共建活动,做到党建引领聚合力、联盟共建促发展。

二、龙港"市直管社区"改革的比较优势

政府的扁平化改革主要是指削减"中央—省—市—县—乡镇"五级纵向行政体制中的某一层级,以实现管理的扁平化。在实践中,主要有省直管县、地级市直管乡镇、区(市)直管社区等三种。龙港市的改革属于政府层级扁平化中的区(市)直管社区类型。其核心是不设乡镇、街道,变"区(市)—乡镇—社区"三级管理为"区(市)—社区"二级管理。从与其他地区改革实践的比较来看,基层治理事务的承接和高效公共服务的提供是龙港扁平化改革的重点,平衡好扁平化改革与社区自治之间的张力是龙港扁平化改革的亮点。从全国范围来看,区(市)直管社区的典型案例可参见表2-1。

表2-1 我国区（市）直管社区的典型案例

开始年份	试点主体	直管社区模式	改革举措	当前状况
2002	江苏省南京市白下区淮海路社区	以社区党工委为核心，以社区行政事务受理中心、社区居委会、社区工作站与社区服务中心为支撑的整体架构	①撤销街道办，设置街道党工委，负责党政、宣传、社会稳定、人民武装等工作；②成立社区服务中心，由职能部门派驻人员承担行政职能；③梳理街道职能，执法职能移交区政府，自治职能回归社区；④借助社区工作站和社区服务中心开展志愿活动，推进社区工作社会化	2013年，国务院、江苏省政府批复同意撤销秦淮区、白下区，以原两区所辖区域设立新的秦淮区。原白下区淮海路社区被重新划归至鲁老村街道办
2003	北京市石景山区鲁谷社区	社区党工委、社区行政事务管理中心以及鲁谷社区代表会议委员会及其常设机构（社区委员会）组成"三架马车"组织架构	①采取"大社区"理念，由八宝山街道办事处离析出街道社区级社区——鲁谷社区，及社区代表会议分别承接党建、行政管理和居民自治工作；②形成"三部一室"的行政机构设置和"一所两室"的事业编制机构，将鲁谷社区新机构职能调整减并缩减至80项，行政编制数量由90名公务员减为39名；③形成由社区代表会议，各居民委员会和社区委员会各中介组织机构成的自治组织体系	2019年，鲁谷街道回鲁谷社区变更回鲁谷社区，社区党工委更名为鲁谷街道工委，社区行政事务管理中心更名为鲁谷街道办事处
2009年	湖北省黄石市（率先在铁山区试点，而后推广至其他区）	以社区党委、社区居委会、社区公共服务站、群众工作站和社会组织工作站为基础的"两委三站"组织架构	改革思路为"横向大部制，纵向平化，全局整合资源"。①撤销街道办事处，实施区直管社区；②整合精简机构，调整社区规模，撤并区部门，合并大社区；③明确权责主体，理顺工作关系，完成职能的上移和下放，区政府成立社区事务服务管理委员会和社区工作站直接管理社区事务，区政府为街道体制改革提供财政制度支持；④加大支持力度，健全保障体系，区政府行为街道体制改革和办公室	2019年，铁山区、下陆区、黄石港和西塞山区恢复街道办事处处设置，区政府层面撤销社区事务管理委员会和办公室

续　表

开始年份	试点主体	直管社区模式	改革举措	当前状况
2010年	贵州省贵阳市	社区大党委、居民议事会，社区服务中心共同治理社区协调、"一委一会一中心"的运行架构	2012年底，全市范围内49个街道办事处全部撤销，设90个社区服务中心，性质为副科级全额拨款事业单位。①重新划定社区范围，实行"一社多居"，使社区服务中心独立于居委会存在，成为服务机构；②原街道办事处的经济职能和行政审批职能上移区级相应职能部门，服务职能下放社区；③居委会级去行政化回归自治，居民自治，成立"一委一会一中心"的社区组织体系	2020年，贵阳市恢复街道办设置。原社区办事处设立后，街道社区服务中心撤销
2010年	安徽省铜陵市铜官区（2010年率先在铜官区启动改革，2011年开始在全市试点推行）	以社区党工委为核心，社区居委会、社区公共服务中心、各类社会组织为支撑的整体架构	①铜管区撤销街道办，整合原来49个小社区为18个大社区；②创设集管理、服务与居委会一体的社区公共服务中心，将其自治功能与"四位一体"的社区公共服务组织体系；③社区党工委承接原街道党工委相关职能，与社区公共服务中心合署办公，原街道办的经济发展、城管执法等职能收归区政府相关部门；④社区居委会依法自治，"大社区"居委会履行监督指导职责	截至2021年6月，铜陵市铜官区辖1个镇、2个街道办事处、17个直管社区和1个高新区；义安区辖6个镇、2个乡、1个街道办事处；郊区辖6个乡镇、2个街道办事处和1个直管社区
2011年	吉林省辽源市	以社区党工委为核心，以社区居委会、社区公共服务中心和社会组织为依托的组织格局	①全市14个街道下辖的51个社区被整合为30个新社区，每个新社区由不同的区直部门进行帮扶；②社区党工委隶属区委；③社区公共服务中心，正科级建制，自合署办公；③选产生社区居委会；④成立社区社会组织，主任由社区党工委书记兼任；⑤培育社会组织，加快志愿者队伍建设	2020年，辽源市通过强化"六个同步"全面启动街道管理体制改革工作，恢复了龙山区、西安区14个街道建制

续　表

开始年份	试点主体	直管社区模式	改革举措	当前状况
2012年	黑龙江省佳木斯市前进区	"一个核心（社区党工委）、三个体系（社区居委会、社区服务中心、社会服务组织）"的组织架构	①撤销6个街道办事处，整合52个社区为20个新社区，打造居民15分钟生活服务圈；②优化机构设置，在社区级层面成立社区建设管理委员会和办公室，采用"一个核心、三个体系"的组织架构；③整合社区用房，分配固定资产；④强化公共服务，保障经费投入，社区公共服务中心实行集中办公、统一办理的"一站式"服务；⑤网格化管理，提供精细化服务	从2017年开始，佳木斯市逐渐恢复街道办设置。截至2021年6月，佳木斯市前进区辖4个街道办（永安街道、和平街道、港湾街道、山水街道）、23个社区、1个行政村
2012年	甘肃省嘉峪关市	"一委一会一中心"架构："一委"即社区党委；"一会"即社区居委会或社区居民议事会；"一中心"即社区服务中心，是政府各部门向社区延伸的综合服务平台	撤销全市所有街道办事处，按照"精简管理层级、优化整合资源，实行区域化管理、加强党的基层组织"的思路，建立新型社区管理体制。①撤销街道办，将街道原有的行政管理职能上划到区上和市直部门，同时将街道撤销后原街道干部全部整合后分流到社区直接上岗；②按照"1万人左右、15分钟生活服务圈"的标准将全市社区整合为30个社区，将原街道办的社会服务职能全部下放至社区，形成"市-社区"两级架构；③社区正式入编，成了事业单位，确定了"市—社区—中心"的组织运行结构	2019年底，嘉峪关市设立雄关街道办事处（辖17个城市社区）和钢城街道办事处（辖14个城市社区），撤销了作为市政府派出机构的长城区、镜铁区、雄关区（比较特殊，不是一级政府）

续　表

开始年份	试点主体	直管社区模式	改革举措	当前状况
2012年	安徽省芜湖市镜湖区	以社区党工委为核心，公共服务中心作为为民服务的专门机构，与社区居委会相配合，分工明确，以网格化管理为依托，推动社区自治	①撤销11个街道办事处，依据5万～8万人的服务半径设立10个公共服务中心，辐射了62个社区居委会，实行区直管社区模式；②每个公共服务中心辖3～11个不等的社区居委会，实行"一站式"服务；③制定人员分流方案，创新编制考评机制；④每个社区按照每300户规模设置网格，各配备1名网格员，将人、物、事、组织等全部纳入网格进行管理	2019年，镜湖区撤销10个公共服务中心，成立方村9个街道办事处，方村街道维持不变，共计10个街道办事处
2013年	青海省西宁市城东区	"一委、两中心、多居、多社团"架构，即社区党工委、社区公共服务中心、居委会、各类社会组织共同参与治理格局	①撤销7个街道办事处，重新整合划定12个新型社区，实现"区直管社区"；②以城市主干道为边界，1.5平方公里的面积，2万～3万的人口，500～800米的服务半径划定新型社区；③以社区党工委为领导核心，成立社区群众工作中心，合署办公，和社区公共服务中心，承担城市各项社区民生事务咨询和"一站式"办理服务	2018年底，西宁市城东区恢复设立7个街道办事处，撤销12个新型社区

资料来源：王鲁沛，马恩兵.撤消街道办事处强化社区自治职能——南京市白下区街道管理体制改革的调查[J].唯实，2003（2）：71-73；陈雪莲.从街居制到社区制：城市基层治理模式的转变——以"北京市鲁谷街道社区管理体制改革"为个案[J].华东经济管理，2009（9）：98-104；陈国申，李媛媛.街道办撤销对居民自治的影响探析——基于皖鄂黔三省三市的考察[J].江汉论坛，2017（6）：36-40；李媛媛，王泽."社一居"抑或"一社多居"：撤销街道办改革的模式选择——基于安徽铜陵和贵州贵阳街居制改革试点的比较[J].学习与探索，2018（5）：49-57；孙悦."区直管社区"：社区管理体制创新研究[D].吉林大学，2014；于世军.创新城市基层管理提高服务社会水平——来自佳木斯市前进区社区综合体制改革的报告[J].奋斗，2013（2）：53-54；张倩倩，王炜.浅析社会管理创新中的社区建设——以嘉峪关市社区局平化管理模式为例[J].今日中国论坛，2013（19）：61-62；刘晓峰，张娴.街道办撤销后的人事管理制度：变革与挑战——基于芜湖市的实证考察[J].四川行政学院学报，2017（5）：25-29；苏建平.[西宁市城东区组建12个新型社区撤销所有街道社区撤销关于街道办党工委和街道办事[EB/OL].(2013-09-17).http://www.qh.gov.cn/zwgk/system/2013/09/17/010074474.shtml.

（一）市管社区典型案例

从改革实践来看，各地撤销街道办，实现区（市）直管社区的扁平化改革举措主要围绕社区整合或重划、职能调整、体制再造、服务落地、强化自治展开，并可大致归类为以下三种改革模式：

1. 以安徽省铜陵市为代表的"组建大社区"模式

铜陵市依据规模适度、幅度适中、地域相近、居民认同等原则，在重新整合社区的基础上设立新社区。新社区保持在 2500—3000 户、1 万人左右的较大规模，数量则有所精简。组织架构以社区党工委为核心，以社区居委会、社区公共服务中心及社区社会组织三个体系为支撑。社区党工委发挥领导核心作用，统筹协调社区重大事项开展和组织多主体共同参与社区建设；社区居委会负责自治活动的组织和开展；社区服务中心负责承接部分行政职能，包括社会管理和公共服务的提供；社会组织则在社区范围内开展相应活动以满足居民需求（见图 2-2）。北京市石景山区鲁谷社区、湖北省黄石市、黑龙江省佳木斯市前进区、甘肃省嘉峪关市均属于此种模式。

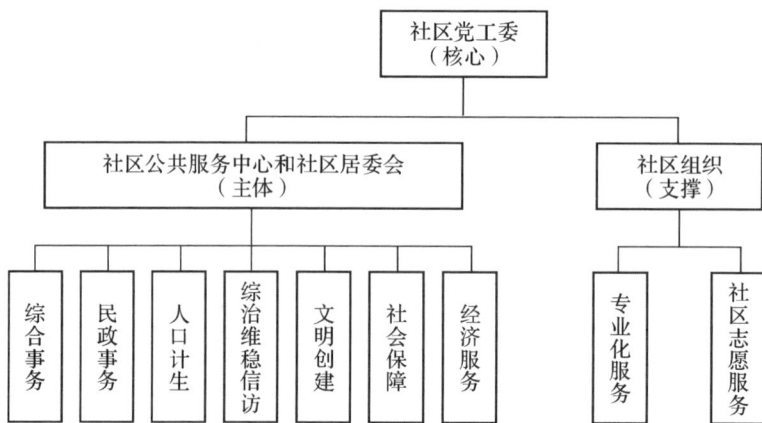

图 2-2　铜陵市"四位一体"的社区组织体系

资料来源：李媛媛，王泽."一社一居"抑或"一社多居"：撤销街道办改革的模式选择——基于安徽铜陵和贵州贵阳街居制改革试点的比较[J].学习与探索，2018（5）：49-57.

2. 以贵州省贵阳市为代表的"一社多居"模式

所谓"一社多居"，是指一个社区服务中心对应多个居委会的格局。依据人口 2 万—4 万、面积 2 万—3 万平方公里的标准划定社区，在社区层面建立社区党委、社区服务中心、居民议事会。社区党委是领导核心，社区服务中心的性质为事业单位，面向居民代理政府公共服务和社会管理事项，居民议事会作为社区议事协商机构。实行居政分离，居委会完全剥离行政职能，回归自治功能（见图2-3）。

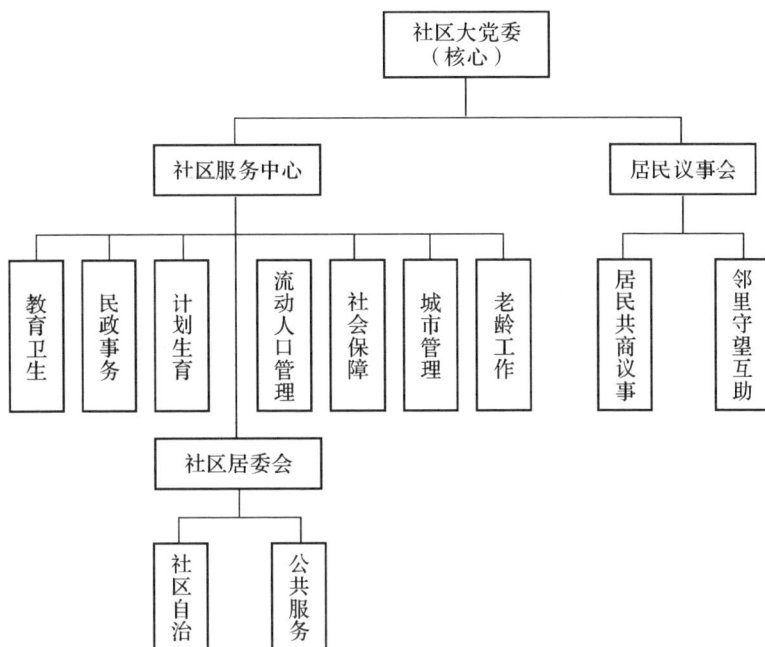

图2-3　贵阳市"一委一会一中心"的社区组织体系

资料来源：李媛媛，王泽."一社一居"抑或"一社多居"：撤销街道办改革的模式选择——基于安徽铜陵和贵州贵阳街居制改革试点的比较[J].学习与探索，2018（5）：49-57.

3. 以安徽省芜湖市镜湖区为代表的"公共服务中心"模式

以社区党工委为核心，依据5万—8万人的服务半径设立10个公共服务中心，辐射62个社区居委会，实行区直管社区模式。公共服务中心承接原街道、社区承担的以及市、区级下放的部分行政服务事项，实现集中办理。每个公共服务中心辖3—11个不等的社区居委会，实行"一站式"服务。同时，以网格化管理为依托，推动社区自治。也就是说，在剥离社区行政职能的基础上，建立社区党组织、社区居委会和社区服务组织"三位一体"的社区管理服务体系（见图2-4）。

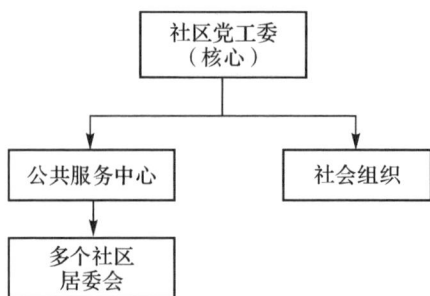

图 2-4 芜湖市镜湖区"三位一体"社区组织体系

（二）龙港模式的比较优势

上述三类改革路径的共同点在于撤销街道这一行政建制，实现区直管社区，成立社区服务中心强化基层服务，同时弱化社区管理机构经济职能和行政职能，强调社区自治和社会参与。其区别主要体现在居委会与社区服务中心的关系上：在铜陵模式下，两者作为"四位一体"组织体系的两大支撑，存在人员交叉和机构重合，可谓并行或重叠的关系；在以贵阳模式为代表的"一社多居"模式下，一个社区服务中心对应多个居委会，两者是指导与被指导的关系；芜湖模式下的公共服务中心独立于居委会存在，服务职能更为明确，每个公共服务中心辐射 3—11 个社区居委会。

纵观龙港市与其他地方的扁平化改革模式，可以发现其共同点是在不设乡镇街道或撤销街道办之后，都设立了一个新的基层治理单元，来整合或代替原来乡镇街道的职责。这种新的基层治理单元，在其他地方叫"社区"或"新社区"。如在安徽铜陵叫社区，其设立的治理机构包括社区党工委、社区居委会、社区公共服务中心等；在吉林辽源叫新社区，其设立的治理机构也包括社区党工委、社区居委会、社区公共服务中心等；在芜湖叫社区，其设立的治理机构包括社区公共服务中心、社区邻里中心、综合执法室等。在龙港扁平化 1.0 模式中叫"片区"，后来在龙港扁平化 2.0 模式中，划分为 26 个基层治理单元。然而，大社区或片区和自治意义上的社区并非一个概念，大社区或片区仍保留了街道办事处的性质。相较于"大社区"，龙港扁平化 2.0 模式下的社区更接近真正意义上的社区。

龙港在"市管社区"改革的探索实践中，秉持"不建机构建机制，不增层级增协同"的理念,充分发挥联合党委党建统领作用,通过联勤工作站的"联勤机制"和综合服务中心的"服务平台",打造"多元共治"社区共同体,构建党建统领"治理"和"服务"的"三位一体"工作格局。对比各地"扁平化"改革的实践,龙港"市管社区"模式的比较优势十分明显,体现在以下几个方面。

1."三位一体",充分发挥社区自治

"三位一体"模式进一步削弱了社区的行政化色彩。联勤工作站和社区综合服务中心分别负责社会管理和基层服务职能。联勤工作站采取职能部门下沉干部、社区两委、社工、网格员等共同入驻的形式,作为部门延伸的管理平台而非一级政府的派出机关。同时,"三位一体"模式下社区仍然是最小的基层治理单元,社区联合党委同各社区之间并非管辖和被管辖的关系,而是组团向上对接和组团提供服务。龙港充分发挥社区主体作用,强化自我管理、自我服务、自我监督功能,探索政府职能定向转移社区组织,赋予社区公共服务职权,实施社区干部职业化,加大社会组织培育力度,激发社工队伍活力,建立"四治融合、三社联动"的多元治理格局。

2.职能部门人员下沉,而非乡镇划转

不同于其他地方的"扁平化"模式,龙港的社区联勤工作站既有每个社区干部、社工、网格员入驻,也有职能部门机关干部直接下沉执法并同市直部门直接对接,真正体现了"市管社区",而不是乡镇部分职能的划转。相较于那些"大社区",又有明显的自治力量参与,实现巡查、劝导、教育、宣传、执法"五合一"。无论在遇事反应程度、处事能力程度和服务到位程度都具有明显优势。不仅提高了公共服务的及时性和效率,同时显著降低了公共服务的成本。以统筹使用编制资源改革为例,龙港全面推行公务员聘任制、政府雇员制、报备员额制,试行从"身份管理"转为"岗位管理",创新盘活各类行政事业编制资源。机构和人员精简后,全市 2020 年机关工资福利支出 7.79 亿元,分别比邻县瑞安少 14.41 亿元、苍南少 5.89 亿元。

3.社区综合服务中心的建设,实现就近便民为民服务

龙港打造融便民服务、协商议事、矛盾化解、文化体育、养老托幼等多功能的社区综合服务中心,建设一批现代社区服务综合体和邻里中心,创建市政务服务分中心,并实施政务服务 2.0 改革,可无差别办理市级业务,为群众提供更多更优质社区综合服务,实现 90% 以上的高频个人政务事项就近办

理。以社区联勤工作站和社区综合服务中心为平台，整编入驻公安、市监、执法等部门下沉人员、驻社干部、专职社工、社区两委干部，开展组团式服务、网格化治理。"三位一体"模式下社区联合党委、联勤工作站和综合服务中心一一对应，政治统领、行政职能和服务职能相对独立，相较芜湖模式下公共服务中心的职能更为清晰。

三、龙港"扁平化"改革对推进新型城镇化改革的启示借鉴

龙港改革是习近平总书记亲自圈阅的新型城镇化改革，承担着党中央、国务院赋予龙港为全国特大镇行政体制改革探路的政治任务和历史使命，是践行新发展理念的重大举措，是通过低成本、扁平化的治理方式来实现特大镇高水平治理和高质量发展的重大实践。2020年以来，国家发展改革委、民政部等相关领导多次到龙港调研指导，省政府还专门为龙港、苍南两地量身制定了《关于支持龙港苍南两地深化协同发展的政策意见》，有力推动了龙港的改革发展。

从新型城镇化建设的角度来看，作为全国首个"镇改市"，龙港市是新型城镇化综合改革的国家"试验室"。借助2014年列入首批国家新型城镇化综合试点的机会，龙港积极推进大部门制改革和扁平化管理，通过政府职能的整合和转移，进行了县级市的城市管理探索，为2019年的"撤镇设市"奠定了良好的基础。在龙港基层治理改革中，通过构建"三位一体"架构实现部门协同，通过"四治融合"实践实现政社协同，在实践中取得了初步的成效，为实现政府治理与社会调节、居民互动良性互动作出了有益的探索，为创新推进基层治理体系治理能力现代化做出了积极的贡献，为进一步推进新型城镇化改革提供了重要的经验启示。

（一）减少管理层级，最简机构实现最高效率

基层治理扁平化改革的理论基础主要源于协同治理理论。社会系统的复杂性、动态性和多样性，要求各个子系统的协同性，只有这样才能实现整个社会系统的良好发展。协同治理是跨越公共机构边界、政府层级进行的公共政策制定与管理过程与结构，这一理论不仅强调了治理主体的多元化，而且指出政府内部的治理协同是协同治理体系的重要组成部分，为扁平化改革提

供了方向。

撤镇设市意味着治理规模的扩大，人口、管辖面积和公共事务都随之增加，这往往意味着更多的等级层次、更多的部门和工作分工，部门横向和层次纵向之间的协同更加困难。一方面，组织在水平和垂直两个方向上的复杂性，带来了基层治理中不同层级纵向统筹和不同部门横向协调的困难。部门多、层级多，势必增加沟通协调的成本，一些重要的方针、政策得不到及时的贯彻和落实，造成政府内部冗员增加、人浮于事、效率低下，同时也容易滋长官僚主义的作风；另一方面，治理碎片化。在传统的多部门、多层级的基层治理体系中，还普遍存在不同部门、不同条线九龙治水、各自为政的情况，降低了社会治理的效率和效果，在治理层级上，也普遍存在层级之间协调难的问题，长期存在"看得见、管不着""管得着、看不见"的问题，迫切需要通过推进体制机制改革来解决这些困扰基层治理的"痛点"和"难点"。

龙港通过扁平化改革，治理能力和服务效能均有较大提升，实现了4个更加，即管理结构更加扁平、服务群众更加灵敏、处置响应更加高效、社会参与更加广泛，做到4个直接，即网格直接处置、服务直接落地、信息直接应用、矛盾直接解决。2021年1—8月，全市组建375个治理团队、吸纳242家社会组织参与治理服务，个人事项办件量同比增长26.6%，处置事件4.2万件，同比增长108.3%，化解历史遗留问题677件，安全生产事故数、伤亡人数大幅度下降，平安建设考核排名从2020年末位跃升至2021年全市前三。

（二）管理服务下沉，就地解决基层治理问题

通过社区联勤工作站，实现基层问题就地解决。龙港市将公安、市监、综合行政等部门250多名的行政事业干部下沉到26个联勤工作站，与社区干部、专职网格员一起编组入格，形成"三五成群"团队，构建"日常巡查、快速响应"联勤机制，实现90%以上基层问题就地解决。通过"吹哨联动"，真正解决了"看得见、管不着""管得着、看不见"的现实问题，职能部门下沉、执法力量下沉真正实现了"看得见、管得着"。

创新公共服务供给，着力保障和改善民生，扎实推进"以人为核心"的新型城镇化。通过扩大基层社会治理范围，建立社区综合服务中心，龙港市着力打造"10分钟公共服务圈"，实现群众"低成本支出、高品质享用"。

在此方面，龙港市大力推进市域医共体建设，推动省市高端医疗资源，将龙港人民医院委托温州医科大学附属第一医院一体化管理，群众在家门口就能享受高端医疗资源服务，龙港人民医院手术量同比增长约 70%；同时，大力推进教育集团化改革，通过省市县"名师""名校"结对合作，导入优质教育资源，同年中小学入学人数激增 2000 多人，多所学校从"招不满"变为"收不下"，2021 年高考龙港学子重点线上线率同比上升 75.2%，创历史新高。

在服务企业方面，龙港市把促进民营经济健康发展和民营企业家健康成长作为改革的重中之重，着力优化营商环境，建立健全民营企业家参与涉企政策制定、重大涉企案件风险报告等制度，创设民营经济学院，连续两年举办民营企业家节，更大力度保障民营企业家合法权益，形成"既亲又清、亲上加清"新生态。开展"五多合一"改革，借助"多个规划、多种测量、多个审批、多种验收、多种办证"并联进行，实现企业开办零成本，一般企业投资项目审批时间 40 天，比全省标准压缩了一半，企业家评价"龙港营商环境实现了从'镇级水平'到'市级水平'的飞跃"。

（三）推动社会参与，充分释放社会活力

协同治理的前提就是治理主体的多元化。这里治理主体不仅包括党委政府，还包括民间组织、企业、家庭以及公民个人在内的社会组织和行为体。由于这些组织和行为体具有不同的价值判断和利益需求，也拥有不同的社会资源，在社会系统中它们之间保持着竞争和合作两种关系。因为在现代社会没有任何一个组织或者行为体具有能够单独实现目标的知识和资源。传统多部门、多层级的基层治理体制往往是"政府中心主义"的治理，对基层治理总目标的认识有限，对居民的需求响应不够快速、灵活，不能有效激发社会的协同和居民的参与，政府干得累，群众还不满意。如何激发全社会活力，推动各类社会组织、市场主体和社会公众深度参与是当前基层治理面临的突出挑战。

为解决这一问题，基于协同治理理论，龙港加快推进基层治理的扁平化改革，以政府的行政体制改革撬动基层治理的大变革。通过构建"多元联动"的基层治理模式，实现政府治理与社会调节、居民自治的良性互动，更好地服务人民群众，服务于基层的经济社会发展。在实践中，龙港充分发挥社区

主体作用，强化自我管理、自我服务、自我监督功能，探索政府职能定向转移至社区组织，赋予社区公共服务职权，实施社区干部职业化，加大社会组织培育力度，激发社工队伍活力，建立"四治融合、三社联动"的多元治理格局。强化多元共治，将部门下沉干部、驻社干部、社工、网格员、社会组织等多方力量整编入社，解民忧、办实事。吸纳律师、医生、教师、人民调解员、"五老"人员和各界乡贤人士共治社区，促进邻里和谐、家庭和睦，打造社区共同体。整合党政、市场、社会三类资源壮大志愿队伍，建立志愿服务积分时间银行，充分调动社区居民参与的热情。优化调整 26 个大网格 103 个全科网格，按照"一格多元、一员多格"要求整编部门下沉力量和社区干部入格。通过 GIS 一张图共享平台和网格信息会商处置平台，实现重点人、事、场所信息收集、流转、处置、反馈形成闭环，强化网格治理能力。

（四）数字技术支撑，建设整体服务型政府

党的十九届四中全会指明在社会治理体系建设中，新增科技支撑这一要素，为社会治理协同发展提供了新的技术条件供给。由于数字技术的支撑，政府组织内部状态信息具有非常高的可见性，管理者可以实时地掌握组织状态及其变动，也可以较为高效率地掌握组织内个体的行为、状态及活动结果，从而大大降低管理者的注意力消耗。因此，政府管理者在数字技术的加持下，有能力管理更多的下属，实现管理的扁平化。同时，政府信息传递模式走向数字化。不同于传统政府部门信息传递的从上至下、决策依据传递的从下至上，在数字政府情景下，横向部门和纵向层级之间可按照既定机制自动运行，实现内部流转、网上留痕，实现条块之间同步获悉问题和收放指令，从而打破信息传递困境。因此，数字技术可以实现不同层级与不同部门之间的无缝对接，实现了市域内的跨层级、跨部门、跨区域管理，建设整体智治的政府。

龙港通过数字化改革牵引"三位一体"高效运转，将政务服务 2.0、党政办公 OA 系统、视频会议系统终端向社区联合党委延伸覆盖，自主研发"市管社区"协同应用系统，作为扁平化管理的"工作台"和"指挥部"，通过"市级任务""联勤处置""社区自治""智慧社区"等模块，实现市级任务"一键督"、社区联勤"一键办"、社区自治"一键通"、智慧物联"一键知"，实现市委市政府工作指令直达社区。整合矛调中心、公安 110、12345 热线、

应急等组建全市统一的社会治理一体化指挥平台，深化智慧安防小区创建，拓展托幼养老、消防安全、出租房管理等基层治理个性化场景应用开发，努力实现"多屏合一、一网统管"。龙港着力打造市管社区协同应用系统，深入推进社区治理"一件事"改革和"市社一体、条抓块统"全域整体智治改革，厘清部门和社区职责，建立社区事项准入机制，发挥大部制优势，巩固提升"一枚印章管审批""一支队伍管执法""一张清单转职能""一站服务解民忧"等"十个一"改革成果，更好地实现社区直接管理、网格直接处置、服务直接落地、信息直接应用和矛盾直接解决。

四、进一步推进"扁平化"改革的政策建议

为进一步推进龙港市基层治理"扁平化"改革、推进龙港市社区治理体系治理能力现代化，需要从政府治理和社区自治两个方面进一步探索改革方向，进一步把"扁平化"改革的制度优势转化为更高的治理效能。

（一）强化党建引领治理效能，增强"三位一体"协同作用

政治引领是方向引领、根本引领。龙港市应在现有基础上从以下几个方面进一步推动相关工作：（1）发挥党建联盟的协同作用。龙港正在构建以社区联合党委为统领，以社区党组织为主体，驻社区单位、非公企业、社会组织、物业管理公司等党组织共同参与的区域党建联盟，协同组织部探索在独立小区、楼栋、网格等最基础单元设置党组织，在主城区创建若干个党建联盟试点，组织开展共治共建活动，做到党建引领聚合力、联盟共建促发展，最大限度激活党建的细胞单元。（2）增强治理团队的带动作用。持续增强社区联合党委委员的主人翁意识，带动更多的社区两委干部、党员、群众自觉参与基层治理工作，强化社区自治能力，充实基层治理力量，建成最广泛的基层治理团队。（3）进一步增强联合机制。切实发挥社区联合党委统领作用，调动一切积极有利的因素、力量，做足"联"字文章、体现"联"字要求，实现社区之间党建联合、发展联动、考核联责、稳定联管，形成一层联合一层、一级联动一级的工作机制。在城市社区管理体制改革过程中，以党建为抓手，以社区党建为龙头带动整个社区建设，用党建来带动和促进社区治理模式创新，充分发挥党建引领在城市社区治理中的作用。

（二）探索更为高效的"市管社区"综合管理体制改革模式

探索"市管社区"新模式是龙港基层治理"扁平化"改革的创新之处。如何在现有工作的基础上，探索一种更为高效的"市管社区"综合管理体制改革新模式，建议从以下几个方面推进：（1）聚焦高位推动，市委、市政府在全市各层面广泛组织开展思想大讨论活动，各部门各单位要围绕"大部制、扁平化"改革的要求，制定本部门本单位的落实"市管社区"工作职责的路径和机制，推动改革向纵深发展。（2）聚焦制度建设，进一步谋深做实市领导联系、市直部门单位捆绑制度、工作事项准入制度、负面清单制度、"吹哨报到""日调度、周协调"等"市管社区"系列工作制度，为市直部门落实"市管社区"工作职责"加压加码"。（3）加强社区管理体制改革的顶层设计，赋予社区自治的权力，突破体制瓶颈。同时，社区管理改革与广大居民日常生活息息相关，敏感性极强，单纯从政府行政体制改革的思路出发，很难破解体制改革的瓶颈。因此，管理体制改革应当突破惯性思维，以社会管理创新为目标、以社区自治为切入点突破障碍，探索"市直管社区"综合体制改革。社区自治的目的在于动员社会参与，培育社会组织化水平和公共治理能力，有效刺激基层政府管理体制改革的进一步变革。

（三）科学编制社区规划，充分尊重民众意愿

在龙港的基层治理"扁平化"改革过程中，应科学编制社区规划，在社区撤并工作中充分尊重民众意愿，充分考虑公共服务提供和社区治理的有效半径。一方面，因地制宜、分类制定高起点的社区治理与建设规划，不仅要算经济账、管理账，也要算社会账、人文账、环境账，一些农村社区不能简单按照合并的乡村数量、人口与面积规模搞一刀切式的统一规划。要做好基础设施和公共服务配套设施规划建设，把增强社区服务功能作为社区撤并的重要内容；另一方面，社区规划调整过程中，特别是对农村社区撤并，应充分尊重村民意愿与自主选择，落实村民代表大会的民主决策、民主管理、民主监督机制，变"替民作主"为"由民作主"。对于确不适合撤并的，应该适时叫停。在村庄是否撤并、居民点选址新建、拆迁补偿、基础设施建设、户型设计、房屋建设、景观美化工程实施、质量监督等一系列环节，充分了

解村民意愿，让村民充分享有知情权、参与权、监督权，做到公开公正、民主透明。

与此同时，应建立专家论证与风险评估制度。社区撤并需要根据各地自然禀赋、历史传统、经济社会发展水平等条件而定，分类指导，不盲目撤并。组织专家评审组从经济发展、社会融合、环境生态保护、文化传承、社会稳定风险等多方面对社区撤并进行综合评议。特别在农村社区，要考虑合并的村庄历史上是否存在矛盾、风俗习惯能否融合、经济发展程度不同是否会形成偏见等因素，妥善处理好村与村历史、文化和经济利益等关系，矛盾要在撤并之前早发现、早解决。将村民代表大会决议与专家论证及风险评估作为村庄撤并的前置程序要件，提高社区撤并决策的科学化、法治化、民主化水平。

（四）提升基层服务水平，推动社区治理专业化

为提升基层服务水平，可以从以下两个方面推进相关工作：一方面，协同组织部、社会事业局不断加强在社会组织培育上的扶持力度，根据职能转移需求培育社会组织，完善健全政府购买服务机制，强化社会组织参与活力；另一方面，立足社区特点特色，以数字化改革为牵引，以群众多元需求为导向，将基层服务融入更多数字社会系统场景、未来社区场景、智慧社区场景，整合群团、社团资源，盘活社区阵地，将社区综合服务中心打造成为群众家门口的15分钟生活服务圈和邻里中心，更好地满足群众需求。具体地，应从以下四个方面推动社区治理的专业化：（1）确立专业理念，包括专业价值观、专业目标、专业伦理，放弃治理的粗放经营观念，挖掘居民的真实需要并经过细致的过程转换为决策，实现社区治理的精细化。（2）培养专业人才，社区工作者应当是经过专业训练、具有从业资格和专业技能经验的而非普通民众，需要建立从业资格、职称评价、职业教育等制度。（3）传播和创新专业知识。社区工作者需要向居民传授社区工作和社区治理的先进理念、科学知识，使之本土化，形成可复制的地方经验。（4）研发和推广本土化的社区工作和社区治理技术，包括参与式的社区问题诊断技术、参与式的社区需求调查技术、参与式的居民会议技术、参与式的社区活动策划技术、参与式的社区资源开发技术等。综合而论，社区治理的专业主义路线或专业化道路，就是以专业理念和专业知识为基础，依靠专业人才队伍，运用专业技能，开展社区治理

和服务的运行模式。

（五）大力培育社会组织，增强社会力量参与

社会组织是基层社会治理的重要参与主体。当前，龙港在培育社会组织和购买服务方面已经做了积极探索和尝试，在接下来的工作中可以从以下几个方面进一步推动社会组织的培育：（1）大力培育发展社区社会组织。加快发展生活服务类、公益慈善类和居民互助类社区社会组织，重点培育为老年人、妇女、儿童、残疾人、优抚对象、失业人员、农民工、服刑人员或强制戒毒等限制自由人员的未成年子女、困难家庭、严重精神障碍患者、有不良行为青少年、社区矫正人员等特定群体服务的社区社会组织。支持成立社区社会工作室，配备社会工作专业人才，为社区居民提供专业化、个性化的社会工作服务。（2）加快慈善组织发展。鼓励社会力量兴办慈善组织，发展企业基金会、家族基金会、社区基金会等各类慈善基金会。培育发展区域性慈善联合组织和各类慈善行业组织。大力发展各类扶贫、济困、扶老、救孤、恤病、助残、救灾、助医、助学等领域的慈善组织，推动形成覆盖城乡、布局合理的现代慈善组织发展新格局。（3）发展枢纽型、支持型社会组织。发挥现有各类社会组织服务中心、孵化中心、基金会、联合会等枢纽型、支持型社会组织作用，为社会组织在组织运作、活动经费、培育孵化、管理咨询、人才队伍等方面提供支持。（4）加大资金扶持力度。动态修订社会组织承接政府转移职能和购买服务推荐性目录，加快民政领域向社会组织转移职能和购买服务的力度。推动将城乡社区服务纳入政府购买服务指导目录，支持社区社会组织承接社区公共服务和基层政府委托事项。鼓励有条件的地方设立社会组织发展基金会和社区发展基金会。通过党费补助、财政支持、服务收入相结合的方法，多渠道保障社会组织党群服务中心的运行。

（六）搭建精益管理数字平台，推动社区治理精准化

社区数字化精益管理平台将"社区数据库、电子审批系统、社工管理应用、公众应用服务"等多项治理应用共享于同一个平台，覆盖社区政务服务、公共服务、治安管理、居家养老、物业管理、生活服务等各个方面，推进数字化治理服务系统功能创新集成，通过社区信息互联互通实现高效率、高质

量治理服务。从理顺社区管理中各部门之间关系、加强各部门在社区治理中协作来看，社区的数字化建设和应用可以更好地实现相关政府部门之间的协调，实现部门间信息传递的实时性与真实性，实现大部分社区管理事务数据跑、网上办，条块之间同步获悉信息和收放指令，组织运作可以更加扁平化与整体化，减少信息传递的中间环节，提升政府在社区治理中的统筹协调能力，在此基础上可以进一步明确社区作为服务前台、条线行政部门作为业务中台、职能支撑的定位，推进机构、职能、权限改革，为社区治理现代化奠定基础。

针对主要服务对象和使用群体，建成"两舱两端"（社区治理数字驾驶舱、社区数字驾驶舱、治理端、服务端）。"社区治理数字驾驶舱"面向龙港市党政领导，以"三位一体"为指引为基层治理提供可视化全方位画像，为科学决策提供参考；"社区数字驾驶舱"面向社区联合党委、联勤工作站，便于实时掌握社区情况，及时作出决策；"治理端"面向社区干部、下沉力量、协同联动部门、科室联络人员，实现事项的全流程留痕管理；"服务端"面向社区群众，提供在线实时便民服务，信息咨询、评论、投诉。通过推进部门职能下放、力量下沉和形成分工合理、执行有力的"扁平高效、条抓块统"职责体系，建立"社区吹哨、部门联动"和社区治理"一件事"联动机制，有效提高事件处置效率，实现问题一线解决、矛盾一线化解、服务一线落地。

课题负责人：吴结兵

课题组成员：王笑言　卢文正

第三章　全域一体化新型政务服务
"龙港模式"实践研究

　　回顾龙港镇发展历程，基本经验是通过简政放权最大限度发挥市场在资源配置中的作用[①]。但上级部门下放的权限往往都陷入"放了收、收了放"循环"怪圈"，经济发达镇受体制束缚的共性矛盾一直未能有效解决[②]。2019年8月龙港正式撤镇设市，开启了新型城镇化背景下城市治理新路径的探索。两年来，为破解"大部制""扁平化"改革和短时间承接大量县级权限叠加带来的"人少事多"困境，龙港高举改革创新大旗，坚持以"最多跑一次"改革为引擎，以打造共同富裕龙港样板为主题，以建设全国新型城镇化改革策源地为目标，积极探索全域一体化新型政务服务改革，打造"小政府、大服务"的政务集成、高效运转模式，着力实施"一枚印章管审批"改革，整合各部门行政审批相关服务职能，实现了审批成本大幅降低、市场准入门槛降低、审批效率稳步提升、营商环境持续提升的目标，提高了简政放权、放管结合、优化服务工作成效，打造了统一、公正、透明、高效、便捷的政务服务环境，为进一步完善国家城市化体系和拓展城市化新路径提供了浙江经验、龙港实践。

---

*感谢宁波市行政审批管理办公室章成智对本研究提供的帮助。

① 　徐振宇，李人庆．从"小城镇　大问题"到"小城市　大问题"——"中国第一农民城"龙港的追踪调查 [J]．清华大学学报 (哲学社会科学版)，2020, 35(5):80–96+204.

② 　陈忠谊．经济发达镇"镇改市"后的新治理困境与破解路径——基于浙江龙港的考察 [J]．温州职业技术学院学报，2021, 21(1):23–28.

一、龙港政务服务创新的背景

（一）国家、省、市新型城镇化建设为龙港指明发展方向

中央城镇化工作会议出台的《国家新型城镇化规划（2014—2020年）》提出，我国城镇化将进入以提升质量为主的转型发展新阶段。相对于传统城镇化，其"新"主要体现在：动力新，发展动力从粗放型增长转向集约型增长；重点新，从以GDP为核心转向以人为核心；模式新，强调要走集约、智能、绿色、低碳的新型城镇化模式；机制新，强调要在人口市民化机制、土地管理机制、投融资机制等方面进行改革创新。《中华人民共和国国民经济和社会发展第十四个五年规划和2035年远景目标纲要》明确我国要坚持走中国特色新型城镇化道路，深入推进以人为核心的新型城镇化战略，以城市群、都市圈为依托促进大中小城市和小城镇协调联动、特色化发展，使更多人民群众享有更高品质的城市生活。《浙江省新型城镇化发展"十四五"规划》提出全面实施以人为核心、高质量为导向、面向现代化的新型城镇化战略，力争"十四五"末实现更高质量、更广覆盖的农业转移人口市民化，形成更加协调、更有效率的城镇化格局，建成更加宜居、更具韧性的现代城市，踏上更为和谐、更趋共享的城乡融合发展道路等目标。

温州市委、市政府提出构建"一主一副两极多节点"都市区格局。"一主"是指市域主中心，即温州中心城区，"一副"是指市域副中心，依托鳌江流域平原城镇群，涵盖龙港市、苍南县城、平阳县城等在内的1市10镇，支撑温州全力做强全省第三极、建好长三角南大门。其中，龙港市计划在"十四五"时期深入实施"一区五城"发展战略，打造温州大都市区南部中心城市。国家、省、市新型城镇化发展新导向以及温州"一主一副两极多节点"空间重构为龙港市新型城镇化发展明确了新的建设路径，也对新设立的龙港市创新政务服务供给、优化政务服务流程、提升政府服务质量提出了新的要求。

（二）高质量发展建设共同富裕示范区为龙港提供新机遇

党的十九届五中全会向着更远的目标谋划共同富裕，提出了"全体人民共同富裕取得更为明显的实质性进展"的目标。《中华人民共和国国民经济

和社会发展第十四个五年规划和 2035 年远景目标纲要》，将高质量发展建设共同富裕示范区的重任交到浙江手里中。省委书记袁家军指出，高质量发展建设共同富裕示范区是习近平总书记、党中央赋予浙江省的光荣使命，既是给了金字招牌，又是重大政治责任，更是新发展阶段的重大历史机遇。其中，人的全生命周期公共服务优质共享是省委省政府重点聚焦的改革领域之一。撤镇设市以来的新龙港正在加快公共服务资源的共享和均衡配置，"十四五"时期龙港市公共服务中心区等重大项目也即将开工。接下来，如何基于"大部制"＋"扁平化"行政体制改革，在公共服务领域率先探索、率先破题，为浙江共同富裕示范区建设提供改革经验，将成为年轻的龙港践行浙江省"重要窗口"建设新使命的重要抓手。

（三）全域数字化改革为龙港市政务服务创新提供新手段

2021 年的浙江省政府工作报告中，把"推进数字化改革"列为"十四五"开局之年"全面深化改革开放"的首要举措。谋划统筹运用数字化技术、数字化思维、数字化认知，把数字化、一体化、现代化贯穿到党的领导和经济、政治、文化、社会、生态文明建设全过程各方面，对省域治理的体制机制、组织架构、方式流程、手段工具进行全方位、系统性重塑的过程，推动生产方式、生活方式、治理方式发生基础性、全局性和根本性的改变。其中，政务服务数字化是当前经济社会数字化转型中动力最强、需求也十分迫切的领域。围绕"管"和"服"，立足企业群众的政务服务需求和办事获得感、满意度，以数字化手段推进政府治理全方位、系统性、重塑性变革[①]。实质是运用数字化手段再造政府后台的流程和公共服务的方式。《中共中央国务院关于加强基层治理体系和治理能力现代化建设的意见》提出推动各地政务服务平台向乡镇（街道）延伸，建设开发智慧社区信息系统和简便应用软件，提高基层治理数字化智能化水平，提升政策宣传、民情沟通、便民服务效能，让数据多跑路、群众少跑腿。再次明确了基层政务服务数字化、智慧化转型的发展方向。

---

① 袁家军. 全面推进数字化改革 努力打造"重要窗口"重大标志性成果 [J]. 政策瞭望，2021(3):4-8

二、龙港政务服务创新的动因

（一）文化基因：政务服务创新的内在动力

一种文化就如一个人是一种或多或少一贯的思想和行动的模式文化模式，是人们普遍认同的，由内在的价值取向、习俗、伦理规范等构成的相对稳定的行为方式，它以内在的、潜移默化的方式制约和规范着每一个个体的行动，这种影响力持久而稳定，往往能跨越时代，跨越政治经济体制而左右人的行为，是人的生存维度甚至是存在方式①。从民间文化层面看，可以用"功于技巧，善于经商"来概括温州人的特点。明万历温州府志（卷五）就曾提到温州人具有"能握微资以自营殖"的经商才能，由于长期的手工业传统和经商传统，温州人养成了吃苦耐劳，勤奋苦干的习惯，清乾隆温州府志（卷四）曾称誉温州人，"人习技巧，民以力胜"。温州人除了民勤于利而以利身外，还有着较强的竞争意识，心灵手巧，讲信誉，对新事物有浓厚的兴趣，模仿接受能力强。从精英文化层面看，历史上温州知识分子素有"经世致用"、务实求真的文化意识和创新精神，与正统儒学有明显差异的事功之学，尤其是南宋时期以叶适为代表的永嘉学派，更是与朱熹为首的道学派、陆九渊为首的新学派鼎足而立，讲究功利之学，强调务实修实正行时得见实功，主张扶持工商业发展，反对政府征收重税。历史的传承和改革开放的实践已使经世致用、务实求真、变革创新成为温州人民的一种生活和生存模式，为改革提供着可贵的文化认同，持续驱动着政务服务的创新。

（二）历史传承：政务服务创新的演化迭代

龙港早期一些非常重要的简政放权措施，都是一个严重缺乏人气的新建城镇为更好服务于企业和农民进城的被迫"创新"②。龙港设镇之初，农民进城建厂房要盖 8 颗大印，农民要跑十几趟县城，龙港镇大胆提出简化手续的设想，实行 8 颗大印捆在一起盖的办法，一次性就办好所有手续。随后，苍

---

① 胡税根，余潇枫，许法根. 扩权强镇与权力规制创新研究——以绍兴市为例 [M]. 杭州：浙江大学出版社，2011:46.

② 徐振宇，李人庆. 从"小城镇 大问题"到"小城市 大问题"——"中国第一农民城"龙港的追踪调查 [J]. 清华大学学报 (哲学社会科学版)，2020, 35 (5):80–96+204.

南县委县政府解放思想、大胆改革，认为减印更好，进一步简化审批流程。其办法是申请进灵溪或龙港两镇办厂经商的农民，首先由所在的大队、公社、区公所签署意见申报给灵溪或龙港镇政府，两个镇政府组织审查，而后由县计经委牵头，主管这项工作的副县长挂帅，在镇召开有关部门联合办公会议现场拍板决定，最后由计经委盖上 1 颗大印，主管副县长签字，减去县社队企业局、工商行政管理局、公安局、土地管理所、房产管理所、基建局和镇政府 7 颗大印。社会团体的形成与公民社会的发展对政府职能转变和政务服务创新也起到了促进作用。大量的社会组织也不再局限于自身建设和自我协调，而是主动介入地方政府的公共政策制定与社会事务管理中，对政府政策与社会事务管理施加的影响也日益增加。温州地区一直着力培育发展壮大社会组织，积极探索"政社合作"新路径，采取"政府主导、社会运行、专业运作"模式。在 20 世纪 90 年代，温州市政府就探索将烟具质量检测的职能转移给烟具协会、将安全生产管理的职能转移给合成革商会[①]。龙港城市化 40 年来围绕政务服务展开的实践和探索，即是新型城镇化理论创新的源泉所在。

（三）创新驱动：政务服务创新的质量追求

以国内大循环为主体、国内国际双循环相互促进的新发展格局逐渐成为国家未来一段时间内的主体战略。国内大循环需要持续深化"放管服"改革，畅通国际国内双循环则离不开市场化、法治化、国际化的营商环境。不论是促进生产消费的内循环，还是稳外资外贸的外循环，营商环境都是实现畅通循环的必要的前提条件。而优化营商环境的优化在很大程度上依赖政府进一步转变职能，包括减少不需要审批、精简不必要的材料、推进"互联网＋政务服务"，深化服务"一网通办""一网统管"，提升经济管理、公共服务、社会治理的智能化水平。党中央国务院一而再、再而三地强调和大力推动营商环境的优化，要求用制度和技术的办法让市场主体和人民群众依规办事不求人[②]。当前龙港正面临传统产业转型升级步伐不快、高端创新要素集聚不够、

---

① 连新良 . 推动政府职能向社会组织转移——温州的实践 [J]. 中国机构改革与管理，2016 (5)：13-15.
② 李克强：用制度和技术的办法让市场主体和人民群众依规办事不求人［EB/OL］.（2021-6-3）[2021-7-1]. http://www.gov.cn/xinwen/2021-06/03/content_5615148.htm.

重大产业项目落地较少、新旧动能转换的任务仍然艰巨、难以吸引高层次人才、农业转移人口市民化缓慢等一系列困难。这些经济和社会发展领域的问题如不能有效破解，将严重影响龙港市的发展后劲。"十四五"时期要立足新发展阶段、贯彻新发展理念、构建新发展格局，深入实施以人为核心的新型城镇化战略，促进农业转移人口有序有效融入城市，提升城市建设与治理现代化水平，推进以县城为重要载体的城镇化建设，加快推进城乡融合发展，对包括龙港在内的县级小城市都形成一种外在驱动。

（四）服务人民：政务服务创新的价值引领

龙港作为我国众多小城镇的引领者，无论人口规模、经济总量、政府财力，还是城镇化程度，均已达到甚至超过部分中等城市的发展水平。由于撤镇设市以来，不增加党政机关行政编制，不增加"三公"经费，衍生出"小马拉大车""权责失衡""财权事权不匹配"等治理难题。正是人员编制严重不足，政府综合协调能力差，难以应付社会管理的需要，必然影响到政府服务居民和企业的能力[①]。"地级新要求、县级任务、镇级老制度"已难以适应居民和企业日益增长、快速变化的需求。特别是在涉企政务服务方面，一名干部面临负责其他县市区多名干部的任务总和，"上面千根线，下面一根针"的困境在设市后的龙港尤为明显。在居民公共服务方面，随着经济发展水平不断提高，发展不平衡不充分与人民群众对美好生活期待之间的客观矛盾也持续存在。根据《浙江省 2019 年度基本公共服务均等化实现度评价报告》，温州市基本公共服务实现度达到 96.7%，较 2018 年提高 3.1 个百分点，较全省总实现度低 2 个百分点。温州的实现度在 11 市中排名第 9，"其中"基本公共教育、基本健康服务、基本环境服务排名比较靠后。此外，城乡之间、区域之间、群体之间也存在客观差距。作为新型城镇化综合改革的国家"实验室"，龙港居民在教育、医疗、文化、体育等公共服务领域的需要未能充分满足，消费信心不足，消费能力受到制约。从加强和创新社会管理的视角看，大量涌入的外来人口对城市的社会管理构成了多种挑战，变革和创新是一种必然选择，即必须着重解决城乡政府社会管理事务过多过重、管理人员编制

---

① 徐振宇，李人庆. 从"小城镇 大问题"到"小城市 大问题"——"中国第一农民城"龙港的追踪调查 [J]. 清华大学学报（哲学社会科学版），2020, 35(5):80–96+204.

不足的矛盾，唯有合理配置政府各项管理权限，以信息化手段提升服务效率，才能切实满足公众日益多元化的政务服务需求，而这无疑成为龙港撤镇设市后创新政务服务的重要价值追求。

三、龙港新型政务服务的"五化"创新实践

从 35 年前的小渔村到中国第一个镇改市的身份转变，龙港市已肩负起中国新型城镇化改革策源地的重要使命。从 10 年前浙江省首个县镇同权的行政审批中心——龙港行政审批服务中心的成立，到现如今龙港市政务客厅全新启用、龙港行政审批局的组建，龙港市政务服务创新改革也迫在眉睫。为全面深化龙港国家新型城镇化综合改革，龙港政务服务按照忠实践行"八八战略"、奋力打造"重要窗口"新要求，锚定"事项最少、流程最佳、效率最高、服务最优"目标，积极探索以"网络化、集成化、数字化、社会化、品牌化"为特点的新型政务服务"龙港模式"。通过创建政务服务全域同权就近办新模式、打造全领域"一枚印章管审批"新样本、搭建政务服务一体化条块统抓新平台、探索政务服务多元合作供给新机制、树立政务服务"以人民为中心"新形象，龙港市在政务服务治理领域的创新探索也初见成效，在全国范围内已逐步形成初具影响力的全域一体化新型政务服务"龙港模式"品牌。

（一）网络化：创建政务服务全域同权就近办新模式

不同于其他县级市，龙港市直管社区的特色对其优化政务服务具有得天独厚的优势。一方面，由于没有乡镇、街道对于资源的汲取，农村社区得到了充分的赋权，市级政府对资源的掌控和调配的能力大大增强，公共服务的成本大大降低，同时集中式、规模化、精准型的公共服务更加优质、更加高效；[1] 另一方面，中国城乡二元结构在电子政务领域表现的"数字鸿沟"令人担忧。[2] 龙港的全域社区化治理模式则有利于突破政务服务的城乡二元制，防止城乡政务服务"数字鸿沟"的出现。基于扁平化改革视角下直管社区的优势，龙港市积极推进建立"全域同权办"的政务服务新模式。借助于数字

---

① 徐声响.纵向结构调整：农村社区化的另一种路径 [J].温州职业技术学院学报，2021, 21(1):29–32.

② 马亮.中国农村的"互联网＋政务服务"：现状、问题与前景 [J].电子政务，2018(5):74–84.

化手段，在全市范围打造全域同权办，构建"一心多点"的政务服务网络布局，形成以龙港政务客厅为主体，社区综合服务中心、自助终端设备等为补充的布局合理、覆盖城乡的政务服务布局体系，梳理下放个人高频事项，真正实现全域同权办、就近办，为龙港市民提供优质的政务服务。

1. 迭代发展扁平化政务治理模式

打造"以人民为中心"的政务服务网络是龙港市推行"扁平化"改革的重要一环。自撤镇设市以来，龙港市积极探索扁平化改革，经历了由扁平化改革 1.0 向扁平化改革 2.0 演进的阶段，由此龙港市的政务服务治理模式也随之调整。

撤镇设市之初，龙港市将 73 个行政村全部改为城市社区，与原有的 30 个城市社区进行整合，全市调整为 102 个城市社区。龙港市推行全域社区化改革，不设乡镇、街道行政机构，乡镇的经济职能上移至市级行政机构，真正将治理资源下沉至社区层面，完成了村规模调整和全域村改社区。在扁平化改革 1.0 阶段，龙港探索在市与社区之间构建了"片区平台"，设立 9 个片区综合服务体，以期实现各片区集中化、规模化开展公共服务供给。由此，基于"片区平台"结构的 9 个片区综合服务中心也应运而生，担负起片区服务的重要责任。虽然片区不是行政层级，但是在运行过程中，仍然存在一定的层级和乡镇、街道的影子，治理资源无法实现真正下沉至社区层面。基于此，龙港市步入扁平化改革 2.0 阶段。2021 年 3 月，为持续深化基层治理扁平化、社区化、网格化、信息化"四化"集成改革，龙港市出台了《深化"扁平化"基层治理改革实施方案》，撤销 9 大片区党工委，打破原有 9 大片区的格局，以建成区 3 万—4 万人常住人口、非建成区 1 万—2 万人常住人口的服务半径将辖区划分为 26 个基层治理单元，每个单元建立社区联合党委、社区联勤工作站、社区综合服务中心"三位一体"运行机制，形成自上而下、一贯到底的职责体系，实现市直管社区的"扁平化"管理。于此，为做到政务服务更贴近、响应更及时、处置更高效，推动建设 5 个社区便民服务中心，以打造"15分钟便民服务圈"。

2. 构建"一心多点"政务服务网络

龙港市将社区发生频率高、涉及部门多、群众有期盼的事项确定为社区联合党委和部门间的模块化社区治理"一件事"，运用数字化技术破除部门中阻梗，整合资源、再造流程、协同联动，实现快速响应、快速联动、快办快结。为实现服务直接落地社区，根据龙港市的行政区域划分，以龙港市政务客厅为中心，龙港市按照"东南西北中"的布局特点，打造了沿江第一社区党群服务中心（泰安社区）、芦蒲第二社区党群服务中心（华中社区）、舥艚第一社区党群服务中心（舥艚综合体）、白沙第一社区党群服务中心（象岗社区）、湖前第二社区党群服务中心（下垟郑社区瓯江红）等五个社区便民服务中心，并实现政务服务 2.0 延伸至社区。社区便民服务中心主要通过设立瓯 E 办便民自助服务终端和社区便民服务中心综合收件窗口，以推动构建政务服务直接落地社区，实现个人高频事项"全域同权办"，让老百姓在家门口就能享受高品质服务，打通一网通办、一窗通办的"最后一公里"。"不用跑到政务客厅，只要在社区，几分钟就能办好了，真的太方便了！"这是龙港市社区群众对舥艚第一社区党群服务中心办事的评价，是对打造五个社区便民服务中心这一举措的直接正面反馈，也是龙港市以构建"全域同权办"政务服务模式积极响应群众诉求的表现之一。

专栏1　社区综合服务中心

瓯 E 办便民自助服务终端。温州市在深化"最多跑一次"改革中，统一部署下沉至全市的"瓯 E 办"便民自助服务终端，已实现 165 项常用事项的自助办理。"瓯 E 办"便民自助服务终端更收纳了 13 项龙港市行政审批类事项，包括《食品生产经营登记证》登记、重度残疾人护理补贴申请、居住房屋出租登记、取水许可（变更）、法律援助审批、城乡居民基本医疗保险参保信息变更登记（个人）、贫困残疾人子女大学生就学补贴、生育登记、《食品摊贩登记卡》登记、老年人优待证办理等常用事项。社区居民可通过"瓯 E 办"便民自助服务终端直接自助办理相关事项。

社区便民服务中心综合收件窗口。根据龙港各社区实际情况，社区便民服务中心开设综合收件窗口。对高频民生事项实行一窗综合收件。作为温州市最先开展政务服务 2.0 延伸基层的省级试点，龙港市政务服务中心率先在舥艚第一社区便民服务中心开展此项工作，按照政务服务2.0建设要求，在舥艚第一社区便民服务中心完成了2.0系统的相关事项及设施的配置工作，设置了一个公安窗口、两个综合受理窗口共三个便民窗口，不仅承接了社区原本办理的民政和医保事项，而且可受理第一批涉及户籍、身份证、医保、老年人、公积金等共68项政务服务2.0事项，并提供代办帮办服务。同时，根据舥艚的地理特点，将渔业事项个性化下沉至舥艚第一社区党群服务中心（舥艚综合体），配备"渔小二"自助机，真正做到"让数据多跑路，让群众少跑腿"，切实方便办事群众"就近办"，推进政务服务"全域通办"。

（二）集成化：打造全领域"一枚印章管审批"新样本

行政审批制度是政府管理经济和社会事务的主要制度安排。[1]有别于传统的强镇扩权、扩权强镇等行政性放权改革，撤镇改市是上级政府掌握的各种行政资源包括权力资源、人力资源、财力资源等最彻底的、最稳定的、制度性的供给侧改革。[2]基于此，撤镇改市后的龙港市政府拥有相对更多行政权力资源，2020年9月浙江省人民政府办公厅正式复函同意龙港市开展相对集中行政许可权改革。2020年10月，龙港市行政审批局正式揭牌成立。通过将分散的行政许可审批事项集中划转至行政审批局，龙港市将逐步实现浙江省首个涉企领域"一枚印章管审批"。"一枚印章管审批"改革是龙港市借助"大部制"改革破解条块分割问题的重要步骤。所谓"一枚印章管审批"即通过将各职能部门的行政审批职能进行整合，分批次划入行政审批局，废止原有"一个部门一个章"，实现行政审批局一枚印章管审批，改变以往需要重复跑多个部门进行事项报批的局面，减少重复的审查环节和申报材料。通过"一枚印章管审批"改革，龙港市整合了各部门行政审批相关服务职能，推动审

---

① 胡税根，翁列恩.绩效管理视野中的行政审批制度改革——以温州市行政审批制度改革为例[J].政治学研究，2005(3):86–95.

② 吴翔.镇改市：乡村地区基层行政建制变迁的目标模式、对象选择与推进路径[J].北京行政学院学报，2020(3):9–17.

批成本的大幅降低、市场准入门槛的降低、审批效率的稳步提升、营商环境的持续提升，提高简政放权、放管结合、优化服务工作成效，助力打造统一、公正、透明、高效、便捷的行政审批服务环境。

1. 推动行政审批管理机构改革

基于"大部制、扁平化、低成本、高效率"的整体改革思路，龙港市行政审批管理机构的改革采用化学融合为主、物理整合为辅相结合的模式[①]。

龙港市大部制改革共统筹设置 15 个党政机构，其中龙港市行政审批局涉及 8 个部门。2019 年，在龙港撤镇改市初始，龙港市尚未设立行政审批局，但是考虑到其大部制改革的天然优势，因此 2020 年 5 月龙港市着手规划"一枚印章管审批"改革。龙港市大部分的行政审批事项统一划转至龙港市行政审批局，实现龙港市行政审批局"一枚印章管审批"；针对少数专业性强、操作难度大的行政审批事项，则以部门进驻龙港政务客厅（政务服务中心），在政务服务大厅设置办事窗口的模式，推动政务服务事项"一站式"办结，以方便群众和企业办事。推行"一枚印章管审批"行政审批机构改革后，在一般项目投资建设领域、市场准入等领域，龙港市审批部门由 7 家缩减为 1 家，由 17 枚印章减为 1 枚印章；龙港市审批科室由 32 个减为 2 个，审批人员由 56 名减为 26 名，每年可节约行政成本近千万元。"一枚印章管审批"行政审批机构改革的有序推进，巩固了"大部制"模式，实现"物理集中"到"化学融合"的转变，同时推动政府职能转变，实现"谁审批谁负责、谁主管谁监管"，更有利于整合职能人员，实现行政成本节约。

2. 创新人员编制管理使用办法

"大部制"行政体制改革能够实现"低成本、高效率"，但同时也导致龙港市各单位人少事多的现象突出。龙港市党政机构比同类县市少设 60%，编制总量压缩 40%，各单位普遍存在一人多岗，一个科室对应温州几个局的情况，干部始终处于疲于应付状态。这一现象在龙港市政务服务中心（行政审批局）同样存在。

龙港市政务服务中心（行政审批局）主要通过创新编制管理和人员使用方式，在一定程度上缓解这一问题。一是通过挂靠上级部门，划拨编制名额。

---

① 张立学，祝明新. 当前行政审批机构的组建模式及其影响因素浅探 [J]. 中共济南市委党校学报，2018(4):41–45.

基于大部制改革的思路和要求，2020年10月龙港市行政审批局正式揭牌成立后，龙港市委编委下发了核增了市委市政府办公室（市行政审批局）编制的文件（龙编〔2020〕66号），同时增设了行政审批一科和行政审批二科。同时，龙港市委组织部正式划拨了26名正式编制人员至龙港市行政审批局。二是"编随事走、人随编走"。在进行行政审批事项划转时，龙港市按照"编随事走、人随编走"的原则，从原主管部门划转一定数量的工作人员到行政审批局。"编随事走、人随编走"的人员管理和使用模式不仅缓解了龙港市行政审批局人少事多的疲乏状态，更有助于通过划转原单位熟悉业务的审批人才以提升行政审批工作的效率和质量。三是以购买服务的方式引入市场力量。龙港市政务服务中心以成果认定的形式，将政务服务中心的复印、大厅引导、综合收件等工作外包给第三方公司，有效缓解了人力资源紧张的问题。

3. 审慎分批划转行政审批事项

秉持龙港市大胆稳步的改革基调，龙港市行政审批局坚持以完整性、关联性、主体精简等行政审批事项划转原则，分两批次进行行政审批事项划转，预留充分的缓冲和调试时间。根据实时变动的《浙江省行政权力清单》，截至2021年6月，龙港市政务服务事项共2905余项，除去公安、税务、电力、水务等由于涉密、涉稳、敏感以及垂直等管理原因不划转外〔具体涉及人员资格类事项、涉及重大维稳（民宗）事项、拖拉机事项、部分职责边界不清事项〕，剩余1756项行政审批事项。通过两批划转，龙港市将实现1146项行政审批事项全部划转至龙港市行政审批局，逐步实现龙港市涉企领域的"一枚印章管审批"。

2020年11月，龙港市人民政府第15次常务会议通过的《龙港市第一批划转到市行政审批局的事项目录》将市委宣传统战部（市文化广电旅游和新闻出版局）、市经济发展局、市社会事业局、市自然资源与规划建设局、市农业农村局、市市场监督管理局、市综合行政执法局等7个部门665个事项的审批职能划转到市行政审批局。2021年8月2日，市政府第35次常务会议审议通过了《龙港市第二批行政审批事项划转实施方案》将上述7个部门的479个和市委市府办（市机要保密档案局）2个事项审批职能划转到市行政审批局。两批合计1146个事项。

4. 构建审批与监管协同闭环机制

在推行"一枚印章管审批"改革过程中，龙港市的行政审批工作逐渐浮现出权责划分不清、审批与监管相互推诿、审管信息互通不及时等难题。为了解决审批与监管的职能衔接的问题，龙港市深化执法监管闭环体系改革，同时探索打造"一枚印章管审批"业务协同应用，创新审批与监管环节的协同模式。一方面，龙港市积极推进深化执法监管闭环体系改革，根据龙港行政审批权和行政执法权相对集中的实际情况，全面加强事中事后监管，按照"谁审批、谁监管，谁主管、谁监管"原则，推动业务部门与综合行政执法部门形成许可—监管—处罚的全闭环行政执法新体系。同时，积极推动打通审批、监管、处罚的数据链、业务流，建立跨部门、跨区域日常执法监管协同制度，加快构建指挥统一、权责明确、公平公正、简约高效的执法监管新机制；另一方面，龙港市通过打造一枚印章管审批业务协同应用，使"一枚印章管审批"以数字化方式呈现。通过建立审批与监管信息集成推送平台，使审批、执法与划转事项原行业监管部门均能及时掌握工作进程，共享审批结果及要素，让审批过程全知晓，提高工作效率，提升服务质量。"一枚印章管审批"业务协同应用的建设能够促进审批与监管工作的有效无缝衔接，推动事中事后监管，保障审批局的顺畅运行，为下步优化营商环境，继续围绕涉企领域扩大划转"一枚印章管审批"的事项打下坚实的基础。

（三）数字化：搭建政务服务一体化条块统抓新平台

信息技术是一种催化剂和赋能者，新一轮信息技术革命"倒逼"政府治理变革，对重组内嵌G2C（政府对消费者）网上办公模式的制度结构提出挑战，[①]并在政务服务中植入数字基因。作为全国唯一实行"大部制、扁平化"行政管理体制改革的县级市，龙港市仅设立6个党委机构、9个政府部门、1个群团部门，不设乡镇街道，机构数量和人员编制仅为同类县市区的40%。在工作实践中，龙港市各政府部门时常深陷被动应付、人少事多的困境。基于此，相较其他县市，龙港更迫切需要在"县乡一体、条抓块统"集成式改革中破解"条块分割""人少事多"的困境。在浙江省数字政府建设的整体战略框架内，龙港市基于自身特点和需求，围绕"40%行政资源如何克服困难、有效运转"

---

① 简·E. 芳汀. 构建虚拟政府：信息技术与制度创新 [M]. 北京：中国人民大学出版社，2010.

和"通过数字化改造提升行政审批实现快速反应"等重大命题，聚焦"实用、管用、好用"，从"大视角、小切口"入手，积极探索出具有龙港特色的全域一体化新型政务服务数字化系统。

龙港市在优化全域政务服务网上办理系统的基础上，围绕审批成本大幅降低、市场准入门槛逐步降低、审批效率稳步提升、营商环境持续提升"两降低两提升"总体目标，创新性地建设了"一枚印章管审批"业务协同应用、迭代升级"企业电子身份信息一码制"项目，打通数据壁垒，推动数据联动，成功破解审批碎片化问题，提升了审批效率。

1. 打造全域政务服务网上办理系统

龙港市积极运用数字化手段，以龙港政务客厅为主轴，基于 26 个社区综合服务中心空间格局，合理设置了若干个政务服务分中心，同时积极推进落实浙江政务网、浙里办 App、瓯 E 办自助服务终端线上办理，建立全域一体化的"一心多点"政务服务体系，真正实现全域同权办、就近办、掌上办。其中，龙港政务客厅一楼设置了 24 小时自助服务区。截至 2021 年 6 月，龙港政务服务大厅政务服务事项总数为 2301 项，跑零次事项数为 2254 项，跑零次实现率为 97.95%。此外，各社区综合服务中心也统一入驻了"瓯 E 办"便民自助服务终端。"瓯 E 办"便民自助服务终端是温州市在深化"最多跑一次"改革中，统一部署下沉至全市的政务服务自助终端，已实现 165 项常用事项的自助办理。目前"瓯 E 办"便民自助服务终端已收纳了 13 项龙港市行政审批类事项，包括《食品生产经营登记证》登记、重度残疾人护理补贴申请、居住房屋出租登记、取水许可（变更）、老年人优待证办理等社区常用高频事项。社区居民可通过"瓯 E 办"便民自助服务终端直接自助办理相关事项。

2. 建设"一枚印章管审批"业务协同应用

按照"谁审批，谁负责；谁主管，谁监管"的原则，审批局在运转过程中将工作重心放在集中审批与高效服务上。随着"一支队伍管执法"的推行，对监管的职能重新调整，但由于监管边界不清，出现了审批、原监督主管部门、执法三大部门存在信息不互通，资源未共享及事中事后盲点监管等问题。由此结合"一枚印章管审批"改革的实际需要，龙港市亟须打通不同部门之间的数据壁垒，推动数据联动，建立审批监管信息交换共享集成平台，形成高效便捷的信息集成模式。

龙港市"一枚印章管审批"业务协同应用主要由审批应用系统、审批数据、审批结果、批后监管、相关制度等五个功能板块组成。该协作平台并不新建系统，本质上是多跨协同、数据共享的"业务流＋数据流"应用场景。"一枚印章管审批"业务协同应用有改革初段、改革深水两个阶段。改革初段的主题是信息共享，主要依托原行业监管部门的省级审批系统，将30多个系统集成链接到协作平台，每天及时汇总前端审批的项目数据，通过对原行业监管部门、执法部门的特定联络员的提醒提示，要求其通过权限密码登录该平台自己领域的审批系统，查阅与本部门职能监管有关的审批数据，从而实现审批数据的无缝对接，以利监管。同时，原行业监管部门在监管的过程中，对于要撤销审批事项或对业主进行行政处罚等举措，也可将监管结果通过该平台及时反馈，从而形成审批、监管的数据闭环；改革深水的主题是数据共享，主要依托一体化智能化公共数据平台，将审批的数据导入（即"数据回家"），监管系统通过数据共享按需抓取、调用，形成监管对象或监管事件，构建审批、监管的数据闭环。"一枚印章管审批"业务协同应用的建设使"一枚印章管审批"以数字化改革呈现，实现了数据的流转及再利用，其中的审批与监管信息集成推送功能，使审批、执法与划转事项原行业监管部门（包括社区网格员）均能及时掌握工作进程，共享审批结果及要素，让审批过程全知晓，提高工作效率，提升服务质量。

3. 迭代升级"企业电子身份信息一码制"

为切实满足人民群众需求，打通部门数据壁垒，真正做到"让数据多跑路，让百姓少跑腿"，激发市场活力和创业创新热情，优化龙港的营商环境，龙港市探索推出企业电子证照领域的创新举措。龙港市创新探索的"企业电子身份信息一码制"项目以电子营业执照为依托，将通过归集市场经营主体的证照信息、监管信息、执法信息，以实现电子营业执照应用软件统一展示、统一管理的功能目标，并以电子二维码的呈现形式，建立"企业电子身份信息一码制"，实现从一张许可证上读取各类联办许可事项信息，形成多场景多维度的数字化改革新载体。

"企业电子身份信息一码制"项目将通过深化电子证照关联共享，以"码上信息"多维应用的形态落地。"企业电子身份信息一码制"项目的内容模块与运行机制主要包括：一是加快实现电子营业执照"一次身份验证、全网互认通用；一码承载信息、证照集成展示；所有证照共享、全域调用共用"的功能目标；二是深入推进电子营业执照跨部门、跨行业运用，深化在政务服务、投标招标等领域的"去纸化"应用，拓宽在日常监管、执法办案、金融商务等领域的"电子化"应用，把企业的"云上数据"变成"掌上数据"。基于龙港的实际情况以及瑞安前期的改革经验，龙港市行政审批局将率先在市场监管领域内做试点，将食品经营许可证、食品生产许可证、药品经营许可证、医疗器械经营许可证等纳入电子营业执照内涵，并逐步扩面至其他部门许可信息。"企业电子身份信息一码制"项目将以数字化平台为依托，以助推企业发展为导向，旨在切实了解企业办证需求，通过集成市场主体的证照信息、监管信息、执法信息，企业可凭"码"根据实际需要灵活提供或查询相关权威信息，变云上数据为企业手上数据；政府可凭"码"对法人进行批后监管、执法监督等，提高治理效能，推动形成多元化数字治理新平台。

（四）社会化：探索政务服务多元合作供给新机制

作为龙港市"大部制、扁平化、低成本、高效率"改革的重要组成内容，"一张清单转职能改革"有助于实现部门"减负"，打造县域"多元共治"的龙港模式。2020 年，龙港市在推进"一张清单转职能"改革的过程中，已实现第一批目录中的 76 个事项向社会转移，共有 17 家社会组织、55 家企事业单位、6 家院校承接，取得了"低成本、高效率"的预期效果，走出了一条"多元共治"的新路子。同样，龙港市也在政务服务领域创新推进职能社会化转移。随着简政放权力度加大，安全评估、环境评估等大量技术性服务"下放"到行政审批中介机构，行政审批中介服务成为行政审批重要的前置环节，也是提升行政审批效率与质量的有效举措，由此中介机构成为政务服务领域中政府职能转移的承接对象。[①]

1. 推动审批专业技术审查外包

基于对审批过程中"技术审核"与"政府审查"进行细分的原则，龙港市引入中介审查机制，开展中介机构规划图审的试点工作，进行投资项目审

---

① 詹振铎，李晓玉．"放管服"改革背景下行政审批中介服务的优化升级 [J]. 学习月刊，2018(7):15–17.

批综合审查试点，强调"专业人做专业事"，引入中介机构对审批材料技术内容部分进行优质高效的"技术审核"，提升审批专业度与审批效率，精简审批全流程，提高审核质量，减少企业消耗。龙港市行政审批局针对人手不足实际，在一般企业投资项目办理上实现两项创新：审批机制上实现了从部门审批到岗位审批转变；技术审查上采取集成外包服务方式，借力外包单位技术、人才优势，采用由设计集团建设咨询公司牵头成立"一窗一组""联络员＋工作组"形式等工作形式，对以规划、建筑、水利、环境为主，附带交通消防等审查服务内容，从专业角度把控风险、排查隐患，由此助力实现了龙港市一般项目投资审批从 80 天到 40 天的精彩蝶变。

2. 规范涉批中介服务市场

为规范涉批中介服务市场，加快推进涉批中介机构信息化管理，龙港市全面推广应用"网上中介超市"平台，推行涉批中介服务网上公开竞争比选，消除"红顶中介"等寻租设租现象。围绕深化行政审批制度改革，按照简政放权、放管结合、优化服务、转变政府职能的总体要求，规范各类技术审查、论证、评估、评价、检验、检测、鉴定、咨询、试验等中介服务。规范中介机构及从业人员的执业行为，制定完善中介服务的规范和标准，定期对中介机构开展监督检查和信用评价等工作，推动形成"市场开放、竞争有序、执业规范、收费合理、服务高效"的中介服务市场秩序。（1）全面推广应用"网上中介超市"平台，推行涉批中介服务网上公开竞争比选。对涉批中介服务单项合同估价在 2 万元（含）以上的政府性投资项目，除依法依规应采取招标或政府采购方式确定中介机构的项目外，一律通过"网上中介超市"发布项目公告，采取立等可取的网上综合比选、多轮竞价等竞争比选方式，公开择优选取中介机构，实现"办事零等待"。民间投资项目的涉批中介服务事项，可通过"网上中介超市"获取有关中介机构信息，采取网上竞价、线下洽谈等方式，自主选择中介机构。中介机构比选结果及提供的服务成果应全部在"网上中介超市"公并，接受相关部门和社会监督。（2）推进涉批中介服务标准化改革。调整规范中介服务事项，依法清理行政审批事项涉及的各类认证、评估、审图、检查、检测等中介服务事项，没有法定依据的中介服务事项一律取消，对不同环节或不同领域重复设立的服务事项进行整合。对保留的涉批中介服务事项实行清单管理并向社会公布；没有纳入目录的涉批中介服务事项，一律不得作为行政审批的前置条件。2020年，龙港市推行"最多评一次"改革，对涉企鉴定评估事项（包括鉴定、评估、评价、认证等）进行清理规范，共梳理出17项涉企鉴定评估事项，4项涉企免评估事项，以进一步优化营商环境，激活市场主体的活力和创造力。

（五）品牌化：树立政务服务"以人民为中心"新形象

良好的政务服务品牌具有更大的公信力和号召力，推动公众对其有更强烈的行为认同、情感认同和价值认同。作为我国撤镇改市的第一个试验点，龙港市基于得天独厚的发展条件，积极探索打造全域一体化新型政务服务"龙港模式"，推动创建新型政务服务的"龙港模式"成为可持续拓展、深化的政务服务品牌。

1. 明晰"降低行政负担"的政务服务品牌定位

品牌定位是品牌建设的基础，就是销售者根据消费者的需要找准自身位置。政务服务品牌应定位在其核心角色和核心价值取向上。龙港市政务服务坚持以人民为中心，全力打造全域一体化新型政务服务的"龙港模式"，围绕探索政务服务治理的龙港模式，创造公共价值，减少办事公众的行政负担。

通常意义上的政务服务被视为恼人的程序和体验，甚至被视为"必要的行政之恶"，给行政相对人带来不必要的成本和负担，具体包括公民和企业在同政府部门打交道的过程中所要承担的学习成本、服从成本及心理成本。[①] 龙港市则主要通过政务服务创新改革，有效推动了行政负担的转移和降低，提升群众和市场主体的获得感、安全感、满意度、幸福感。例如在降低企业行政成本方面，龙港市进一步深化龙港投资项目审批制度改革，通过"减事项、减材料、减环节、减时间、减费用"，实现企业投资项目从赋码到竣工验收审批"最多40天"，一般投资项目审批，实现全流程32天，破解了企业投资项目审批环节多、耗时长、成本高等痛点难点，提高项目审批效率，优化龙港营商环境，极大减少企业的行政负担，提升了市场主体的获得感。

2. 创建"以人民为中心"的政务服务品牌形象

品牌形象是政务服务内在品质的外在体现，品牌形象管理是塑造龙港政

---

① Moynihan D, Herd P, Harvey H. Administrative burden: Learning, psychological, and compliance costs in citizen-state interactions[J]. Journal of Public Administration Research and Theory, 2015, 25(1):43-69.

务服务品牌的重要环节。基于减少公众行政负担的内在诉求，龙港政务服务治理品牌的塑造着重于打造"以人民为中心"的政务服务品牌形象。积极推进扁平化改革的龙港市打造了"一心多点"的政务服务治理格局图景，即以龙港政务客厅为主轴、以5个社区便民服务中心为分支的分布网络空间，旨在构筑合理半径的15分钟便民政务服务圈，以打通政务服务的"最后一公里"。

　　作为龙港政务服务治理的重要载体，龙港政务客厅更是直接对外展示全域一体化新型政务服务"龙港模式"品牌形象的重要窗口。一方面，龙港政务客厅在空间构造设计、办事窗口布局、办事人员调配等方面均体现出龙港市"以人民为中心"的政务服务品牌形象，旨在让办事民众感到宾至如归。基于"一件事"思路，出于减少群众办事负担，龙港政务客厅于一楼设置了人民来访接待区、个人事务综合专区及24小时自助服务区，同时出于对技术弱势群体的照顾，设置了老年人专门办事窗口。针对市场主体的需求，龙港政务客厅于二楼设置了投资项目综合专区（投资项目审批服务室）、不动产登记综合专区、商事综合专区（政企肩并肩会客室）、公积金综合专区等多个办事专区。龙港政务客厅三楼设置的婚姻登记综合专区按照国家3A级婚姻登记机关要求进行创建，设置特色室内中式颁证厅和室外西式颁证厅，为新人营造"携手相伴一生"的仪式感。另一方面，龙港政务客厅规范着装、专业性强、训练有素、态度和蔼的工作人员亦是龙港政务服务品牌形象的重要构成元素。服务品牌更多依赖于员工的态度和行为，[①]只有当员工理解了品牌，认识到服务品牌承诺的这些具体属性，才有可能把品牌的价值传递给顾客。[②]龙港政务客厅工作人员良好的服务态度更是让办事群众宾至如归，过去行政办事中普遍存在的无力感、挫败感和沮丧感都一扫而空。

四、政务服务"龙港模式"的未来发展路径

　　新型政务服务"龙港模式"仍旧是襁褓茁壮成长的新事物，"大部制、扁平化、低成本、高效率"改革为龙港新型政务服务治理模式提供了动力源，

①　Blankson C, Kalafatis S P. Issues and challenges in the positioning of service brands: A review[J]. The Journal of Product & Brand Management, 1999, 8(2):106−118.

②　陈晔，白长虹，吴小灵. 服务品牌内化的概念及概念模型：基于跨案例研究的结论 [J]. 南开管理评论，2011, 14(2):44−51+60.

但也无法避免政务服务推进过程遭遇诸如上位法缺失导致行政审批机构改革阻滞、"信息孤岛"难题制约政务数据共享共融、政务营商环境有待进一步改善、政务服务能力难以承接跨领域专业化审批工作等挑战。鉴于此，借鉴国内县域政务服务的创新经验，基于对龙港市新型政务服务实践的探索与解读，关于如何将"改革优势转化为发展效能"的思路则成为政务服务"龙港模式"的未来探索方向和发展路径。

（一）推行告知承诺，加强事中事后监管

证明事项告知承诺制不仅是简政放权、优化服务的具体体现，更是构建政府与企业、政府与公民之间的良好信任关系的重要举措。其最大的特点是宽进严管，即给市场放权不是意味着放任，反过来是为了进一步加强监管。严管是告知承诺制的一个显著特征，与宽进相辅相成，辩证统一。龙港应积极推进全域告知承诺制改革，主动减少审批发证，同时加强事中事后监管。（1）在监管体制上围绕"双随机、一公开"不断探索完善。要制定各领域随机抽查的相关工作细则，同时综合运用云计算、大数据、物联网等信息技术，推动常规监管与智能监管和信用监管联动，最终实现线上线下联动的一体化监管，真正使守信者"一路绿灯"，畅通无阻，而失信者"处处受限"，步履维艰。（2）在实际工作中积极探索跨行业、跨区域经营综合监管。充分发挥龙港"大部制、扁平化"的改革优势，建立健全跨部门、跨区域的执法联动响应和协作机制。推动改革从"碎片化"整合向"跨部门"协作转化，建立健全跨部门、跨区域的执法联动响应和协作机制。实现违法线索相互联网、监管标准相互联通、处理结果相互认可，降低执法成本。（3）在操作上兼顾监管的公平性。对政府证明事项的告知承诺制应当是普遍适用加负面排除的制度，不能将负面排除制改为正面列举制，规定只有具备良好信用状况、信用评级高的市场主体才适用证明事项的告知承诺制，这不符合平等对待的原则。

专栏2 深圳市：政务服务"信用审批"新模式

2020 年 12 月，深圳市人社局通过出台《政务服务信用承诺管理办法》，推行"信用审批"新模式，对暂不具备"秒批"条件，但申请人信用良好且风险可控的业务事项启动"信用审批"，实现"信息比对马上办""信用申报即时办"，进一步降低企业、群众办事等待时间，大幅提高审批效率，从而构建政务服务新的"加速器"。申请人可自主选择信用承诺方式申报业务，申报完成后系统自动生成《信用申报承诺书》，申请人对申报信息、材料真实性以及违约责任等作出书面承诺。并将申请人的个人信用承诺、事后核查履约情况纳入市人社系统乃至全市信用平台。一旦"违约"将不能享受"信用申报""秒批""不见面审批""容缺办理""无感申办"和压缩时限、预约办理、绿色通道等一系列便利性服务，存在严重失信行为的还将根据法律法规进行业务申请限制。

（二）探索跨省联办，完善流动人口服务

推进流动人口审批服务"跨省联办"改革是深化龙港市政务服务改革的必然要求。为转移和减轻流动人口的行政负担，龙港应积极推进与本地流动人口大省的"跨省联办"政务审批互信合作战略，开启跨省政务审批服务新模式，实现流动人口跨省域互通互办和政务服务"最多跑一次"，告别群众和企业办事"两地跑"的历史，提升流动人口在龙港的归属感、获得感和幸福感。（1）以民政领域事项的跨省通办为突破口提升便利度。聚焦企业和群众关切的高频事项，围绕教育、就业、社保、医疗、养老、居住、婚育、出行等与群众生活密切相关的异地办事需求，以及生产要素自由流动、产业链供应链协同等与企业生产经营密切相关的异地办事需求。综合运用信息技术手段打破地域阻隔和部门壁垒，将跨省通办范围从婚姻登记、户籍证明等领域拓展至流动人口和企业经营涉及的绝大多数高频服务事项。进一步释放政策善意，促进就业创业和市场主体跨区生产经营，激发市场主体活力，提升

人民群众获得感。（2）以电子凭证共享为抓手推进关联指标的协同优化。抓住高频共用"电子凭证"这一牛鼻子，借助云计算、区块链等技术，做好电子凭证随业务"即办生成"和电子凭证"法定互认"两件关键事项，并在政府采购、公共资源交易等领域率先推行，引导市场加快应用，倒逼关联指标协同优化，促进改革红利叠加。（3）以服务创新丰富"跨省通办""全省通办"实现方式。进一步探索异地受理、无差别办理，自助机相互铺设或一体开发、功能合成等形式。学习先进地区基于5G视频实时连线功能的"5G视频办"功能，打破审批模式，优化审批效能，用电子签章取代实体签章，提高业务质量，提升群众办事获得感。

专栏3　深圳龙岗区：政务服务"5G视频办"新模式

深圳龙岗区政务服务数据管理局聚焦市民需求，依托互联网，搭乘5G技术快车，在深圳市率先推出"视频办"服务，进一步优化营商环境、提升群众办事体验。2021年6月，龙岗区行政服务大厅视频办专区正式启用。目前，已梳理如民办非企业单位登记证书换发、社会团体登记证书换发、建设工程招标控制价备案等17个事项通过视频连线办理，且视频办服务事项均实现双向免费邮寄。

"5G视频办"服务打破了办事层级，拓展办事范围。龙岗区行政服务大厅与11个街道行政服务大厅各设置了1个视频办专窗，利用5G远程视频设备，实现各街道大厅综窗人员与区大厅综窗人员实时现场连线，为办事群众提供远程视频互动及办理服务，实现覆盖区、街跨层级政务服务。

"5G视频办"也打破审批模式，优化审批效能。龙岗区会同市市场监管局龙岗监管局全面推行食品经营许可远程视频核查业务办理模式，申请人可随时随地提交业务申请，按照视频审查部门要求拍摄上传视频进行经营场所核查。

"5G视频办"还打破地域限制，精准服务企业。以坪地街道为试点，借助5G远程视频设备，大厅工作人员化身"企业首席服务官"，

送服务进企业。工作人员只需携带笔记本电脑、身份证读卡器和高拍仪，就能把移动版行政服务大厅搬到企业厂区，实现居住证登记、房屋租赁信息登记等业务现场办结。2020 年以来，已上线首批涉及 4 个部门的 17 项事项，累计办理业务 949 笔，平均用时 2—3 个工作日，比承诺时限减少 70% 以上。

（三）降低交易成本，优化企业营商环境

好的营商环境就是生产力、竞争力。市场化、法治化、国际化营商环境建设已成为中国地方政府提升区域综合实力和竞争力的突破口、主抓手。优化营商环境是为了优化市场主体在经营活动中的规制环境，减少体制机制性因素对交易行为产生的负面影响，以降低制度性交易成本。[①] 可以在简政放权、放管结合、优化服务上下功夫。（1）进一步放松政府管制，激发市场主体活力。在综合服务中心给企业提供政策咨询、信息共享等方方面面的服务，为提升就业率、孕育新动能、培育新经济开拓更多的空间。（2）充分发挥行业协会和社会组织的自律作用和自治能力。吸引社会公众参与，形成综合化的市场监管体系，及时有效清除市场中违法违规经营的市场主体。（3）构建无差别的办事环境，实行"全事项"综合受理。打破原有条线窗口受理模式，按照"一窗一政府"理念，在人工综合受理大厅设置综合受理窗口，每个窗口均能办理所有事项的咨询、受理，真正实现全事项的"无差别"受理。同步推进线上"指尖办"和线下"就近办"，实现网上服务平台与实体政务大厅无缝融合，企业群众办事"一指办理""一网通办"。（4）消除数字鸿沟，保障互联网上的平等权。用数字化、人本化来破解在城市群发展中面临的突出问题，强化城市群共同的信息化、数字化基础设施，要提升基础设施共享水平。要同时直面不同群体牛龄、性别、教育等方面的差别，积极参与"智养·银发"工程建设，破解老年人运用智能技术困难，平等地分享数字化转型所带来的红利。

---

① 胡税根，吴逍弛，李超 . 我国优化营商环境政策研究 [J]. 领导科学论坛，2020, 181(23):33–44.

（四）建设政务诚信，构建社会信用体系

经济政策的不确定性会对企业的投资产生一定的抑制作用。[①] 在中国语境下，政府对于经济发展的话语权十分强大，其制定的各项经济政策对于微观企业经营行为有着很重要的影响。[②] 地方政府缺乏诚信会给企业造成损失和困难，呈现出地区营商环境缺乏可预期性的负面形象。基于此，龙港市在推进新型城镇化建设、深化"三位一体"扁平化治理改革的同时，应同步推进健全政务诚信、司法公信与商务诚信、社会诚信并重的社会信用体系。[③]（1）政府信用要做表率。习近平总书记指出，政务诚信对其他社会主体诚信建设具有重要的表率和导向作用。加快打造信用浙江，政府必须率先垂范，完善守信践诺机制，把依法行政、阳光行政作为基本要求，重点治理危害群众利益、损害市场公平交易等政务失信行为，不断提升各级政府诚信行政水平和公务员诚信履职意识。[④]（2）有整体化的思维。浙江的社会信用体系建设从整治三角债和防止假冒伪劣开始，逐渐扩展至社会治理领域，最终扩展到所有经济社会领域，是一种完全不同于西方征信系统的整体化发展模式。随着社会信用体系建设步入全面协同应用的阶段，信用建设已经完全融入了浙江推进"放管服"改革和"最多跑一次"改革、奋力打造"重要窗口"、高质量发展建设共同富裕示范区的方方面面。（3）坚持市场道路。在场景应用、信用服务和产品创新等方面，应当切实发挥市场决定性作用，将企业们推到前台，大胆试错。加快培育信用服务经济，扶持一批有从业资质、有实力深耕信用服务市场的企业，支持其打造信用信息应用的新场景、新模式。坚持"政府的归政府，市场的归市场，道德的归道德，法治的归法治"。

（五）重视数字赋能，实现供需精准对接

在科学决策、权力监督、协同治理、精准服务、共享发展的智慧政府治

---

① Julio B,Yook Y. Political uncertainty and corporate investment cycles[J]. The Journal of Finance, 2012, 67(1).

② 王化成，刘欢，高升好 . 经济政策不确定性、产权性质与商业信用 [J]. 经济理论与经济管理，2016(5):34–45.

③ 胡税根，杨竞楠，结宇龙 . 我国持续优化市场化营商环境的思路研究 [J]. 中共天津市委党校学报，2021, 23(1):64–71.

④ 袁家军 . 全面提升信用浙江建设水平 [J]. 今日浙江，2019(7):11–13.

理模式①的建设背景下，新型信息技术将通过直接连接政府决策层和执行层，有效缓解组织上下沟通效率低下的难题，②实现将政策的普惠性与服务的精准性相结合，增强人民群众获得感、幸福感、安全感。龙港市应积极依托于大数据、人工智能等新一代信息技术，推进政务服务用数据说话、用数据决策、用数据管理、用数据创新，从而做到及时性识别政务服务需求热点、精准性供给服务、高效性回应需求、持续性跟踪效果、海量性收集数据，不断构建和完善政务服务供需精准对接机制。（1）物联网设备赋能营商环境政策需求的感知。广泛采用分布式物联网设备，收集市场主体多源异构的需求数据，按特定模式与机制进行抽取、集成形成营商环境政策需求数据库，分类型绘制需求者"画像"，进而制定动态的"营商环境政策需求清单"。（2）数字技术嵌入政府治理体系实现精准服务。超前做好算法和算力准备，在规划中统筹布局满足多场景的人工智能算力资源。构建智慧政府的数字孪生，形成服务智慧政府治理的"沙盘"，辅助算法的训练和迭代。依托 AI 技术充分挖掘企业信息和历史数据，并对政策解读，实现千企千面、精准服务。实现"政策找人"，推动惠企政策应享尽享、快速兑现。

专栏4　深圳南山区：数字技术赋能政务服务

2016 年初，南山区被确定为深圳市推进"互联网＋政务服务"改革试点区。近年来先后推出政务服务"秒批"、无感申报、"免证办"创新举措，充分释放数字技术赋能政务服务的潜力。

第一，5G 消息、高效引导。南山政务服务基于"5G 消息"广覆盖、免下载、免关注、免注册、免登陆、防盗号等特性开创全新服务场景，将原来的一维文字信息转换为多维的用户服务界面。用户通过 5G 消息进行在线预约后，将会收到目标办事服务的取号信息、排队进度、交通信息以及相关资料下载入口，通过一站式的服务选项设置，相比原来的预约通知极大地缩短了用户旅程，降低了用户低效的交互频次。

第二，数据比对、自动审批。深圳市南山区政务服务数据管理局

---

① 胡税根，王汇宇. 智慧政府治理的概念、性质与功能分析 [J]. 厦门大学学报（哲学社会科学版），2017(3):99–106.

② 胡税根，吴道弛，李超. 我国优化营商环境政策研究 [J]. 领导科学论坛，2020(23):31–42.

通过信息共享、自动比对、核验申请信息，实现基于申请材料结构化、业务流程标准化、审批要素指标化的系统自动做出审批决定，并将审批结果及时主动告知申请人，实现全程无人工干预自动审批，还增设人工复核、后置邮寄材料回收等服务。文体教育、人才入户、个体工商户登记、残障人士服务、老龄津贴等大量高频事项实现"秒批"。

第三，数据共享、免交证照。南山区主动运用大数据技术手段，打破信息孤岛，整合数据资源实现四免交，一是推进政务服务"免证办"服务，努力打造无实体卡证城区。二是聚焦人民群众办事堵点、难点、痛点问题，简化事项受理条件、精简表单申请材料、优化审批服务模式，建立电子证照库和政府各类数据库共享复用机制，推出"秒批＋无感申办"服务。三是在政务服务领域可用电子印章免用实物印章。四是在办理商事登记业务全面实现个人数字证书替代手写签名。

专栏5 上海浦东新区："政务智能办"

上海浦东新区搭建智能辅助审批系统作为后台支撑，梳理审批规则、再造审批流程，实现审批要素、审批要件、审批逻辑的标准化、颗粒化和可视化，有效解决企业办事堵点痛点，提升行政审批准确度和效率。

一是千企千面、精准服务。浦东新区综合运用人工智能分析、知识图谱建设、个性政策标签等技术手段，实现为企业提供专属档案、专属办事、专属政策、专属服务、专属动态、专属店小二等定制化政务服务。"政策精准推荐机器人"以 AI 技术充分挖掘企业信息和历史数据，并对政策解读，最终实现为不同企业推荐个性化的政策和事项，将传统的"企业找政策"转变为"政策找企业"的主动服务方式。

二是 AI 辅助、一次办成。浦东新区在全国率先开发人工智能辅助审批系统，获得了国家知识产权局授予的发明专利。通过 AI 信息识别、核心算法、知识图谱等技术构建了"审批大脑"，将人工阅读材料转变为人工智能阅读材料，人工判断转变为人工智能判断，避免了传统审批模式下因工作人员业务知识储备不足、对材料理解不全面等原因造成的低效和错误[①]。人工智能生成的各类表格和文件，审批一次通过率超过98%，有效解决了企业办事堵点痛点，极大地提高了办事效率[②]。

三是智能审批、闭环运行。依托人工智能辅助审批系统，窗口工作人员逐渐转变以往被动地接收并审查材料的工作模式，更多为利用专业知识主动引导、帮助企业准备材料。审批方式从传统模式下的人工审查转变为新模式下的"机审＋人核"[③]。窗口工作人员确认企业办事需求信息，系统自动形成标准、完整、准确的申报材料，并启动智能审查，后台自动反馈数据，形成全流程闭环，推动"政务智能办"不断迭代升级[④]。行政审批从传统模式下企业需无条件适应政府办事规则，转变为"政务智能办"模式下政府要按照企业需求改造业务流程[⑤]。

（六）加强绩效评估，提高政务服务效能

改进政府绩效、提高行政效能和公众满意度是政务服务绩效评估的逻辑出发点。为适应后信息时代的治理需求和满足人民群众日益增长的美好生活需要，龙港市应基于以人民为中心的发展思想，以"正强化"激励和"负强化"问责为主要导向，结合全国统一政务服务好差评制度，构建完善龙港市特色的政务服务绩效治理指标体系，并通过绩效评估与问责的共建共享，努力实

---

① 浦东新区行政服务中心 . 一次通过率超98%！有了这个审批新模式，企业办事可以"材料免填报""办事免跑动"啦！［EB/OL］.(2021-3-23)[2021-7-1]. https://mp.weixin.qq.com/s/mtVcUVNH2fGf6P6EU5Sp7Q.

② 魏敏，张相成 . 超级"智能大脑"赋能浦东新区政务服务［EB/OL］.(2021-4-30)[2021-7-1].http://ccn.cc.cn/more/202104/30/t20210430_36527112.shtml.

③ 朱贝尔 . 浦东新区探索"政务智能办"新模式 企业办事实现"材料免提交""办事免跑动"［EB/OL］.(2021-3-16)[2021-7-1]. https://n.eastday.com/pnews/161589191977012729.

④ 王志彦 . 上海浦东探索"政务智能办"审批模式一次通过率超过98［EB/OL］.(2021-3-18) [2021-7-1].https://baijiahao.baidu.com/s?id=1694541198564325460&wfr=spider&for=pc.

⑤ 常善喻 . 浦东综合窗口"政务智能办"新模式正式上线［EB/OL］.(2021-3-17)[2021-7-1]. https://news.online.sh.cn/news/gb/content/2021-03/17/content_9730812.htm.

现政务服务绩效评估的开放性和参与性,构建政府权力规制的公共治理模式。[①]
随着龙港市新型城镇化建设的深化与发展,以效率为核心的传统政务服务绩
效评估体系将无法适应龙港深化政务服务改革的需求,创造广泛公共价值、
精准回应公众诉求、推动社会经济可持续健康发展等应是龙港市未来优化新
型政务服务绩效评估体系、推进龙港市政务服务高质量发展的重点方向。

课题负责人:胡税根

课题组成员:刘　娟　李　浩

---

① 胡税根,翁列恩.构建政府权力规制的公共治理模式 [J].中国社会科学,2017(11):99–117+206.

第四章　龙港市"大部制、扁平化"
改革下干部激励机制研究

一、龙港市干部激励研究的背景和现实意义

（一）背　景

为政之要，莫先于得人。2018 年中共中央办公厅印发了《关于进一步激励广大干部新时代新担当新作为的意见》并发出通知，要求党委（党组）结合实际认真贯彻落实。这是深入贯彻习近平新时代中国特色社会主义思想和党的十九大精神，坚持严管和厚爱结合、激励和约束并重，建设高素质专业化干部队伍的一项重大举措，对于充分调动和激发干部队伍的积极性、主动性、创造性，具有十分重要的意义。党的十八大以来，浙江省以推进干部能上能下为突破口，本着"鲜明地'上'、坚决地'下'、大胆地'容'"的原则，大力提拔政治过硬、实干担当、业绩突出的干部，立起"有为者有位、无为者失位"的鲜明导向。同时，浙江省也出台《关于进一步激励干部新时代新担当新作为　奋力推进"两个高水平"建设的实施意见》，改进考核评价，加强干部激励，使全省干部队伍保持勤政务实、奋发作为的好风貌。

在新的历史条件下，推进国家治理体系和治理能力现代化，把党的十九大确定的一系列重大战略部署落到实处，需要加强干部激励，促进广大干部更加积极主动地担当作为和干事创业。龙港撤镇设市改革，是党中央、国务院赋予的重大政治任务，承担着国家新型城镇化综合改革的探路使命，寄托着习近平总书记的亲切关怀和殷切嘱托。在"大部制、扁平化"的改革模式下，

全市的机构数量和人员编制仅为同类县市区的 40%，人少事多矛盾冲突、干部队伍活力不足、结构不优等问题日益凸显，现有的激励举措难以激发干部持续干事创业的积极性和主动性。对龙港而言，最具挑战的是如何将大部制"一对多"的劣势转变为"多合一"的优势，破解当前组织机构和人员队伍问题导致的干部激励困境。如何激励广大干部在撤镇设市改革过程中担当作为和干事创业，是当前龙港市亟待解决的问题。

（二）现实意义

龙港撤镇设市改革具有"大部制、扁平化、低成本、高效率"的特色，初步构建了简约、高效的基层治理体系。打造国家新型城镇化综合改革的"龙港样板"，需要加强干部激励，激发广大干部持续担当作为的热情，提高干部的公共服务动机，发挥干部主观能动性，全力推动质量变革、效率变革、动力变革。

一方面，我国社会经济发展处于深刻变革的转型期，经济体制、社会结构、文化教育等面临着变化和调整。在此背景下，干部的思想观念日趋多元化，干部的精神文化需求和自我价值的实现越来越受到重视。龙港撤镇设市改革后，干部的经济待遇提升幅度小，且在"大部制、扁平化"的模式下，职务职级的上升空间受到挤压，影响了干部队伍担当作为的积极性和主动性。在干部队伍思想观念日趋多元化的背景下，探索多元化的激励措施，注重干部的物质需求、自我价值实现和精神文化需求，对龙港提升县域治理能力和打造共同富裕龙港样板具有重要的现实意义。

另一方面，从龙港市的现实情况来看，激发干部干事创业和担当作为，并非单纯是干部激励本身问题，而是涉及政府职能转变、工作流程和干部素质结构的优化等多元因素。龙港撤镇设市改革后，各部门职能有待进一步理清，干部工作强度和难度增加，承担压力逐渐增多，部分干部的能力素质难以匹配现实岗位需求，打击了干部担当作为的信心，导致干部消极应对工作，影响了龙港新型城镇化改革的效能。因此，研究干部激励问题，既需要加强干部的源头建设，建立科学合理的干部流动机制、培训机制和激励机制，提升干部精神状态，建设高素质强大干部队伍，更需要加快转变政府职能，探索政府职能转移，推进龙港新型城镇化改革。

二、龙港市干部队伍基本情况

龙港市实行"大部制、扁平化、低成本、高效率"的改革模式,大幅度精简机构,组建15个党政机构(党委机构6个、政府工作部门9个)、6个直属事业单位,共配备了科级领导干部183名(不含法检、国企),其中正科长级干部53名。全市现有干部1767名,其中公务员833人(含法院48人、检察院28人、参公42人)、事业干部934名(不含教育、卫生),较同类县市,龙港市党政机构数量少设60%,编制总量压缩40%。

龙港市实行机构"大部制",大幅精简机构,构建了6个党委部门,包括市委市政府办公室、市纪委市监委、市委组织部、市委宣传统战部、市委政法委、市委基层治理委和9个政府工作部门,包括经济发展局、公安局、财政局、社会事业局、自然资源与规划建设局、农业农村局、应急管理局、市场监督管理局、综合行政执法局等。

龙港市实行管理"扁平化",不设乡镇、街道,成立社区联合党工委和社区联勤工作站,真正实现市直管社区的"扁平化"管理。社区联合党委由辖区内的党组织组成,社区联勤工作站由机关干部、社区两委、社工等共同入驻,多元联动,组团服务。

本报告基于对市委市府办、市委组织部、市基层治理委、经济发展局、社会事业局、自然资源与规划建设局、农业农村局、综合行政执法局、市政府服务中心等部门的7位分管领导和8位中层干部的访谈结果,设计了"龙港干部激励调查问卷"。问卷针对龙港市全体干部成员,包括编内和编外人员,采用网络问卷的形式,共发放858份,样本特征的具体信息见表4-1。

表4-1　问卷调查样本特征

选项	选项范围	频数	有效百分比/%
性别	男	648	75.52
	女	210	24.48
年龄	25岁以下	13	1.52
	26—30岁	108	12.59
	31—35岁	118	13.75

续 表

选项	选项范围	频数	有效百分比 / %
年龄	36—40岁	116	13.52
	41—45岁	191	22.26
	46—50岁	168	19.58
	51岁及以上	144	16.78
学历	博士	1	0.12
	硕士	18	2.1
	大学本科	335	39.04
	大学专科	227	26.46
	中专及以下	277	31.28
工作年限	3年以下	80	9.32
	3—5年	85	9.91
	6—10年	123	14.34
	11—15年	136	15.85
	16年以上	434	50.58
编制类型	行政编制	131	15.27
	事业编制	234	27.27
	无编制	242	28.21
	其他	251	29.25

三、龙港市干部队伍激励困境

(一)高负担—低回报状态难以持续

工作负担和工作回报会影响干部社会情绪的满足，干部激励困境影响其担当作为。一方面，过重的工作负担给干部带来工作压力，容易导致情绪衰竭，影响干部担当作为和干事创业的积极性；另一方面，工作回报可以使干部感受到组织的认可和支持，满足其多元需求，从而起到激励作用。处于均衡状态的工作负担和工作回报可有效激励干部担当作为，提高工作绩效，实现组织和干部的双赢。而当前龙港市干部的工作负担与回报并不匹配，处于高负担—低回报的模式，导致干部组织认同感降低，难以持续激励干部创造更大的价值，影响了龙港撤镇设市改革效能。

从工作负担来看，龙港实行"大部制、扁平化"行政体制，党政机构比同类县市少设60%，编制总量压缩40%，各单位普遍存在一人多岗、一个科室对应温州市几个局的情况，面临向上对接和向下治理的双重压力，干部始终处于疲于应付状态，对龙港撤镇设市改革产生抵触情绪，影响了干部激励效果和干事创业精神。

第一，完成上级工作任务压力大。从绩效考核来看，在压缩编制、精简机构的同时，温州市虽然对龙港实行了差异化考核，但实质上对龙港的考核任务只增不减，人少事多的矛盾日益突出。从干部访谈来看，大部分干部反映，包括科长、副科长在内的各层级干部，工作负荷较大，面临精神和身体的双重压力。自己所做的工作中，有1/3以上的工作内容并非本职工作，且主要的工作压力来自上级下发的工作任务。如一位干部在访谈中提道：

工作量太大了，因为我们又要改革又要创新，从工作量看我只能应付上级的工作，创新的话根本就拿不出时间来，太难了，应付上级工作我都要干10个小时以上了，哪有什么工夫去想创新。

第二，基层社会治理任务繁重。龙港市虽然是县级单位，但实行"一竿子插到底"的模式，不下设乡镇和街道，市直管社区，县级部门力量直接下沉到村居，实现公共服务下沉。龙港全域183.9平方公里、38万人口、102个社区，民营企业众多，要求龙港市党政部门实现较少的人管更多的事，推动城市的正常运转。干部队伍在充当机关干部、承担对上压力的同时，基层社会治理的担子同样很重，仍需要发挥基层干部的作用。随着时间的推移，许多干部疲于落实任务，发挥主观能动性的机会和意愿被削弱。多个部门干部反映了这一点，在访谈中提道：

我们干的活，1/3是作为镇一级部门应该做的事，我们现在既要做县级部门的活，又要干镇一级部门需要落实的工作，比如，社区换届，我们需要过去，企业走访，我们也要过去。

　　由问卷调查可知，当前干部队伍的工作强度平均值为3.3，处于中等偏上水平，经常需要加班加点超负荷运转，压力大、任务重、"5＋2""白加黑""连轴转"是龙港市干部的工作常态，如表4-2所示。究其原因，一方面，机构和人员精简后，并非所有人员都积极担当作为，尚存在个别干部懒政怠政现象；另一方面，龙港市积极探索政府职能转移，但当前社会组织承接能力有待提升，且大部分工作因为涉及国家机密等原因而难以外包。

表4-2　干部工作强度调查

题目	完全不赞同	比较不赞同	一般	比较赞同	完全赞同	平均值
我的工作经常需要加班加点	68 (7.93%)	97 (11.31%)	377 (43.94%)	152 (17.72%)	164 (19.11%)	3.29
我在正常工作时间内经常无法完成全部工作	111 (12.94%)	121 (14.1%)	340 (39.63%)	147 (17.13%)	139 (16.2%)	3.1
我经常需要超负荷运转	78 (9.09%)	94 (10.96%)	350 (40.79%)	179 (20.86%)	157 (18.3%)	3.28
我的工作量很大	48 (5.59%)	57 (6.64%)	348 (40.56%)	212 (24.71%)	193 (22.49%)	3.52
小计	305 (8.89%)	369 (10.75%)	1415 (41.23%)	690 (20.1%)	653 (19.03%)	3.3

　　工作内容的复杂性导致干部的工作难度加大（见表4-3），工作难度的平均值达到3.76。一方面，龙港撤镇设市后，干部队伍的工作内容发生变化，一个干部往往身兼数职，完成工作所需技能增多；另一方面，龙港市一个部门对应温州市几个局，工作任务繁重，每个干部往往分派到多项任务，从而需要更强的时间管理能力和更高的工作效率。

表4-3 干部队伍工作难度调查

题目	完全不赞同	比较不赞同	一般	比较赞同	完全赞同	平均值
我在工作中需要运用多种知识和技能	25 (2.91%)	36 (4.2%)	331 (38.58%)	262 (30.54%)	204 (23.78%)	3.68
我经常需要同时完成多项工作任务	33 (3.85%)	49(5.71%)	286 (33.33%)	232 (27.04%)	258 (30.07%)	3.74
我的工作需要达到严格的质量要求	22 (2.56%)	22 (2.56%)	272 (31.7%)	276 (32.17%)	266 (31%)	3.86
小计	80 (3.11%)	107 (4.16%)	889 (34.54%)	770 (29.91%)	728 (28.28%)	3.76

　　从职业发展来看，一方面，大部制、扁平化改革后，龙港市与一般县区相比较，科级岗位、股级岗位数量明显较少，基层工作人员职务晋升通道相对狭窄。在不设乡镇的扁平化体制下，相对于普通的县市区而言，干部跨条块交流机会、多岗位锻炼机会缺乏。不设乡镇，原有依托乡镇能够实现的干部队伍身份转变无法实施，影响了干部的工作积极性。另一方面，继2015年中共中央办公厅、国务院办公厅印发的《关于县以下机关建立公务员职务和职级并行制度的意见》，2019年中共中央办公厅又印发了《公务员职务与职级并行规定》，旨在畅通职级晋升渠道，拓展职级晋升空间，解决基层公务员职务晋升的"天花板"，更大程度激励基层干部干事创业和担当作为。但当前存在两方面问题：一是晋升条件与职数限制的矛盾问题。职级晋升的要求主要是工作年限，当前对工作年限的要求缩短，虽然覆盖了更大范围的干部群体，使符合晋升条件的人员基数增加，但由于存在职数限制，使得晋升和职数限制存在矛盾。二是职级晋升条件和标准有待明确和统一。职级晋升应更多考虑考核情况和工作实际，但考核过程中仍存在一定程度的人情操作，导致考核失真失实。

　　从薪酬回报来看（见表4-4），撤镇设市改革后，大部分干部的年薪大概增长了2万—3万，一部分干部工资没有变化甚至下降，且薪资增长的部分难以与其增长的工作负担相匹配。根据问卷可知，大部分干部认为自身薪酬与其所承担的工作职责是不匹配的，且不能反映工作绩效水平。

表4-4　干部队伍薪酬回报调查

题目	完全不赞同	比较不赞同	一般	比较赞同	完全赞同	平均值
我的薪酬与我所承担的工作职责是相匹配的	120 (13.99%)	132 (15.38%)	429 (50%)	122 (14.22%)	55 (6.41%)	2.84
我的薪酬能够反映我的工作绩效水平	120 (13.99%)	138 (16.08%)	408 (47.55%)	135 (15.73%)	57 (6.64%)	2.85

　　干部愿意承受一定的工作负担，其根源在于他们期望自己能够获得相应的工作回报。这里的工作回报并非仅仅指物质方面的回报，还包括非物质方面的回报。从内在成长来看，干部队伍虽然在复杂工作任务中逐渐掌握多种业务技能，提升了自身能力，但却因工作时间冲突而无法参加培训，一定程度上影响了干部内在成长的感知。从人际关系等精神回报上来看，当前对干部队伍的精神关怀减少。根据访谈，部分干部反映，随着工作压力的加大，领导的关怀和支持显得尤为重要。而当前龙港市的领导亦疲于应付各项工作，难以抽出时间进行沟通、家访等活动，影响了干部队伍的精神获得感。负担和回报失衡的管理模式不仅会导致干部产生较低的组织认同，而且还会导致干部产生情绪衰竭以及离职倾向增强等一系列负面后果，员工会因为感觉不公平而产生消极怠工、离职或者其他一些反生产行为。采用五点量表对干部队伍的离职倾向进行问卷调查，结果发现，当前龙港市干部队伍离职倾向平均为1.72，处于较低水平。但需要注意的是，干部队伍中认为自己当前的离职倾向一般、比较强烈和非常强烈的干部累计占68.3%，认为不强烈和比较不强烈的仅有31.4%，干部队伍能否有担当作为的精神面貌需要受到关注。

（二）素质—岗位不匹配影响工作效能感

　　龙港市改革带来工作内容的变化，部分干部能力素质难以匹配现有岗位的需求。干部的工作积极性不仅受到薪酬激励、组织文化等因素的影响，还受到自身能力、资源等条件的制约。在能力素质与岗位要求不适配的情况下，干部对工作、环境和各类资源的控制力不足，感觉自身在未来工作中会面临困难和限制，因能力欠缺而产生"本领恐慌"，工作效能感和职业成就感降低，担当作为和干事创业的积极性和获得感下降,甚至产生"为官不为"的问题。当前影响龙港市干部工作效能和职业成就感的原因具体包括以下几点。

1. 全市干部队伍老龄化问题严重

全市干部的平均年龄在 44 岁左右,市管干部的平均年龄在 46 岁左右,干部老龄化较为严重,加剧了人少事多的冲突。一方面,年龄较大的干部,工作积极性不强,存在"不想干"的问题;另一方面,年龄偏大的干部数字化能力普遍较低,难以完成现代化办公,面对一些工作有心无力,属于"不能干"的问题。阻碍干部队伍数字素养的因素多种多样,不同因素对数字素养的影响程度不同。调查结果显示(见表4-5),干部队伍年龄偏大、文化程度不高、专业背景或工作性质等客观因素最为重要,49.3% 的干部认为数字化转型及相应素质要求的培训不足是阻碍干部数字化素养提升的重要因素,45.45% 的干部认为当前干部队伍个人观念意识淡薄,对数字化素养的提升不够重视,44.52% 的干部认为当前缺乏公务员数字化素养提升的整体规划和具体措施,43.82% 的干部认为当前龙港市缺乏数字化技能方面的考核激励机制,提升数字化素养的压力和动力不足。

表4-5 影响干部数字素养因素

选 项	小计	比例 / %
年龄偏大、文化程度不高、专业背景或工作性质等客观因素	487	56.76
数字化转型及相应素质要求的培训不足	423	49.3
个人观念意识淡薄和不重视	390	45.45
缺乏公务员数字化素养提升的整体规划和具体举措	382	44.52
缺乏数字化技能方面的考核激励机制,提升压力和动力不足	376	43.82
政府信息化部门不够强势,业务部门不够配合	324	37.76
单位领导重视程度不够,带头示范作用不够	239	27.86

2. 干部队伍学历结构和专业结构有待优化

一方面,当前龙港市整体干部队伍中,大学专科及以下学历的干部占较大比重,而有硕士和博士学历的干部寥寥无几;另一方面,干部的专业背景与其所从事的岗位并不匹配。

3.业务变动凸显能力缺口

龙港市当前的干部队伍中,大部分来自原龙港镇。原龙港镇干部未接触过县级部门相关业务,原苍南县级机关干部也不适应"市直管社区"的工作模式。具体来说,原龙港镇主要负责执行苍南县下派的任务,无须和温州市对接,相关工作侧重于执行上级任务。而撤镇设市改革后,龙港市各部门除了要直接对接温州市、执行上级任务外,还需要直接进行谋划和顶层设计工作,思想观念并未随业务变动而转变。

(三)干部工作满意度有待提升

工作满意度是干部对各方面的主观感受,涵盖薪酬福利、工作氛围、人事制度等方面,会影响干部的公共服务动机。在公共服务动机的驱使下,干部会积极主动担当作为,提高工作绩效。课题组对龙港市干部队伍进行问卷调查,其中在工作满意度方面,涉及沟通协作、薪酬福利、培训等三个方面的满意度。从总体的调查结果来看,干部队伍的工作满意度处于中等偏低的水平。问卷采用李克特五点量表,1—5分别代表"非常不同意"—"非常同意"。通过计算可知,龙港市干部队伍的工作满意度平均水平为2.87,处于较低水平。其中,43.23%的干部对当前的工作持比较不满意和非常不满意的态度。7.98%的干部对当前的工作比较满意,仅有0.84%的干部对工作非常满意。本书采用STATA15.1软件进行回归分析,探索影响干部工作满意度的因素。

1.沟通协作方式和效率满意度

从干部对组织沟通协作方式和效率的满意度来看,平均值为2.86,处于较低水平。其中,对组织沟通协作方式和效率处于比较满意以上水平的个体仅占到24.01%,大部分干部认为沟通协作方式仍须进一步改进,沟通效率有待提升。结合干部队伍访谈可知,当前沟通协作方面存在的问题主要是干部与干部之间、部门与部门之间仍存在职责不明晰的情况,导致沟通协作效率低。

由回归分析可知(见表4-6),与沟通协助方式和效率满意度呈现出正相关关系的因素分别有工作重合度(0.062)与人岗匹配程度(0.235),即改革后单位干部从事工作内容与之前工作内容重复度越高、人岗匹配程度越高,则对部门之间的沟通协作效率满意度越高。学历、工作压力等因素则与协作满意度呈现负相关关系,即学历越高,则对部门之间沟通协作效率的满意度越低；工作压力越大，对部门之间的沟通协作效率满意度越低。

表4-6 沟通协作方式和效率满意度影响因素回归结果

协作满意度	Coef.	St.Err	t-value	p-value	Sig.
性别	−0.091	0.076	−1.19	0.233	
年龄	−0.020	0.026	−0.75	0.453	
学历	−0.102	0.048	−2.14	0.033	**
工作年限	−0.011	0.028	−0.38	0.702	
行政编制	−0.121	0.100	−1.21	0.227	
事业编制	−0.059	0.076	−0.78	0.436	
综合管理类	−0.131	0.102	−1.29	0.198	
专业技术类	−0.074	0.104	−0.71	0.479	
前工作地点	−0.037	0.078	−0.48	0.630	
工作压力	−0.384	0.037	−10.46	0.000	***
工作重合度	0.062	0.029	2.13	0.033	**
人岗匹配	0.235	0.034	6.89	0.000	***

***$p<0.01$，**$p<0.05$，*$p<0.1$

2. 薪酬福利满意度

干部对薪酬福利的满意度的平均值为 2.56，与男性干部相比，女性干部对薪酬福利的满意度更低。其中，对薪酬福利非常不满意和比较不满意的干部占到 39.86%，仅有 13.4% 的干部对当前的薪酬福利持比较好的满意度。由访谈可知，龙港撤镇设市后，干部队伍的经济待遇与原龙港镇的待遇基本相同，甚至有些原龙港镇干部的工资还会下降。当前的工资水平与其所承担的工作任务并不匹配，因此导致干部队伍对当前薪酬福利满意度并不高。

由薪酬满意度影响因素的回归结果可知（见表4-7），年龄、编制类型、工作压力和人岗匹配等因素对干部薪酬满意度具有显著影响。年龄与薪酬满意度呈显著的正相关关系，但系数仅为 0.062，年龄的影响较弱。工作压力与薪酬满意度之间呈现显著的负相关关系（−0.340），工作压力越大，干部对薪酬的满意度越低。人岗匹配程度与薪酬满意度呈显著的正相关关系,人岗匹配程度越高,薪酬满意度越高。同时,编制类别与薪酬满意度显著相关——相较于无编制员工,行政编制对薪酬满意度平均高出0.723,事业编制平均高出0.486。

表4-7　薪酬满意度影响因素回归结果

薪酬满意度	Coef.	St.Err	t-value	p-value	Sig.
性　　别	0.045	0.078	0.57	0.566	
年　　龄	0.062	0.027	2.29	0.022	**
学　　历	−0.016	0.049	−0.32	0.747	
工作年限	−0.034	0.028	−1.18	0.237	
行政编制	0.723	0.103	7.03	0.000	***
事业编制	0.486	0.078	6.26	0.000	***
综合管理类	0.133	0.105	1.27	0.204	
专业技术类	−0.012	0.107	−0.11	0.912	
前工作地点	−0.017	0.080	−0.21	0.830	
工作压力	−0.340	0.038	−9.02	0.000	***
工作重合度	0.045	0.030	1.53	0.127	
人岗匹配	0.194	0.035	5.53	0.000	***

***$p<0.01$,　**$p<0.05$,　*$p<0.1$

3. 人事培训满意度

干部教育培训是一项重要的工作,是党的干部队伍建设的重要组成部分。尤其是在龙港撤镇设市改革的背景下,"大部制、扁平化"的运行模式导致人少事多矛盾冲突,提升干部能力素质迫在眉睫,有效的干部培训显得尤为重要。当前龙港市干部队伍对人事培训满意度的平均值为3.04,其中,仅不到1/3的干部对当前的干部队伍人事培训比较满意或非常满意。根据对龙港市干部的访谈结果,当前培训满意度较低的原因有以下三点。

首先,学习与工作矛盾冲突是干部培训的一大难题。龙港市精简机构,一人多职，业务骨干因工作繁忙，往往得不到自己想要的培训机会，尤其是当他们想要参加某些需脱岗时间稍长一些的素质和能力提升型培训的时候，工作和学习的矛盾难以协调。

其次，一些部门不同程度地存在着以工作忙为由不愿安排人员参与培训的现象，甚至有的干部即便参加了培训，也很难保证培训质量和较高的出勤率，使培训效率大打折扣的同时，也影响了本职工作。

最后，培训设计和安排以供给方为主，对需求方关注不够。龙港市当前的干部培训一般由组织部门或职能部门发起，而大部分培训工作往往都是应上级要求开展，培训安排往往更多地关注组织的需要。至于干部个人、群体的个性化培训，或所在单位/部门的具体培训要求，往往没有得到足够的重视。在这种情况下，极易导致培训内容的供需不对等，一方面影响干部参加培训或其所在单位派出干部接受培训的积极性，另一方面也不利于干部个人和群体的全面发展和成长。根据对龙港市干部队伍的访谈，当前的培训更需要业务技能培训，而当前更注重通识的培养，难以满足干部的工作需求。

从人事培训满意度影响因素的回归结果来看（见表4-8），对培训满意度有显著影响的因素主要有学历、编制类别、前工作地点、工作压力、工作重合度、人岗匹配程度等。其中工作重合度和人岗匹配程度与对培训相关工作满意度呈现正相关关系，系数分别为0.073与0.231；而工作压力与培训满意度呈现出显著的负相关关系，系数为-0.314。同时，学历越高的干部，对培训的满意程度越低，系数为-0.145。事业编制度培训的满意度平均高出无编制/国企员工0.14。前工作地点为龙港的干部表现出更低的培训满意度水平。

表4-8　培训满意度影响因素回归结果

培训满意度	Coef.	St.Err	t-value	p-value	Sig.
性别	0.018	0.075	0.24	0.812	
年龄	−0.019	0.026	−0.73	0.464	
学历	−0.145	0.047	−3.08	0.002	***
工作年限	−0.003	0.027	−0.10	0.924	
行政编制	0.125	0.099	1.26	0.208	

续 表

培训满意度	Coef.	St.Err	t-value	p-value	Sig.
事业编制	0.140	0.075	1.88	0.061	*
综合管理类	0.049	0.101	0.49	0.627	
专业技术类	−0.052	0.103	−0.50	0.614	
前工作地点	−0.149	0.077	−1.94	0.052	*
工作压力	−0.314	0.036	−8.65	0.000	***
工作重合度	0.074	0.028	2.59	0.010	**
人岗匹配	0.231	0.034	6.85	0.000	***
_cons	3.725	0.266	13.98	0.000	***

注：***$p<0.01$，**$p<0.05$，*$p<0.1$

（四）绩效考核操作困境有待破解

干部绩效考核既是坚持和加强党的全面领导、推动党中央决策部署贯彻落实的重要举措，也是激励干部担当作为、促进事业发展的重要抓手。根据问卷调查，干部群体对绩效考核的满意度为3.02，处于中等水平。具体原因有以下几点。

首先，当前的考核实行差异化考核政策，并划定了优秀、良好和合格的比例，在龙港撤镇设市改革后，人少事多矛盾冲突，大部分机关干部都在积极担当作为，但严格划分评定比例，在激励一部分干部的同时，也会挫伤另一部分的积极性，导致一部分积极担当作为的干部心理不平衡，丧失工作热情。从访谈资料来看，有受访干部表示：

目前推出的差异化考核，上面想搞的差异化考核和我们实际做起来还是有些不一样的地方。如果真正想刺激他们，底数应该不能拉低，然后把干得好的人给予额外奖励。但是现在是总量不变，只不过是我干得差一点你干得好一点，就把我的钱给你了。你看我们部门真的有干得特别差的吗？其实大家都很辛苦，干得都很好。

其次，龙港市虽然作为县级市，但由于并未下设乡镇，因此其还充当基层政府的角色。基层治理和服务的事项多、时间紧、任务重,可能暴露更多问题,而且直面群众实际需求,在诸多纷繁琐碎的事务中出错或失误的概率不小。为多快好省地解决问题和避免出现过多错误,经验主义和过度求稳成为基层干部担当创新的最大掣肘,而这正是需要考核牵引的关键方面。有受访干部表示:

> 反向激励这一块,我们也出台了一些惩治不担当不作为行为的措施,包括纪委这块。反而现在很多干部不去干活了,因为他觉得多干多错、少干少错、不干不错。

最后,考核结果可能存在一定程度的失真失实现象。有部分干部反映,当前考核过程中可能存在"优亲厚友"的现象,更多地考虑人际关系。同时,为照顾老干部的情绪,可能使勤于干事且有成效的干部没有得到相应的认可和奖励,导致干部产生消极状态,影响了干事创业的积极性。有受访干部表示:

> 我们是先民主投票、打分,容易受到情感影响,我可能跟你好一点,我就评你优秀,我对你有意见,我可能就打合格了,这类现象是不可避免的,但是我们现在也没有找出一条更合适的途径。

从人事绩效考核满意度影响因素的实证分析来看(见表4-9),对其有显著影响的因素分别是学历、编制类别、职位类别、前工作地点、工作压力、人岗匹配等因素。总体来看,前工作地点在龙港市的干部相较于之前在苍南县以及其他地区任职的干部表现出更低的考核满意度(-0.14)。人岗匹配程度更高的干部对既有考核、绩效等内容的满意度更高(0.289)。而工作压力对考核满意度的影响依然呈现出负相关关系(-0.358)。同时,可以看到,行政编制和事业编制相对于无编制员工表现出更高的考核满意度水平,平均分别高出0.287和0.245。而综合管理类干部相较于行政执法类干部同样表现出更高的考核满意度水平,为0.216。

表4-9 人事考核满意度影响因素回归结果

考核满意度	Coef.	St.Err	t-value	p-value	Sig.
性别	0.109	0.077	1.42	0.155	
年龄	−0.014	0.027	−0.52	0.604	

续 表

考核满意度	Coef.	St.Err	t-value	p-value	Sig.
学历	−0.077	0.048	−1.62	0.106	*
工作年限	−0.021	0.028	−0.77	0.443	
行政编制	0.287	0.101	2.84	0.005	***
事业编制	0.245	0.076	3.23	0.001	***
综合管理类	0.216	0.103	2.10	0.036	**
专业技术类	0.092	0.105	0.88	0.380	
前工作地点	−0.140	0.078	−1.79	0.074	*
工作压力	−0.358	0.037	−9.70	0.000	***
工作重合度	0.024	0.029	0.82	0.413	
人岗匹配	0.289	0.034	8.42	0.000	***
_cons	3.458	0.271	12.74	0.000	***

注：***$p<0.01$，**$p<0.05$，*$p<0.1$

四、龙港市干部队伍激励现有举措

自 2019 年月撤镇设市改革以来，龙港市逐步建立完善了选人用人、差异化考核、待遇保障、培训提升和政府职能整合与转移等一系列干部激励机制。一是增强了干部想担当作为、愿干事创业的内生动力；二是树立了重实干重实绩的用人导向，营造了浓厚的干事创业的工作氛围。

（一）加快政府职能整合与转移

深化大科室模块化改革。以"模块化"改革为重点，整合职能相近、相通的科室，以模块为基础开展工作，推动资源融合，实现岗位"赋能"，试图解决人员编制不足、部门联动不畅、工作推进不快、群众办事不便等问题。目前此项工作正在市经济发展局进行试点。但当前模块化的责任边界尚须进一步理清，同时须配套完善"扁平化"授权机制、干部激励机制、绩效考核机制、督察机制等工作机制。

深化"审批执法"和"一张清单转职能"改革。深化"一枚印章管审批""一支队伍管执法"改革，探索审批、监管、执法高效协调配合途径，推动三方面协同发力，形成工作闭环。进一步完善政府购买服务目录，按照政府可转移、社会力量可承接的原则，积极探索行业协会、社会组织等多元化公共服务供给模式，构建县域"多元共治"的大格局。但当前龙港市社会组织水平参差不齐，加上大部分政府部门工作涉及国家机密，政府职能转移受到一定限制。

（二）强化干部队伍整体素质提升

试行紧急岗位聘任制公务员改革。发布3个高级主管岗位，成功招聘3名聘任制公务员。面向全国"双一流"高校和省内重点高校择优精准选调6名，全年共招录公务员31名，调任1名。开展政府高级雇员4个高端岗位，成功签约2名人员。但当前公务员聘任制也带来一定的问题，一方面，聘任制公务员工资较高，与龙港市发展实际和个人贡献不匹配，是否能真正发挥与工资所匹配的价值仍有待进一步观察；另一方面，聘任制公务员与普通公务员工资差距较大，且普通公务员的工作压力不小，容易造成普通公务员的心理不平衡，影响工作满意度。

精准赋能，加强干部培育。针对龙港市没有党校和干部工学矛盾冲突的现状，围绕"缺什么补什么"原则，开展"菜单式"订制培训，通过调查问卷、课程勾选等方法制定干部教育培训计划，变"组织推送"为"干部下单"。其次，积极争取上级支持，选派干部到省、市相关职能部门跟班学习，加强专业性干部培育。同时，梳理龙港市紧缺专业人才，争取省市下派干部挂职和驻点指导，以点带面，带动队伍整体提升。坚持基层导向，将选人用人聚焦在基层一线、攻坚一线，重点挖掘了一批敢于作为、善于作为的基层优秀干部。

（三）完善干部考核激励机制

首先，出台《进一步提升干部队伍执行力的十项措施》，为破解干部执行力不足的问题，从思想政治建设、干事创业精神气提振、创先争优平台搭建、实干实绩导向树立等十个方面来推动干部担当作为。其次，抓差异化考核。探索实施"岗位聘任、项目赋分、差异分配、优胜劣汰"的绩效管理制度，形成"正向激励、反向倒逼"的鲜明导向。再次，创新开展重点项目攻坚"揭榜挂帅",实行"任务清单＋专班运营＋积分管理"模式。最后,推进公务员"一件事"改革,协调公积金、社保等涉"一件事"改革部门,梳理"一件事"改革业务,再造流程。推进干部档案数字化系统建设,目前已经完成前期方案制作,启动标准化档案室建设。

五、龙港市强化干部激励的实践路径

龙港市干部面临的工作压力大、工作负担重、工作积极性和主动性难以持续的种种挑战,究其原因,并非仅仅是薪资、福利、职位晋升等干部激励问题,而是涉及政府职能转变和转移、工作流程优化、人员素质提升等方面。基于此,激励龙港市广大干部积极担当作为,需要从组织和个体两方入手。从组织层面,一方面,需要寻求政策突破,整合部门职能,理清职能边界,加快政府职能转移,逐步减轻干部队伍的工作负担;另一方面,加强对干部的隐性激励、物质激励、晋升激励等多元激励手段。从个体层面,一方面,加快提升干部数字化素养,提高工作效率;另一方面,加强心理辅导,提升干部心理资本,多措并举提升干部干事创业的积极性、主动性和可持续性。

（一）构建多元的传统激励模式,提高干部工作回报

1. 制定科学合理的薪酬激励体系

薪酬的激励作用毋庸置疑,它在决定工作满意感、激发公务员工作动机等方面起着重要作用。龙港市当前的薪酬水平与干部承担的工作负荷相比偏低,激励功能不足,需要向上寻求政策突破,构建科学合理的薪酬激励体系,具体可以从以下几方面进行完善:

首先,要加大激励力度,建立激励型薪酬结构。一是要拉开不同职务层次和岗位公务员的薪酬差距。例如,执行年薪制的高级公务员的薪酬总体水平应当高于其他类别公务员薪酬总体水平。对于重要性和技术性较高的岗位,可以通过配加岗位系数,拉大与其他岗位的薪酬差距。二是要加大奖励性薪酬的比例,通过增加薪酬的激励频率和幅度来充分发挥薪酬的短期激励功能。龙港市可以采用我国现行的公务员年终考核奖的形式,在此基础上加大奖励数额,并把薪酬奖励与各项工作目标结合起来,建立绩效导向的薪酬管理模式。

其次,实现薪酬与绩效挂钩。单纯的高薪并不能起到激励作用,只有与

绩效紧密结合的薪酬才能够充分调动干部的积极性。而从薪酬结构上看，绩效工资丰富了薪酬的内涵，过去的那种单一的无激励的薪酬形式已经越来越少，取而代之是个人绩效和团队绩效挂钩的灵活多样的薪酬体系。公务员实行宽带薪酬制度，薪酬激励作用加强。只要干部努力工作取得好成绩，一些下属甚至可以取得和上级领导一样的工资待遇，它突破了行政职务和薪酬的关系，有利于建立集体凝聚力，适应组织扁平化而造成晋升机会减少的客观事实，最大限度地调动公务员的积极性，同时还可以通过弱化公务员之间的晋升竞争而更多强调公务员之间的合作和知识共享。

再次，通过定期调薪实现薪酬水平动态平衡。一是建立薪酬定期比较制度，为合理确定公务员薪酬水平提供依据，薪酬管理机构将在每年第一季度对企业和公务员的各项薪酬统计数据进行比较，通过比较结果，全面、客观地分析、评价公务员的实际薪酬水平。二是采用定期调薪手段，实现公务员薪酬与政府绩效挂钩的动态增长。针对公务员与企业类似人员薪酬的比较结果和当地经济增长比例确定公务员薪酬的增长比例，在每年的第二季度，定期对公务员的薪酬进行调整。这种调整应该是既可增又可减的，把公务员的薪酬与政府的管理绩效联系起来，同时与企业类似人员和经济发展保持动态平衡。

最后，实行可选择式福利制度、增强激励的弹性。福利的激励是薪酬激励机制中不可缺少的一个部分。如：接受培训和学习的机会、带薪休假、健康疗养等。要完善龙港市的薪酬激励机制，发挥福利的激励效果，就应根据不同福利需求的公务员提供他们自己所需的福利待遇方式，从而增加福利激励的弹性和灵活度。建议采用部分企业的"自助餐"式的福利制度，由公务员自己选择所享受的福利待遇，同时对于工作业绩突出的公务员可以进一步加大福利选择的自由度，如可以选择两项通常情况下不可兼得的福利待遇。

2. 完善干部晋升激励机制

首先，优化晋升条件和标准，从源头上拓宽晋升渠道。一是改变传统的"一刀切"选人模式，探索灵活用人的晋升机制。干部晋升需要充分考虑其任职年限、资历、年龄和工作实绩，同时剔除隐性的条件限制，如年龄。坚持以德为先，唯才是用，避免德才兼备的人才因为年龄等隐性条件的限制影响职务职级的晋升。二是营造公平、公正、公开的晋升选拔流程，明确选人用人的合理标准，规范晋升选拔任用程序，接受群众监督，提高晋升的真实性和科学性。三是完善干部退出机制，畅通干部"能上能下"的通道，打破因人事升降造成的晋升阻隔，切实提高干部的流动性。

其次，加强干部职级晋升激励力度。在职务职级并行的模式下，需要解决干部职级晋升条件和标准不明确、晋升条件和职数限制矛盾等问题，加强干部的职级激励。一是逐步取消职级职数限制或提高限制职数的职级。当前职级职数限制和职数偏少是干部晋升难的主要症结，与省市政府部门相比，龙港市干部职级晋升空间本身就相对较小，加之"大部制、扁平化"的改革模式下，干部晋升通道更加狭窄。对此，寻求职级晋升的政策突破显得尤为重要，可逐步取消职级职数限制，或者提高限制职数的职级。比如正科级单位二级主任科员以下的职数可不做限制，提高干部的晋升空间。二是进一步规范职级晋升条件与标准。为缓解职级职数少而符合晋升条件人数多的矛盾，可在取消职数限制或提高限制职数职级的基础上，进一步规范职级晋升的条件，构建一套具体、可行、规范的标准条件，规范职级晋升流程和程序。三是探索建立破格晋升职级机制。针对晋升周期较长的问题，可以通过设置加分项，探索建立破格晋升的机制，对有重大贡献和立功表现的干部，尽可能缩短职级晋升年限要求。

最后，解决编制缩减导致晋升通道狭窄问题。一方面，建设编制银行，加大编制统筹力度，对编制和人员信息进行实时监测，及时了解和掌握各类编制使用情况以及各单位的年龄层次结构，用编用职时提前谋划，推动周转编制智能化动态管理，缓解干部晋升通道狭窄困境；另一方面，提前使用临退休干部编制，用来接纳新鲜血液，缓解人员短缺、青黄不接的情况。

3. 加强干部源头建设

龙港市当前年轻干部和人才紧缺、结构老化的矛盾突出，干部工作负担重，亟须推进公务员聘任制、政府雇员制改革，加强干部源头建设，解决干部队伍人才紧缺问题，缓解人少事多矛盾冲突，减轻干部队伍工作压力。

首先，探索公务员聘任制，构建能进能出的管理机制。一是通过合同管理、聘期管理与市场接轨，发挥聘任制灵活用人的优势，达到高效率、低成本的目的，打开专才引进渠道。加强合同管理，规范聘任程序和合同。充分发挥退出机制的作用，将考核结果与退出机制相结合，在主动退出机制的基础上，探索强制退出机制，从而激发聘任制公务员的工作热情和主动性，同时清退不符合要求和不称职的聘任制公务员。二是提高聘任制岗位的覆盖范围。当前公务员的聘任制仅在一些部门实行，难以充分发挥出预期效果。可以适当扩大聘任制公务员的使用范围，打造竞争性的工作环境，使有能力、有品行的干部脱颖而出，提升龙港市整体干部队伍素质的进一步提升。除专业性较强的岗位外，可探索增加职位的覆盖范围，提供更多的聘任制公务员岗位。三是加强监督执行力度，确保聘任制公务员招录公平。完善聘任制公务员的实施细则，规范聘任制公务员的招录程序，加强聘任过程的公开性、透明性和公正性，接受群众监督、新闻媒介的监督。

其次，试行政府雇员制。一是引进急需紧缺专业人才，面向社会公开选聘政府工作特殊需要的法律、金融、经贸、城建、规划、信息、外语和高新技术等方面的专业人才，并通过这些人才有效调动一批社会资源。二是实施储备干部招引计划，面向国内外顶尖高校，招引应届毕业生为初级雇员，发挥"鲶鱼效应"，增强龙港市整体干部队伍活力；着重招引经验丰富、专业化水平较高的中级雇员，打造一批年轻化、专业化的干部队伍。三是构建规范统一的政府雇员使用机制。通过市场化的运行模式和合同管理，逐步解决人才结构性矛盾。同时，合理界定公务员与政府雇员的权责关系和身份属性，确保公务员和政府雇员各司其职，营造干事创业的良好氛围。

最后，探索报备员额制、编制周转池等管理办法，并实行干部借调和挂职锻炼制度，鼓励高校等事业单位人才在龙港市挂职，鼓励优秀社区干部考录事业干部、公务员，以弥补干部队伍人少的困境。

案例1：从深圳政府雇员制审视基层人事管理制度

深圳市于2004年8月1日起实施政府雇员制，当时政府所承担的管理事务繁重，行政机构和工作人员处于一个高负荷运转的状态，"人少事多"困境尤为突出。由此，各政府部门和镇街均招聘了多名"政府雇员"，政府雇员是政府部门运用市场力量，以契约化方式从社会上雇用符合条件的人员。这些人员协助行使一定的行政权力和提供服务，但是不占用政府公务员编制。在总量控制的原则下，县区基层政府在编制设置权限上是十分有限的，并不能随意增加机构编制。编制刚性约束，使得编制内人员管理缺乏灵活性，难以满足基层政府对于人力资源的基本需求。在这种情况下，产生了基层政府通过雇用编制外人员来应对人手不足的问题。深圳采取政府雇员的手段主要是为了减轻"人少事多"矛盾，创新人事管理机制、提高政府运作效能和控制行政运作成本。

但深圳政府雇员制也存在以下几个较为突出的问题：一是未形成有效竞争机制，行政效率提升不明显。尽管将雇员引入了政府部门，但是雇员与公务员并未形成有效的竞争机制，雇员既不占用行政编制，也不存在由雇员转为公务员的可能，再加上公务员并不存在退出机制，"鲶鱼效应"无从谈起；二是缺乏科学的薪酬体系设计，雇员工作积极性不高，同工不同酬现象普遍；三是雇员身份模糊，管理缺乏明确的法律法规依据，虽然深圳市出台了一系列雇员管理办法及实施细则，但也只是停留在制度、办法层面，一旦出现问题和纠纷，其行政合法性所依赖的法律依据不足。

为提升基层干部工作积极性、提高基层治理能力，应鼓励加大基层政府招聘和管理编外人员的权限，鼓励基层建立起规范的编外人员管理制度。衢州市于2019年5月试行政府高级雇员制度，"政府高级雇员"的一个聘期为1—3年，试用期一般为1—6个月，其考核标准以岗位职责及年度工作任务为基本依据，分为试用期考核、年度考核、聘期考核，考核结果分为优秀、合格、不合格三个层次。考核结果作为调整薪酬以及续订聘用合同的依据，因工作任务未完成需要延期的，可以续签聘用合同。同时，对政府高级雇员实行工资总额管理，薪酬水平参照上年度市本级事业单位同层次人员平均收入的1—3倍核定。衢州政府高级雇员制度既有明确的考核机制，也有完善的退出和晋升机制，并进一步完善了以编制内人员为核心、编外人员为重要补充，刚性与弹性相结合的基层人事管理制度。

（二）设置虚拟层级，优化隐性激励模式

龙港市当前的机构、编制和岗位设置情况，难以满足完成上级任务和基层社会治理的需求。因此，需要在既定财政、人力、政策等相关资源的基础上，创新体制机制，加快探索非制度性的隐性阶序流动形式，如层级流动、岗位流动、扩大自主权等，为干部提供更多的非正式激励资源，推动干部在不同阶序中流动，增加干部非正式流动的机会和频率，弥补制度性激励的不足。

首先，设置干部提拔任用的隐性层级。在公平、公正、公开地开展干部绩效考核基础上，增加龙港市政府内部的等级序列，并将编外干部纳入非正式流动的范围，让基层干部有奔头。层级阶序越多，意味着干部的进步空间越大，最大程度上实现人岗匹配，弥补正式制度的不足。

其次，设置自主权阶序流动。干部在政策执行、财务、考核、用人等方面的工作自主权越大，干部的工作积极性就越强，激励效果越大。同时，上级部门或领导赋予的自主权意味着其对自身素质、工作能力和人格的信任和认可，干部自主权有小到大也意味着干部向上的隐性流动。

再次，逐步完善固定岗位与流动岗位相结合的用人制度。逐步改变单一的固定用人方式，积极探索固定岗位与流动岗位相结合的用人办法，鼓励和支持干部流动，促进干部人才资源配置的社会化和市场化。

最后，根据不同的工作人员，制造不同的流动激励。比如安排年轻干部在不同性质的岗位流动，或者和苍南县相似岗位进行干部互派和挂职锻炼，以获得多岗位、多层级的锻炼和成长。对于无法流动的事业编工作人员则实行包干制，让原龙港镇干部负责一方面事务，尤其是基层社会治理的相关工作，享受中层干部的政治地位，充分利用其社会资源，最大限度发挥"老乡镇"干部群体的优势，实现人力资源的合理配置。对于编外人员来说，可以在科室内设置中层职务，实行等级和分工管理，使其在工作中保持长久稳定，在职务上有上升空间，提升他们在休制内的地位，激发其担当作为积极性。

（三）推动职能再造，优化干部工作流程

干部群体是政府职能的承载主体，政府职能转变和转移、工作流程的变化带来干部的工作内容和工作要求的变化。理清各部门职能，优化工作流程，

加快政府职能转移，解决多头管理、政出多门以及部门之间的推诿扯皮问题，可以有效缓解当前干部工作负担重、工作压力大的问题，避免对公务员资源、精力的消耗，加快干部公共服务动机培养，激励干部干事创业。

首先，科学设置政府部门，处理好"做什么"的问题。大部制改革并非机构的简单合并，而是合理规划部门职能，按照新组成部门职能要求，对内设的机构重新加以调整，整合各类有效资源，建立部门内部新的运行机制，发挥"大部制、扁平化"协调高效的功能作用，避免因部门机构职能重叠而出现相互扯皮的情况。在撤镇设市改革过程中，龙港市应该按照职能有机统一的原则，理清各部门职能边界，详细梳理各项政府职能的领导性职责、功能性职责和协同性职责，进一步整合相关职能。明确各部门的权力和责任边界，强化责任落实，防止出现权责脱节问题，切实提高政府履行职能的能力。

其次，优化政府整体工作流程，解决"如何做"的问题。对于政府个体来说，要注重完善政府治理方式，在明确政府"做什么"的基础上进一步解决"如何做"的问题。龙港市一方面可借鉴国内先进管理方法，梳理政府内部工作流程，加强业务流程信息化支撑，切实简化工作程序，提高工作效率；另一方面采取电子政务建设与政府流程再造一体化策略，提高政府各部门间一体化与政府流程的集成化，打破龙港市各部门之间的壁垒，推动实现龙港市政府公正流程的数字化。

最后，积极转变政府职能，寻找现有职能中的缺位、越位、错位现象，由社会组织承接政府可转移职能。在政府职能转变过程中，社会组织可以积极承接政府部分职能，缓解当前人少事多的困境。对此，一是需要提升龙港市社会组织承接政府权力的能力。人少是相对于事多而言的，如果社会组织可承接部分政府职能，广大干部便可腾出手做更重要的事情。而当前龙港市社会组织当前还没有足够能力来承接政府外放的职能职权，这也会在一定程度上阻碍"大部制、扁平化"改革的顺利推行。因此，必须明确政府需要外放的职能职权，有针对性地加强社会组织和相关机构的承接能力，加快构建和完善社会组织和政府之间的顺畅交流机制。二是增加龙港市社会组织数量。根据客观条件和实际需要，加快社会组织培育，着力增加社会组织机构的数量，积极引入各层次社会工作人才，建立起社会组织与政府部门之间独立与统一相结合的机制，有效地承接政府外放的职能职权，间接帮助大部制改革目标的实现。三是要提高社会组织的质量。社会组织功能的发挥要经历量变到质变的过程,即便社会组织数量繁多,若质量低下则无法帮助分担政府职能职权,还会造成社会资源的浪费,影响基层社会治理效能。因此,龙港市在培育社会组织的同时,还需加强社会组织的建设和管理,从完善组织结构、梳理工作程序、规范运作机制等方面进行提升。同时,通过建立科学的引才、留才、用才机制来吸引优秀人才的加入,尤其是政府部门外流的公务人员和高层次社会工作人才。

(四)构建科学考核机制,破解考核困境

政府治理现代化要求通过科学合理的考核机制提升干部素质和政府治理水平。对于龙港市政府,需要向上寻求政策突破,真正减少上级对龙港市的绩效考核指标。为解决当前人少事多的困境,积极向上争取,允许上级对部门指标只统计不考核,只对重点的关键指标进行考核,减轻龙港市干部的工作压力。

首先,在考核主体上,积极推进考核主体的常态化、专业化和职业化,探索引入多方主体的考核模式,推进考核主体多元化。一方面,加强顶层设计,构建科学的考核制度体系,将考核主体的考核职责、权限等规范化;另一方面,推进考核主体的多元化。聚焦各部门的工作内容和考核需求,引入干部考核的第三方评价,借鉴考核高层次人才的先进办法,引入外部专家、第三方机构、同事、领导等多元主体,运用科学的方法和技术,从多维度考核干部的工作实绩和适岗程度,使干部能够更好地发挥专业优势。

其次,在考核程序上,应严格规范考核程序,促进考核程序的公开透明化。一方面,制订详细的考核计划,注重吸取考核对象即干部对考核的意见和诉求,合理吸纳各方主体对干部考核工作的意见和建议;另一方面,在考核过程中,积极运用信息化技术,推动干部考核工作由"经验化"向"数字化"转变。通过考核过程全程留痕、考核结果及时反馈,让干部知悉考核流程,向人民群众公示考核结果,推动考核更加精准科学、公开透明。

再次,在考核内容上,分层分类构建干部考核指标体系,同时按照科学合理的原则对干部考核的具体指标、考核主体、考核批次作出权重的分配。同时,在制定考核标准时,应加强事前宣传,注重上下级沟通,建立起有效的事前沟通机制,在了解干部认知的同时,促进干部个人目标与组织目标的

统一，并缓解干部对考核机制的抵触情绪。

最后，在考核结果上，应加强考核结果的运用，使干部奖励、晋升凭考核、凭事实说话。对于考核结果优秀、表现突出的干部，要积极褒奖，优先晋升，而对于考核结果较差的干部，要综合采取培训、调整岗位、谈话等手段，推动形成能者上、庸者下、劣者汰的选人用人机制。

案例2：衢江区"四维考核"数字系统激发干部精气神

2021年1月，衢江区干部"四维考核"系统投入运行，实现干部考核由"纸上"变为"线上"，通过测评过程全程留痕，测评分数即时反馈，让日常考评更加精准科学、公开透明，有效激发了干部"比学赶超"的干事热情。在衢江区"四维考核"系统上，干部通过每日填报记实考绩，记录履职情况，模块领导可以实时看到模块内干部日志的工作情况，每周进行一次打星评价。干部也能够在系统上实时查看分数和公开排名，及时查漏补缺。

衢江区借助"互联网＋"，以村情通为载体上线运行干部"四维考核"系统，对干部工作进行"全程式"记录考核，为考核工作信息化、数据化、精准化提供平台支撑，切实做到考核在平时开展、问题在平时解决、成效在平时体现。廿里镇综合督考办干部表示，以前考核多通过表格形式进行，相对繁琐。如今通过"四维考核"系统，可以在后台直接导出干部的分数，比过去评价更客观、便捷，对干部也有很好的激励作用。衢江区自运行以来，共覆盖乡镇（街道）干部1369人，专项工作组19个，干部累计填报日志达4万5千条。

（五）加强数字化培训，提升干部数字素养

在全社会数字化的背景下，政府面临着数字化转型的课题。当前龙港市干部面临表格繁多、系统多头送报等问题，占据了干部较多工作精力。将数字化技术运用到政府的实际工作中，可以创新政府工作运行机制和服务模式，改变干部传统的工作方式，简化工作流程，真正减少无用、累赘的工作内容，

增加和提高干实事的工作时间和工作效率。当前制约龙港市政府数字化转型的因素并不在于技术，而在于干部的数字化素养问题。因此，加强干部数字化培训，提升干部数字素养势在必行。

首先，加强顶层设计，自上而下统筹推进。一是加快制定数字素养提升的整体行动计划。将干部数字素养提升行动作为政府数字化转型的重要工作，参照国内外城市先进经验，并立足龙港市实际情况制定干部数字素养的整体规划，针对性地设计可操作的具体实施方案，在政府数字化转型的同时提升干部数字素养。二是充分发挥领导层的示范带头作用。当前龙港市干部队伍老龄化严重，对数字化的接受程度较低、重视程度不足。各部门中的领导层是开展数字素养建设的重要推动力，因此要推动整个组织的数字素养建设，首先应该加强各部门领导的数字素养宣传教育，加快转变干部队伍的思想观念，充分发挥领导层的示范带头作用。

其次，推动横向联动，加强跨部门协同合作。信息化部门比业务部门的数字化能力更好，年轻干部、信息化专业背景的干部比老干部的数字化素养更高。因此，要充分发挥信息化部门、年轻干部和信息化专业背景干部的作用，加强部门间横向联动，协同推进干部数字化素养的提升。一是充分发挥信息化部门优势，加强信息化部门与业务部门的协同合作。各部门干部的数字素养参差不齐，部门间数字素养发展不平衡。在开展数字素养过程中，信息化部门具有更丰富的专业知识，熟悉相关业务平台的工作流程，可以帮助和指导业务部门开展数字技能的培训，在工作上协同推进。二是组建数字化协作小组。根据问卷调查可知，年龄偏大、文化程度不高、专业背景等客观因素是阻碍干部数字素养提升的一大挑战。通过组建跨专业、跨年龄、跨部门的数字化协作小组，帮助高年龄层、非信息化专业背景等数字素养水平较差的干部群体提高数字化技能，推动整个党政工作系统效率提升。

最后，完善干部系统化教育培训体系。根据对干部队伍的访谈可知，当前干部队伍培训存在高质量培训少、学习时间难保障、经费投入不足等问题，干部培训满意度较低。因此需要加大干部培训改革创新力度，为干部群体提供多样化、数字化、自主化的教育培训模式，着重提升干部队伍的县域治理能力，推动龙港市打造"共同富裕样板"。一是根据不同岗位特点采取多样化、灵活的教学培训模式，不同部门可根据自身部门的情况定制特殊的培训方案，根据培训内容要求综合运用讲授式、案例式、模拟式、体验式等教学方法。二是建立和完善干部数字素养评价机制，制定更具科学性、可操作性的干部数字素养水平的评价标准，对干部的数字素养进行全面、系统的评价。

案例3：绍兴全面推进数字化改革，提升干部数字素养

绍兴市人大常委，根据数字化改革要求，围绕立法、监督、重大事项决定、人事任免、代表工作的职能，对核心业务流程进行数字化适配、优化和重组，初步形成了涵盖全部业务领域的施工蓝图。

迭代升级一批数字化项目，重点是建设人大综合数据库、人大制度展示数字馆、人大代表风采数字馆、任前法律知识考试系统、"局长·代表面对"数字平台、乡镇人大智慧平台等个性化项目，全面覆盖绍兴人大特色工作，力争形成"绍兴名片"。

同时，还将制定专题培训计划，围绕数字经济发展现状趋势、浙江省数字经济促进条例、数字化改革成果应用等主题，邀请专家为人大代表和全体人大干部开展专业培训，做到"数字素养"提升和数字化改革同步推进。

绍兴市在推进数字化改革的同时提升干部数字素养，在具体的应用场景中开展干部数字化培训，有效提升了政府工作效率。

（六）加强心理辅导，提升干部心理资本

机构改革过程实际上也是干部心理调适过程。在机构改革过程中，组织环境和人际关系等发生改变，既有的心理平衡被打破，极易导致干部对机构改革的焦虑、不安等心理不适感。龙港的撤镇设市改革是自上而下推动的改革，其中的干部在改革后机构和岗位设置、改革方向和改革进度等方面处于被动状态。面对改革进程的不确定性，干部产生的心理恐慌可能导致干部思想上的不稳定，干事创业的积极性降低。因此，在机构改革过程中，应切实加强干部的心理辅导，提高广大干部对机构改革变化的主动适应性，及时化解干部的思想问题，推动干部队伍凝心聚力为龙港市改革奉献。

首先，关注干部人群的心理危机事件。一是做好干部心理问题的预警和防控，及时察觉干部的心理问题，与当事人开展心理沟通，通过多元举措缓解干部的精神压力和思想负担。二是在干部选拔任用时，重视干部与岗位、班子成员的适配性，避免后期出现心理问题，实现干部工作的精准化。三是要注重特定干部的心理健康问题。诸如长期承载高工作负担、长期远离家人、需要承担急难险重任务的干部群体，应予以重点关注，经常开展谈心谈话，提供必要的心理支持。四是充分发挥党政机关心理服务体系的作用。当前龙港市已经面向党政机关干部的提供了相应的心理服务，但利用率并不高。对此，可以探索基层党组织在解决干部心理健康问题中的作用，定期举办心理沙龙，宣讲心理健康相关知识。

其次，实施干部心理健康素养提升行动。各类心理危机事件的背后都反映出了干部个体的心理素养问题。因此，需要重视干部队伍积极、理性、自信等人格心态的培育，切实提高各级干部的心理素养。一是要加强心理健康基础教育，普及心理健康知识和相关的应对举措，提升干部自身对心理健康问题的预防和控制。二是降低心理健康问题的病耻感，推动干部和特定人群形成对心理健康问题的良性认知。当前龙港市虽然提供了针对干部的心理咨询服务，但当前利用率并不高，很重要的一方面原因是其病耻感，干部在受到心理问题困扰时羞于治疗，且担心由此带来的人际关系问题，从而导致了更严重的心理问题。

案例4：宁波建设干部心理健康服务体系

近年来，宁波市以"关爱干部，从心出发"为宗旨，按照"整体化运作、专业化分工、规范化管理"的总体模式，加快构建"预防—发现—评估—援助—运用"全链式工作机制，建立培养专业化人才队伍，在全市逐步建成组织健全、平台完善、队伍专业、机制长效、服务常态的干部心理健康"1211"服务体系，即一个服务指导机构、2个综合服务中心、1组线上服务平台、1张全覆盖服务网络，全力推动"干部为事业担当、组织为干部担当"的良性互动。

随后，慈溪构建了干部心理服务体系的慈溪模式。在该工作支持体系中，包括部门协同和专业支持两方面。其中，部门协同是由市委组织部、市委党校等 19 个部门组成干部心理素质提升工作领导小组，建立干部心理专管员队伍，共同推进干部心理关爱工作。专业支持则是依托专业机构专业力量，成立全国首家干部心理素质研究会，组建 15 个志愿服务组，结对全市镇（街道）和市级部门，常态化开展心理科普、心理咨询、团体辅导等服务。平台方面则包括教育培训平台、线上服务平台、咨询诊疗平台、危机干预平台和 N 个心理服务站点。在服务体系方面分类施策，针对不同群体，推行心理健康体检、特殊关爱等举措。

课题负责人：陈丽君

课题组成员：胡晓慧　徐林源　李浙芳

第五章 龙港市"市社一体、条抓块统" 整体智治实践路径研究

一、发展背景与目标定位

（一）龙港市推进数字化改革的双重背景

当前，以 5G 网络、人工智能等为代表的新一代数字技术凭借其在信息传输、辅助决策等领域的创新突破，深刻影响了现代社会发展的各个方面。新一代数字技术的蓬勃发展也给政府治理的变革带来了新的机遇与挑战。一方面，数字技术为政府实现治理现代化提供了一条有效路径，政府的行政效率、决策能力、公共服务水平和治理水平将依托数字技术不断跃升，例如物联网、传感器等可以代替人力全面及时地收集城市信息，人工智能、云计算、大数据等也可以辅助政府部门精准决策；另一方面，数字技术也为新时代特征下的政府变革带来了新的难题。数字技术的发展推动了人类思考方式的革新，政府变革必然要遵循一定的时代特征，面对数字化时代的到来，政府应如何进行更深层次的"自我革命"？如何能在保障安全底线的基础上充分发挥技术与数据的价值？不可否认，推进数字化改革，实施政府数字化转型已经成为政府实现治理体系与治理能力现代化的重要途径，也是当前政府改革创新的潮流方向。作为新时代全国唯一的"镇改市"，龙港市应当继续发扬改革创新的优良传统，勇立时代潮头，坚定推进数字化改革，奋力建成整体智治的县域样板示范区。

具体而言,目前龙港市推进数字化改革有两大背景,一是自上而下的政策推动,二是自下而上的需求倒逼。首先,推进全方位、多领域的数字化转型已是国家发展的重要战略方向,中央、浙江省、温州市各级政府都采取了不同措施自上而下地推动这一进程。党的十九届五中全会明确提出要"加快数字化发展"。我国在"十四五"规划纲要单列篇章,对"加快数字化发展,建设数字中国"提出了具体目标要求,并强调"加快建设数字经济、数字社会、数字政府,以数字化转型整体驱动生产方式、生活方式和治理方式变革"。

在此基础上,浙江省立足本省实际,力争把握数字化先发优势,进一步提出了推行数字化改革的发展战略。2021年2月,浙江省委召开全省数字化改革大会,全面部署数字化改革工作。浙江省委书记袁家军在会上指出,数字化改革是新发展阶段全面深化改革的总抓手,是围绕建设数字浙江目标,统筹运用数字化技术、数字化思维、数字化认知,把数字化、一体化、现代化贯穿到党的领导和经济、政治、文化、社会、生态文明建设全过程各方面,对省域治理的体制机制、组织架构、方式流程、手段工具进行全方位、系统性重塑的过程,改革目的是从根本上实现全省域整体智治、高效协同,成为"重要窗口"的重大标志性成果。随后,浙江省出台《浙江省数字化改革总体方案》,提出了浙江省数字化改革的总体架构与重点任务,即构建"1 + 5 + 2"的体系,重点建好一个一体化智能化公共数据平台与五个数字化改革综合应用,分别是党政机关整体智治综合应用、数字政府综合应用、数字经济综合应用、数字社会综合应用和数字法治综合应用,同时构建数字化改革的理论体系和制度规范体系。

温州市紧随浙江省委省政府的战略部署,于2021年3月召开全市数字化改革大会,正式印发《温州市数字化改革总体方案》,强调要统筹运用数字化技术、数字化思维、数字化认知,全力抓好数字化改革这一重大集成创新的硬核改革;锚定打造"数字化改革先行市"目标,在高标准、创造性落实好五大系统综合应用建设等上级任务的基础上,充分发挥地方特色优势,打造一批业务价值高、综合集成强、辐射带动大、具有温州辨识度的场景应用。

除了自上而下的战略推动,自身改革需求也倒逼龙港市全面推进数字化改革。龙港市于2019年9月25日正式撤镇设市,实现了由"农民城"到新时期全国首个"镇改市"的历史性跨越。同时,作为新型城镇化综合改革的试验田，龙港市是目前全国唯一实行"大部制＋扁平化"行政管理体制改革的县级市，仅设立6个党委机构、9个政府部门、1个群团部门，不设乡镇街道，直辖102个社区，机构数量和人员编制仅为同类县市区的40%。相较其他县市，龙港市政府面临着"事多人少"的困境，公务员往往身兼多职，工作压力较大。同时，由于乡镇层级政府的缺失，龙港市委市政府各个职能部门在实际工作中缺少工作落实途径，"条"与"块"不协调使得政策执行难的问题尤为严重。在这一情形下，龙港市更具有改革的迫切动力，也更需要抓住数字化改革的东风，通过数字技术重构制度架构，探索构建"市社一体、条抓块统"的一体化行政体制，破解袁家军书记提出的如何利用40%的行政资源实现政府有效运转以及如何通过数字化改革提升快速反应能力这两大难题。

（二）龙港市推进数字化改革的发展目标与定位

毫无疑问，自上而下的政策推动为龙港推行数字化改革、打造整体智治的治理体系营造了良好的外部环境，自下而上的需求倒逼则进一步加强龙港实行改革的决心。然而，这两大背景也为龙港深化改革带来了挑战。一方面，在数字化改革的浪潮中，龙港市将面临全省乃至全国其他区县市的激烈竞争；另一方面，作为一个刚成立两年的"镇改市"，龙港市还面临诸如行政资源匮乏，发展基础薄弱，体制机制尚未理顺等困难，因此推行改革可能面临"心有余而力不足"的问题。

时代赋予机遇，使命指引征程。龙港市应当瞄准自身在数字化改革中的发展定位，将挑战转化为机遇，将阻力化解为动力。在数字化改革的过程中，要围绕深化国家新型城镇化综合改革的总体方向，以重点任务与年度目标为具体抓手，以构建市社一体、条抓块统的行政体制为工作导向，梳理业务流程，建立数据治理体系，贯通执行闭环，不断突破现有体制约束，激发全社会的创新活力，真正实现"数字化改革先行县、全域整体智治先行区"的总体目标。具体而言，龙港市推进数字化改革、实现全域整体智治应当抓牢以下四大定位。

一是数字化改革的坚决落实示范市。数字化改革是国家数字化战略驱动下、浙江省委省政府全面部署的重大改革任务，是实现党政数字化系统全面贯通、公共数据全面共享交换、组织体系全面协同的重要工程。作为国家行政体系的基层末梢与实际管理者，龙港市应深刻领会浙江省与温州市数字化改革的发展要义，贯彻落实上级政府的改革部署，坚定做好系统平台建设、公共数据治理等工作。

二是数字化改革的创新突破先行市。作为国家新型城镇化改革的试验地，龙港市除了要落实上级政府的数字化改革部署，还应坚持将改革创新作为自身发展的底色，立足城市发展现状，结合"大部制＋扁平化"改革的实际需求，做到"规定动作接得住，自选动作有创新"，充分发挥主观能动性，创新特色数字化应用场景，不断提升自身治理效能，为人民提供便捷服务，让数字化改革成为龙港市打造国家新型城镇化综合改革"示范窗口"的标志性成果。

三是数字化改革的全面系统集成平台。构建龙港市全域高效协同、整体智治的数字化系统，不仅需要落实上级政府的计划安排，更需要龙港市党政部门与全市各界的统筹谋划。一方面要加强党政机关内部、机关与社会、企业的协同合作，坚持系统观念，将 V 字模型等分析方法贯穿于数字化改革的全过程，理清条块关系，明确部门权责边界，构建完善市社一体、条块协同、政企联动的协同高效运转机制；另一方面要坚持问题导向与需求导向，抓住龙港市改革过程中出现的痛点问题探索解决途径，坚决杜绝各类数字形象工程、重复建设工程，使得数字化改革真正做到助力全市各项改革工作，使得基层群众有获得感。

四是数字化改革的牢固安全防护底线。数字技术是一把双刃剑，在带来便利创造价值的同时，也暗含系统崩溃、数据泄露等安全隐患可能带来的风险。在数字化改革的过程中，龙港市必须时刻树立数据安全、系统安全的意识，围绕数据采集、传输、存储、处理、使用、销毁等环节构建全流程的公共数据管理机制，加强政务网络、信息系统等关键基础设施安全保护，深入贯彻落实国家、浙江省在网络安全、数据安全方面制定的相关法律法规。

二、龙港市数字化改革发展的主要成效

（一）集约共享的数字基础设施体系建设稳步推进

数字基础设施为实现全域整体智治奠定物质基础，其建设进展可以直观反映出城市数字化发展水平的上限。设市之初，龙港市数字基础设施十分薄弱，经过两年的补短板、打基础，目前龙港市已经初步建立覆盖感知、传输、汇集、

分析的集约安全数字基础设施体系。

城市政务物联感知网初步构建。龙港市正稳步推进全域政务物联感知网建设，在重点公共场所、道路交通设施、市容环境设施上广泛布局了视频监控、智慧灯杆、井盖烟感传感器等感知设备，完成 6 个智慧社区物联感知体系建设。为统筹公安视频专网（"雪亮工程"）建设，启动 AI 视频融合赋能共享中心建设，不断提升城市安全水平，龙港已在全市范围内布置超过 9000 路公共视频安全监控。此外，龙港市积极探索政务感知网地方建设标准，制定《政务感知网建设指南》，明确了网络连接、感知终端、基础接口标准、数据共享、安全等建设指南，目前正在申报发布地方标准规范，为全省建立完善一体化智能化公共数据平台标准体系作了有益探索。

城市数据传输网络不断完善。龙港市不断夯实全市网络设施基础，积极构建高速、移动、安全、泛在的网络基础设施，目前已实现市区 5G 网络全覆盖，以及移动 5G 千兆和宽带千兆的双普及，初步建成"双千兆宽带"城市。同时，龙港已建设形成覆盖面广、可靠性高、承载力强的电子政务网络基础设施体系，纵向上实现与温州市电子政务外网的全面互通和下属社区政务外网的初步接入；横向上实现了全市各党政机关与事业单位的初步覆盖。优化视联网平台架构和终端而布局，实现视联网终端社区全覆盖。

城市政务云利用率不断提升。龙港市按照全省"政务一朵云"两级架构要求，基于前期政务信息系统普查底数，全面推进本地新建信息系统上政务云，要求各个部门已建非涉密政务信息系统迁移至政务云平台，预计于 2021 年底实现党政部门信息系统上云率 90% 的目标。加强政务云利用管理，支持医疗、教育、社保等社会重点数据资源上云，推进各领域数据协同共享。

（二）一体化数据资源体系建设初具规模

1. 一体化智能化公共数据平台有序建设

秉持市县一体、集约高效、共享共治的基本原则，依托温州市一体化智能化公共数据平台，由市智慧城市建设中心主要负责牵头建设的一体化智能化公共数据平台建设正稳步推进。

公共数据汇聚集成基本完善。依据"目录应归尽归，目录之外无数据"的原则，截至 2020 年 7 月底，已完成登记信息系统 17 条、数据目录 273 条、数据项 11315 条；归集子系统数据仓数量 10 个、数据归集量 6322920 条；共享子系统共享调用量 1738598 次；开放子系统开放接口 8 个、开放 1 个数据集、开放 4534 条数据。龙港结合重大改革需要，申请认领省市回流数据 150 条，完成政治生态（市纪委监委）和综合执法（市综合行政执法局）两个专题库建设。此外，龙港市在全省率先与苍南协同探索跨县域数据回流共享机制，有效解决了龙港历史数据回流难题。

公共数据仓建设高效推进。公共数据平台的建设完善将进一步提升龙港市数字基础设施体系、数据资源体系以及业务应用体系建设的集约化、一体化水平，并为推进多跨协同、省市县联动、内外网一体推进提供良好的平台和数据支撑。按照"市县一体、统分结合"原则，龙港依托温州市公共数据平台建设分平台，数据平台的目录系统、归集系统、治理系统、共享系统、开放系统和平台门户由市平台统建，龙港数据仓和数据仓安全由龙港负责建设，具备县（市、区）范围内个性化数据的归集、治理、共享和安全管理能力，全面支撑龙港数字化改革。目前，龙港市加快推进温州市一体化智能化公共数据平台数据共享子系统试点工作，出色地完成五个本地特色接口注册工作任务，数据仓功能基本实现。

2. 全流程公共数据安全保障体系不断完善

确保公共数据安全是一体化数据资源体系建设的底线。根据省电子政务外网和公共数据安全监管要求，依托一体化智能化公共数据平台，龙港市正着力构建完善的公共数据平台安全保障体系。目前，已经部署了云防火墙、云数据库审计、云日志审计、云运维审计（堡垒机）、安全管理模块（EDR）、云端漏洞扫描、入侵防御、防 DDoS 攻击、安全组云端安全等云安全服务；同时按市公共数据共享平台安全建设指导意见，部署了数据库加密系统软件、数据脱敏系统软件、数据库防水坝系统等在内的一系列安全防护系统，并围绕数据采集、传输、存储、处理、使用、销毁的全流程环节不断完善数据仓安全体系和安全规范。

（三）整体智治多跨协同数字化综合作用初显成效

数字基础设施与数据资源体系建设是达成"数字化改革先行县，全域整体智治示范区"目标的基础，而真正决定改革成效的是立足实际，建成高效协同的数字化综合系统，打造直击痛点的数字化应用场景。当前，为深入推进数字化改革，同时贯彻落实袁家军书记 2021 年初在龙港考察调研时提出的"把试点做深、把改革放大、交出两周年的高分答卷"的具体要求，龙港市党政部门坚持实用、管用、好用的原则，聚焦改革发展中的难点痛点和人民群众需求，重点打造了 10 个具有龙港辨识度的数字化应用项目，优先落地温州 10 大优秀应用。

总体来看，龙港以打造多跨协同的应用场景为核心，力争以业务协同与流程再造赋能"大部制＋扁平化"改革进一步深化。这十大特色数字化改革项目全面覆盖了党政机关整体智治、数字政府、数字经济、数字社会、数字法治五大综合应用领域，充分彰显了龙港市全面推行数字化改革的决心和初步成果（见表 5-1）。

表5-1 龙港市十大数字化改革项目基本情况

序号	项目名称	领域	简介	牵头部门
1	社会治理一体化指挥系统	数字法治	建设一个综合指挥协同平台，完善综治指挥平台、情（报）指（挥）行（动）一体化指挥平台、应急联动指挥平台三大功能，提升一批多跨协同的龙港特色场景应用，构建"1+3+N"社会治理联动体系	市委政法委市公安局
2	"市管社区"数字化协同应用	党政机关整体智治、数字法治	立足于破解"乡镇缺失"背景下的社区治理困境，通过数字赋能，推动社区治理重塑性变革，实现社区精准、协同、高效治理。系统集成市级任务一键达、社区事件联勤处置一键办、社区自治一键督、智慧感知一键知等功能	市委基层治理委员会
3	"一枚印章管审批"业务协同应用	数字政府	在审批、执法与划转事项原行业监管部门、社区网格员之间共享审批结果及要素，促进审批与监管工作的有效无缝衔接，推动事中事后监管，为下步持续深化龙港相对集中行政许可权改革，进一步放大"一枚印章管审批"改革效应打下坚实基础	市行政审批局

续　表

序号	项目名称	领域	简介	牵头部门
4	"一支队伍管执法"协作支撑应用	数字法治	围绕综合执法事项的执法内容、检查流程标准化以及执法人员专科向全科转变的业务需求，梳理出综合执法"一件事"，建设小切口子场景"执法E助理"，构建执法数据专题库、知识库，实现执法事项标准数字化和执法检查智能自助，达到执法智能化、数据化、协同化和标准化	市综合行政执法局
5	"一张清单转职能"改革业务集成应用	党政机关整体智治	根据"一张清单转职能"改革需要，以安全、城市管理等业务为核心，集成"安全管家""城市管家"等场景，利用数字化管理手段，推动职能转移改革走深走实	市委组织部
6	智慧应急"一张图"	数字政府	按照"大应急"建设理念，分期推出防汛防台、危化品监管、小微园区智控等应用场景，努力打造以安全风险识别、风险研判、风险防控、指挥救援等业务覆盖的安全风险防控全链条建设	市应急管理局
7	"天空地"态势感知综合应用	数字政府	基于"省域空间治理数字化平台温州节点"，运用卫星遥感动态智能解译数据、无人机航测数据、高位铁塔监控视频资源、海上雷达监测数据，建立起人防技防相辅相成、全域全要素全时段全过程覆盖的精密智控"天巡地查"监管应用，主要开发土地执法监测、建设项目批后监管、土地执法监测、建设项目批后监管等场景应用	市自然资源与规划建设局
8	印刷产业大脑	数字经济	"印刷产业大脑"依托工业互联网平台，贯通产业链、供应链、创新链、资金链，打造服务龙港本地印刷企业（行业），乃至辐射全国印刷企业（行业）的"印刷产业综合服务平台"	市经济发展局

序号	项目名称	领域	简介	牵头部门
9	河底高未来社区智慧服务应用	数字社会	以河底高区块为试点范围，完善政府治理端、居民服务端、物业管理端多端应用，配套推进社区前端物联感知设备和邻里中心等基础建设，逐步落地邻里场景、教育场景、健康场景、交通场景、低碳场景、服务场景、治理场景等场景	市委基层治理委员会
10	"民生共享"数字化系统	数字社会	以实现民生事项服务直达为目标，在数字社会学有所教、体有所健、幼有所育等领域新建或承接数字化招生、电子施教区查询、健身赛事"一键查"、云呵护儿童健康成长、"学问通我师在线"等应用	市社会事业局

1. 数字赋能党政机关整体智治

目前，龙港市认真贯彻党政机关整体智治总体方案的相关要求，按照省市两级统一部署，全面推进建设开发工作。

党政机关整体智治综合应用门户实现衔接贯通。按照省市整体智治综合应用门户建设要求，高效汇集全龙港党政部门力量，更好落实"八八战略"、重要窗口、新发展格局、现代化先行和提升新能力五大历史使命以及问题整改、重大项目、党史学习教育和共同富裕四个重大转向和应急处理突发事件等相关任务。

党政机关整体智治综合应用生态体系建设逐步构建。目前，龙港市深入贯彻省市相关工作部署，整合利用党政办公 OA 系统、政务督查系统、"市管社区"数字化协同应用，建设重大任务跨层级、跨部门与市管社区的任务执行体系。对标党政部门各个工作领域，全面推进龙港政治生态评估修复系统、基层党建扁平化智管系统等特色应用建设，落地运行数字人大、数字政协、网络生态数字通等省市应用，取得了初步成效，实现打造全局"一屏掌控"、政令"一键智达"、执行"一贯到底"、服务"一网通办"、监督"一览无余"等数字化协同工作场景建设。

党政机关整体智治综合业务集成探索取得初步进展。以"一张清单转职能"

改革为切入点，依托党政机关整体智治综合应用门户，龙港市集成"安全管家""城市管家"等场景，利用数字化技术管理转移承接政府职能的社会组织与企事业单位的相关职责，提升政府监管效率，确保承接单位履行相关职责，实现相关政府职能转得出，接得住。

2. 数字赋能政府高效能协同

龙港市正以打造"数字化改革先行县，全域整体智治先行区"为目标，不断提升自身行政运转效率，提高公共服务质量。

高效承接浙江省、温州市集中部署的数字政府有关工作，充分利用"浙政钉""浙里办"提升政府运行效率与政务服务质量。全面推广使用"浙政钉"，提升"浙政钉"渗透率，为市社一体、条抓块统提供数字化基础支撑，"浙政钉"用户日活跃率达到94.78%，在温州市排名第一。"浙里办"龙港城市频道建设启动建设，正在谋划上架一批"龙系列"特色应用，全面汇集便民惠企高频服务，应用覆盖面与活跃度大大提升，在政务客厅开辟网办掌办专区，政务服务2.0延伸到社区，加快实现"门口就近办"和"居家随时办"。

全面探索数字政府应用创新模式，以重点项目试点为抓手提升政府组织运转效率，部门业务协同程度。创新构建全域一体化新型政务服务系统，实现全省首个全领域"一枚印章管审批"，集中划转1146项行政许可审批事项集中划转至行政审批局，审批人员精简20%，一般投资项目审批时间压缩50%，商事登记"企业一件事"改革落地生效。基于政务服务系统建设政务服务专题数据库与审批业务监管协作平台，拓展24小时公安网办中心、印刷行业"一业一证"、政务服务2.0"一件事"应用，初步搭建"一心多点"线上政务服务体系。探索建设大应急指挥体系，依托应急"一张图"，融合防汛防台、应急处突等应用场景，构建多业务协同功能的应急联动指挥调度系统，实现安全风险识别、风险研判、风险防控、指挥救援等全覆盖。打造"天空地"态势感知综合应用，对批后用地等进行全要素、全方位、全天候的智能监管服务，落地惠企直通车、利民补助"一键达"等应用，为构建最优营商环境创造有利条件。

3. 数字赋能经济高质量发展

龙港市正处在产业转型升级的关键阶段，通过大力实施数字经济"一号工程"2.0版，聚焦龙港特色的印刷与包装产业，针对性地提供全流程的涉企服务。目前已基本建立了以数据为关键生产要素、以产业大脑为支撑的全要素、全产业链、全价值链全面连接的数字经济运行系统，为数字化经济治理奠定了基础。

涉企服务不断优化，营商环境稳步提升。龙港市从企业需求出发，通过简政放权、流程再造、体制机制重塑和技术创新，建立"云审批"远程审批机制，着力推进"数据跑"代替"企业跑"。创新企业投资项目办理模式，龙港充分利用龙港大部制改革的集成优势、"标准地"改革和"五多合一"改革成效，以《企业投资项目审批规程》为审批制度改革的标准化指导性文件，统筹推进了龙港投资项目审批制度的改革，着力破解了企业投资项目审批环节多、耗时长、成本高等问题，大大提升了项目审批效率，将企业投资项目从赋码到竣工验收审批的时限从省政府要求的最多80天缩减至最多40天，其中一般投资项目实现全流程32天办结，小型项目和低风险小型项目实现全流程16.5天办结。

数字协同程度不断提升，产业互联网平台初步搭建。深入贯彻上级政府部署，开发建设龙港市数字经济综合应用门户。龙港印刷产业具有印刷产业规模大、产业数量多、覆盖面广等发展优势，但同时面临着龙头企业少、规上企业少而弱、印后加工企业分散的问题。围绕印刷产业赋能，探索建设产业互联网平台、印刷"产业大脑"，龙港市从政府侧和企业侧两个维度整合数据资源，打造特色应用场景，促进资源整合和产业集聚发展。目前已经利用现有工业大数据平台，初步整合龙港印刷包装行业协会等数字化资源，构建印刷行业数据库，启动建设印刷"产业大脑"。承接省"亩均论英雄"大数据平台3.0版，开展亩均效益模块化监测分析、亩均效益体检、数据规范共享归集工作。企业服务综合应用（"企业码"）效果显著，打造政企联动、互联互通、功能完善、响应迅速的县级综合服务示范平台，推进与各涉企部门现有平台间的互联互通，项目开始正常运营。此外，公共资源交易服务平台、网上技术市场3.0平台、企业信用信息服务平台等试点创新项目也稳步推进，取得初步成效。

传统产业智能融合步伐加快，优势产业数字化势头良好。龙港市正大力推行"未来工厂"建设，围绕印刷包装产业的数字化难题，积极引导印刷业龙头企业配备精密电子印刷、微刻等先进制造设备，不断提升厂房车间数字化程度。探索"互联网＋印刷"，结合电商团队，逐步打造集智能下单、生产、结算为一体的智能化管理平台。实施企业智能化技术改造，2020年完成技改项目72个，新增工业"机器人"98台，工业技改投资同比增长42.5%。对标"直播＋电商"新经济形势，联动开展网联直播、双千计划、电商培训等多样活动。

4. 数字赋能社会高品质运行

龙港市聚焦未来社区等关键场景建设，全面夯实社会事业领域数字化改革的基础，构建数字社会系统架构，落实数字社会综合应用门户，创新跨部门多业务协同应用，取得初步发展成效。

数字化社会服务效能不断提升。龙港市聚焦民生实际，着力在数字生活、数字教育、数字养老等多个创新服务领域率先形成跨部门多业务协同应用新突破。"民生共享"数字化系统逐渐完善。龙港市充分发挥市社会事业局"大部制"优势，以实现民生事项服务直达为目标，迭代升级电子施教区查询系统，集成数字化招生2.0、健康小屋市级试点、健身赛事"一键查"等应用，让改革成果惠及全民。此外，龙港市还加强医共体建设，建设中云岩、芦浦社区卫生服务中心等基层医养综合体；创新智慧交通，完善政府购买公交服务机制，实现公交服务全城一票通。

数字化社会应用场景持续升级。龙港市依托未来社区试点等创新场景落地便捷智慧的社会服务。河底高未来社区数字化改造稳步推进，县域未来社区建设样板逐渐形成。不断拓宽多元参与未来社区建设工作的渠道，通过恳谈会、问卷调查等方式，广泛了解群众需求。依托沿江第一社区服务中心，打造未来社区邻里中心，开发建设未来社区智慧服务平台，集成相关应用和数据，展示社区实时动态，作为指挥中心和对外展示窗口。扎实推进数字公共空间建设，2020年全年共建设15个智慧小区和100个智慧校园。立足去乡镇背景、大部制改革、全域市民人口改革等优势，针对新居民积分应用单一、政策存在不平衡性等问题，启动建设浙里"新城员"一件事应用，通过自主申请、无感赋分、全域应用和智能管理，配套制定积分应用方案，完善积分制管理指标体系，拓宽积分应用领域，为解决新居民入学、就业、就医、住房等"一件事"提供优质服务的数字化应用场景，助力打造同城同质的共同富裕示范区。

城市大脑建设全面迭代升级。龙港市根据浙江省、温州市城市大脑建设统一部署，扎实推进温州城市大脑龙港分平台建设工作，以一体化智能化公共数据平台为基础，完善提升城市大脑数据应用支撑能力。

5. 数字赋能法治高要求执行

龙港市着眼于自身"大部制＋扁平化"改革的特色，充分利用党政一体、市管社区的制度优势，在建设数字法治体系、构建基层治理制度方面取得成效。

"三位一体"、市管社区的数字化基层治理体系基本建成。龙港市依据"扁平化"的社区治理现状，探索开发"市管社区"数字化协同应用，实现社区联合党委、联勤工作站、综合服务中心"三位一体"高效协同，充分整合智慧村社通、社区物联感知等数据，以解决基层治理"一件事"为重点，建立"社区吹哨、部门联动"的平台流转办理机制，实现小事不出基层。打造社会治理一体化指挥系统平台。龙港市整合现有综治指挥平台、情指行一体化指挥平台、应急联动指挥平台，打造"多中心多平台合一"的综合性协同指挥系统，切实解决部门单兵作战、缺乏联动等问题，实现部门协同共享、事件闭环处置，初步形成"一图抓治理、一屏管全域、一链强指挥"的全域治理模式。着力推进社会矛盾纠纷数据库等项目建设，打造矛盾风险闭环处置的社会矛盾纠纷化解体系，使得信访问题和矛盾纠纷就地化解率稳步提升，群众安全感满意度不断提高。

一体化、智能化的综合执法体系初步完善。借助"大部制"改革，龙港市推动开发"一支队伍管执法"协作支撑系统，梳理完善执法"一件事"，完成省综合行政执法办案系统对接工作，基于视频平台等数字技术实现非现场监管＋执法，逐步实现首批划转的 1179 个综合执法事项信息化流转、联动式协同、智慧化分析。进一步提升垃圾分类监管能力。基于一体化智能化公共数据平台，对垃圾分类投递、垃圾分类收集、垃圾分类清运、垃圾分类处理全程监管，按照垃圾分类与再生资源回收，建立居民垃圾分类规范化的监控管理平台，提升新型城镇化质量。

数字化的政法一体化办案体系建设逐步落实。落实上级部门要求，高标准推进龙港数字法治门户综合应用，建设政法一体化办案集成应用，探索大数据检查监督系统建设，推进危险驾驶罪智能审判系统、"司法送达中心"政法一体化等省级试点项目落实工作，推进刑事司法与行政执法、监察执法衔接，法治体系运行绩效明显提升。

（四）数字化改革的体制机制保障体系初步构建

1.组织保障和项目建设管理机制不断完善

龙港市结合自身"大部制＋扁平化"的行政体制特征，优化行政组织架构，探索项目管理方式，不断提升数字化改革效能。一是推行领导直管、专班统领的组织机制。针对数字化改革应用自身的跨部门业务特征，以及其与"放服管"改革、营商环境建设、"最多跑一次"改革、行政审批制度改革、政务服务大厅建设等重要任务在业务条线上的高重叠度，龙港市成立数字化改革领导小组，市委书记和市长任双组长，领导全市数字化改革工作，同时构建"1＋5"专班机制，明确牵头领导与负责人员，实行"一个专项、一个领导、一个团队、一抓到底"的工作推进机制，有效避免职能交叉、多头指挥导致的责任推诿、效率低下问题。二是加强建设部门间统筹机制。由市委市府办承担数字化改革总牵头作用，工作专班负责改革工作的总体设计，负责协调在任务推进中遇到需多部门协调处置的事务。三是成立数字化建设专职部门，龙港市成立市智慧城市建设中心作为全市智慧城市建设、数据资源管理的关键部门，负责全市党政部门数字化项目的统筹审批、技术指导工作。成立以来，智慧城市建设中心积极服务数字化改革大局，对全市数字化项目建设提供技术支撑以及对其进行全流程的监督管理，已针对各单位分管领导、科室负责人、后台管理员等对象开展了多期培训。

2.多元合作机制助力整体智治初显成效

推行数字化改革，实现全域整体智治离不开全社会的合力。龙港市高度重视与社会力量合作推行数字化改革，基于"一张清单转职能"等政府购买服务经验，龙港市积极与外部技术公司合作，共同开展数字化改革项目试点创新。一是积极引进外部先进数字技术与数字化理念，与技术企业合作开发数字化应用。龙港市与杭州数澜科技公司达成合作，目前有多名技术人员常驻龙港，对全市数字化改革项目开展 V 字模型、组件式开发指导；此外，龙港市还与猪八戒网、温州电信、温州移动等公司合作，开发印刷产业大脑等创新数字化应用项目。二是构建智库合作机制，与中央党校、浙江大学、浙江省委党校等高校学术研究机构积极合作，听取外部专家建议，通过专题报告、研讨会等形式拓展和提升自身数字化视野与数字化素养，校正自身数字化改革战略方向。三是创新探索多元化的政府企业合作形式，通过特许经营、投资补助、政府购买服务等多种方式，引导社会资本、民间资本参与数字化改革与智慧城市建设，例如与万科合资成立国资控股混合所有制企业，推进城市管家项目建设。有效的多元合作机制是推进数字化改革进程的重要因素之一，建立政企合作的共建模式将有效弥补数字化专职人员不足的问题，同时也有利于构建多元治理的数字生态。

三、龙港市推进数字化改革面临的挑战

自 2019 年 9 月 25 日撤镇设市以来，龙港市就积极投入数字化转型与数字化改革的大潮中，并结合自身"大部制＋扁平化"的改革特色产生了许多改革成果，在实现全域整体智治、构建"市社一体、条抓块统"的治理体系的目标上取得了阶段性的成果。但是成绩背后仍然存在一些隐患，包括公共数据平台与综合应用建设水平尚未匹配城市能级、数字化改革赋能大部制扁平化改革尚有不足、数字化改革组织保障尚不完善、数字化安全保障机制存在风险等。这些问题对龙港市的未来发展构成了一定挑战，需要在接下来的改革行动中加以解决。

（一）公共数据平台与数字化综合应用建设水平尚未匹配城市能级

2020 年 9 月之后，龙港实现了从镇到市的城市能级跃升，然而城市能级的跃升并不意味着城市基础设施与数字化水平的提升，以镇级水平配套建设的一体化智能化公共数据平台并不适应县市级数字化改革的需要，"小马拉大车"问题突出，已经成为制约龙港进一步推进数字化改革的关键所在。

一是数字化基础设施体系不够成熟。目前，龙港全市"政务一张网"未实现全面覆盖，龙港市的政务感知网络体系尚未建设完全，各领域前端感知设备布局还不充分，还不能充分满足"市管社区"的治理要求。"雪亮工程"等前端感知设备建设工程尚在推进，还未与政务外网实现互联互通。

二是数据资源体系建设尚不完善。当前龙港市各个部门对数据共享需求十分迫切，但对如何申请数据共享业务不熟悉，省市数据回流有待加快，个别领域数据还无法实现共享。数据开放程度也有待提升，面向社会的数据开放探索较少，沉淀在政府层面的数据价值无法得到充分释放，数据流向仍是

企业、个人到政府的单向流动，而非政府数据与企业、个人数据间的双向流动，因此数据要素价值无法得到完全释放，难以促进创新变革。

三是多跨协同的场景应用还需提升。自与苍南县分家之后，龙港市大量的业务系统需要新建，但目前项目落地率还有欠缺，一些数字化应用仍然停留在前期设计与开发阶段，真正上线运行的项目较少，反映出各部门主要领域核心业务数字化程度不高的问题，民众还未明显享受到数字化改革带来的便利。

（二）数字化改革赋能大部制扁平化改革尚有不足

龙港市"大部制扁平化"改革的核心在于破解如何利用40%的行政资源实现有效治理的难题，而数字化改革是解决这一问题的关键所在。一方面，数字化改革通过重塑业务流程来提升协作效率与治理效能，节省人力成本，从而使得"大部制扁平化"成为可能；另一方面，龙港市"大部制＋扁平化"的政府体制使得多部门协作更加容易，政府决策更方便深入基层，天然契合数字化改革的需求。但是在实践中，龙港市数字化改革赋能大部制扁平化虽有探索但深度不足。

一是数字化改革赋能大部制改革不足。由于龙港市的大部门集成了原先政府多个业务条线的部门，不同条线上的部门之间只是物理上整合，部门与部门之间、部门内部科室与科室之间没有实现充分的协作，在数据共享、应用谋划上相对独立，整合程度不足。如社会事业局集成了教育、社保、医保、民政、卫生、体育等七个领域，不同领域的科室对接不同的上级部门，但相互之间的数据还没有充分发挥集成效应。

二是数字化改革赋能扁平化改革不足。龙港市还没有充分利用数字技术实现精准服务，从而满足基层群众多元化需求，提升基层服务效能。一方面，当前龙港市基层社区的数字化基础不足，数字化应用仍然停留在OA系统、拓展"浙政钉"应用向基层延伸的阶段，"市管社区"数字化协同应用有待运行完善；另一方面，由于龙港市当前的基层社区机制刚建立不久，市社两级的职能边界与行政权限还存在模糊之处，群众对掌上办事的新模式短期较难适应，智慧公交、智慧停车等应用推广较慢，基层群众对数字化服务感受不深。

（三）数字化改革组织保障尚不完善

龙港市委市政府高度重视数字化改革工作，成立了数字化改革领导小组与"1＋5"数字化改革专班专项负责改革任务推进，保障部门间统筹协调，有力保障了各项工作推进。但是在实践中仍然存在一些问题，延缓了数字化改革的进程。

一是数字化改革专职机构支撑不足，缺乏数字化改革的长效制度保障。龙港市负责全市数字化项目建设的专职部门是龙港市智慧城市建设中心，为龙港市直属事业单位，主要职责为统筹全市数字化项目，完成项目技术审查与一体化智能化公共数据平台的建设。龙港市智慧城市建设中心作为一个正科级事业单位，一些需要落实给部门的任务单独协调力度不够，在牵头统筹协调方面常常需要借助市委市府办，亟待加强工作机制建设提升协调议事能力，以便更好发挥统筹协调作用。此外，虽然龙港市的其他业务职能部门均将数字化改革作为重点任务加以推进，但是各个部门大多还没有设立负责数字化改革工作的科室与专岗人员，还未形成数字化改革的长效制度保障。

二是数字化改革人才素养不足，缺乏既懂业务又懂技术的复合型人才。一方面，在龙港市大部制扁平化的改革要求下，龙港市"事多人少"矛盾十分突出，政府公务员忙于完成日常工作要求，很难挤出时间深入思考、学习数字化的相关知识技能，从事数字化改革的人员也较少，导致其无法提出业务数字化的需求，项目创新能力与推进落地能力欠缺；另一方面，由于政府缺乏对数字化人才的激励保障机制，政府难以充分吸引外部的数字技术人才参与数字化改革。以龙港市智慧城市中心为例，智慧城市中心目前编制共18人，目前在编12个，从事过计算机相关技术工作的人数不到编制的一半，高级人才严重不足。与其他县市区的大数据局只管业务不同，龙港市智慧城市中心还需要承接繁重的日常事务和会议任务，亟待减负以便更好开展业务研究。

（四）数字化安全保障机制存在风险

安全是数字化改革的前提保障，一个完善的公共数据安全体系包含管理体系、技术体系与运营体系，涉及公共数据安全的决策方、管理方与执行方。围绕网络与数据安全体系建设，龙港市政府做了大量工作，但是仍有不足之处。

一是公共数据全生命周期安全体系还未完全建成。公共数据安全需要覆盖数据的采集、存储、传输、处理、交换、销毁等多个阶段，目前还未形成有效的数据分级分类与预警处置机制。而龙港市的公共数据安全体系建设刚刚起步，还未形成成熟完善的安全防护机制。

二是公共数据安全的运营体系与管理体系不够完善。在实践中，龙港市的数字化应用开发与运营基本通过外包的方式由外部信息技术企业承担，在运营过程中过于依赖企业完成相关工作任务，且除去电信、移动等国有企业外，承担龙港市数字化应用开发工作的基本没有龙港市本地的企业，由于政府内部数字化人才与机构设置的缺乏，政府缺乏自身的数据决策与管理能力，相关的数字化项目绩效评估机制也不完全，对第三方企业进行有效的监管较为困难，使得在数字应用的运营过程中存在数据泄露等风险。

四、龙港市推进数字化改革的实践路径

宝剑锋从磨砺出。面临推进数字化改革过程中的种种挑战，龙港市应当迎难而上，立足自身开展数字化改革的四个定位，充分发挥自身作为国家新型城镇化综合改革试点的优势，将挑战转化为机遇，走出一条数字化改革的龙港路径，在数字化改革的新时代占得发展先机。作为县级行政区域，龙港需要找准自身在数字化改革中的定位，在坚决完成中央与浙江省、温州市部署任务的同时，积极就龙港自身需求，向上揭榜挂帅争取试点，向下自主创新先行先试。根据"数字化改革先行县、全域整体智治先行区"的总体目标，进一步推进数字化改革，学习其他省市县区在数字化方面的先进经验，破解改革过程中的种种困难，将数字化融入大部制扁平化改革以及龙港全市的各个方面，展现出数字化改革的龙港特色，努力打造"数字党政智治区、数字服务标杆区、数字经济领跑区、数字生活引领区、数字治理示范区"。

（一）着力构建一体化智能化新型数字底座

建设数字化基础设施体系，构建泛在互通的政务"一张网"。一是进一步完善政务云服务体系。全面推进信息系统和企业上云，满足政府运行、城市管理、环境监测、教育、医疗、社保等领域的数据存储、计算需求，为全面实现本地数据互联互通，开放共享奠定坚实基础。同时依托 IRS 系统构建

云计算资源使用监管体系和服务体系，持续提升云资源使用效率。二是完善政务网络体系。构建广覆盖、高可靠的电子政务网络基础设施，迭代升级电子政务外网与内网，建成符合县级行政区域规模的政务网络体系，实现公共服务网络与政务外网互联互通，提升内网基础支撑能力。三是构建互联互通的政务感知网络体系，在前端统筹建设物联感知网络，构建政务感知网络统一建设标准，以智慧灯杆建设等创新项目为契机实现摄像头等多类传感器一体集成。在网络端以电子政务外网为核心，接入视联网、物联网、社区业务专网等资源网，形成全市"一张智网"。在后端依托政务云平台与城市大脑龙港平台汇聚感知信息，辅助政府治理。

案例1　广州市大力推进多功能智慧灯杆建设

智慧灯杆是一类新型智慧城市基础设施，其集成照明、WIFI、通讯基站、视频监控、环境监测、电桩等多种功能，通过一体化数据平台实现数据集中与感知网络集约化建设，其建设水平反映城市数字化的发展水平与多部门协调统筹能力。

广州市是智慧灯杆建设的先行者。2018—2019年，广州市按照"一区一园一街"的原则，选取了天河南二路、临江大道等几大智慧灯杆试点。2019年5月，广东省工信厅发布《广东省5G基站和智慧杆建设计划（2019—2022年）》，推动智慧杆与5G基站同步建设。2020年7月，广州市政府印发《广州市智慧灯杆建设管理工作方案》，明确提出到2025年，全市建成智慧灯杆约8万根，其中市中心区约4.2万根，提供5G微站站址约3.2万个。同时还将建成智慧灯杆统一管理平台，并推动智慧照明、智慧交通、智慧警务等一批智慧城市应用上杆，从而满足未来5G、无人驾驶、云计算、虚拟现实等数字技术发展，以及城市数字化改革的需要，推动城市治理效能提升。截至目前，广州已在天河区、荔湾区、海珠区、白云区、增城区、花都区、番禺区、黄埔区、南沙区等9个区建设智慧灯杆，项目采购金额高达32亿，预计建设规模达到69894套。

建设数字化应用支撑体系与数据资源体系，实现应用支撑与数据资源"一平台"。一是探索开发集约普适的应用组件，建立应用组件创新共享机制。围绕五大数字化综合系统应用不同职能业务的共性需求，依托一体化智能化公共数据平台，充分结合龙港数字化改革实际需求，探索开发共性适用的本地应用支撑组件。建立激励机制，鼓励各部门采纳使用组件应用，提高自建组件贡献率和公用组件利用率，为各职能部门推动数字化改革提供支撑。二是进一步完善龙港公共数据仓，依托浙江省与温州市公共数据平台与数据资源目录，扩大数据归集范围，将公共数据归集范围扩大到党委、人大、政协、法院、检察院等机构，将医疗、教育、公共事业等行业数据纳入公共数据仓，建立行业内部数据共享机制，推动社会化公共数据与公共数据的融合打通，实现数据应归尽归，扩充数据容量。三是优化数据共享机制，实现政务数据互联互通、依法有序共享，完善数据需求、数据责任、数据共享三张清单，支撑跨部门业务协同，落实数据治理主体责任。横向依托龙港市公共数据仓进一步实现数据回流，打通部门与科室间数据壁垒，纵向上全面推进数据高铁试点工作，实现部门数据全部接入数据高铁线路，相关数据秒级传输。四是大力推动政府数据公开，完成龙港市数据开放清单，提升开放数据占比，扩大开放数据范围，鼓励社会主体充分挖掘数据价值，不断创新应用。同时推动社会公共数据与政府公共数据的融合，聚焦印刷包装等龙港特色产业，以政府数据公开引领全行业数据开放，促进数据共治共享、融合创新，培育新的经济增长点，构建多元参与的数据创新模式。

案例2　杭州市余杭区率先推出数字资源超市

余杭区数字资源超市是浙江省首个区县层面自主创新的数字资源全要素运营管理平台，通过对政务数字资源的全要素归集、标准化处理、循环式利用与开放式运营，打通部门间数据信息壁垒，畅通数字资源良性循环利用渠道，有效破解政府数字化项目用新废旧、使用效率低、重复建设成本高等问题。

余杭区数字资源超市改造和"逆向解构"现有信息化系统，拆分成各类标准化、结构化、可重复利用的组件，各部门可根据业务需求，通过在数字资源超市调用现有数字资源尤其是组件资源，实现系统建设"短平快省"。以余杭区政法委线上社会综合治理中心"云上中心"项目开发建设为例，通过直接调用 BPM（工作流引擎）、RPA（机器人流程自动化）等多个数字组件资源，直接缩短了该项目约 30 人 1 个月的建设周期，降低开发成本近 90 万元，节约预算资金 25% 以上。此外，每个数字化项目在建设完成后，又可将新的数字资源在平台上架，实现数字资源更新迭代和循环共用，从而不断降低开发成本。

截至 2021 年 1 月份，余杭区数字资源超市已上架 1003 类数据共享目录、4 大类云资源和 43 个公共组件，接入省、市数据接口 170 个，区级接口 28 个，归集全区 53 个部门、62 亿条数据，数据总调用量达 6.17 亿次；经初步测算，该平台可降低新建数字化项目开发建设费用 10% 以上，全年可节约信息化建设资金 6000 余万元。

（二）深入建设"市社一体、条抓块统"的整体智治数字化综合应用体系

一体化智能化的公共数据平台是数字化改革的根基，而生长在它之上的数字化综合应用就是数字化改革的枝叶，决定了数字化改革的高度与广度。龙港市应当以全省数字化改革总体方案确立的五大数字化综合应用建设为基准，深入结合龙港市"大部制＋扁平化"的改革特色，进一步构建完善多跨协同的数字化业务应用体系。

一是进一步推进党政机关整体智治系统建设。坚决落实浙江省与温州市对党政机关整体智治系统建设的部署，构建省市县一体的党政机关整体智治门户，统筹推进各领域各部门核心业务数字化，确保高效完成任务指令。基于龙港市"大部制、扁平化、低成本、高效率"的实际，创新谋划党政整体智治应用场景建设。进一步探索使用区块链等新数字技术提升管理效率，扩大应用范围，实现县域"多元共治"的治理新模式。

案例3 区块链数字技术赋能政府购买服务：
墨西哥"哈克MX"项目[①]

区块链技术是一种分布式的数据系统，它基于多中心结构，将数据控制权分散给成千上万的参与者，并且需要参与者们达成一致才能进行修改。这意味着每个节点都将存储相同的数据副本，由此提高了数据的透明度，消除了伪造和篡改数据的可能。

2017年9月，墨西哥政府创新性地探索使用区块链技术来管理政府购买项目，希望使用新技术促进墨西哥数字化政府创新，提高政府治理能力，解决政府购买服务中存在的寻租与腐败行为。该项目名为区块链"哈克MX"，由墨西哥国家技术大学的团队开发。

在区块链"哈克MX"项目的运行过程中，政府首先将采购信息（如需求、预算等）输入项目所依托的电子平台中，每项信息都会形成一个区块链智能合约，有竞标意向的供应商可以在该平台中注册，并提交投标方案。区块链智能合约对采购方与供应商的信息的真实性与完整性进行验证，并通过电子邮件将投标的方案发送给所有登记注册的评估人员，任何公民均可参与到评估过程中，通过不可篡改的区块链智能合约来进行共同决策，对项目进行匿名投标评分，从而阻止政府与供应商之间合谋影响结果公平性。

2018年8月，墨西哥开始正式进行该项目的试点工作，项目基于未加密的以太坊区块链进行。政府将其分为公共、行政和服务三个部分。公共节点由墨西哥政府、大学以及社会组织共同运营，负责最关键的投票评估功能，行政节点与服务节点则为其提供辅助功能。

二是持续深化数字政府综合应用建设。继续深入建设数字政府综合应用，持续推广"浙政钉""浙里办"，提高使用率与覆盖面，在疫情防控、政府运行、营商环境优化、新型城镇化、乡村振兴、生态保护等领域持续推进数字化改革，

[①] 王锴，于萌.成为"精明买主"：基于区块链技术的政府购买服务研究[J].求实，2020(5):44–57+110.

真正实现各项政府业务跨部门跨层级高效协同。以"一枚印章管审批"业务协同应用为探索，深入推进政务服务数字化建设。前期龙港市已经通过政务客厅等项目建设初步实现了政务服务的数字化，下一步应当结合"大部制、扁平化"的特点，建设完善龙港城市频道，全面融合便民惠企高频刚需服务，综合集成本地特色服务。积极引导鼓励浙里办本地用户注册，提高社会覆盖面。整合现有服务类移动端到浙里办，提高应用上架率，提高浙里办活跃度。全面推进龙港市政务服务2.0，通过发挥社区综合服务中心的社区机构的作用，将数字化行政审批改革下沉至基层，使群众享受到数字化带来的便利。围绕国家新型城镇化综合改革试点要求，以构建"市社一体、条抓块统"的治理体系为建设目标，在前期村改社区的改革基础上，继续探索利用数字化改革市县城乡一体化发展，尤其注重加强城市外围原先农村地区的数字政府应用落地生效，弥补城乡数字鸿沟，促进各个社区共同发展进步。

案例4　佛山市顺德区推行"门口办"政务服务改革

2020年4月15日，顺德区政务服务数据管理局、区行政服务中心联合顺德区内的中国农业银行、顺德农商银行，借助广泛存在的银行网点把政务服务的办事入口送至距离每位市民家门口最近的地方，实现了政务服务"门口办"，通过数字技术极大便利了群众。

顺德"门口办"改革取得成效主要依靠两方面的做法。一方面扩大政务服务覆盖面，在辖区内各银行服务网点铺设"市民之窗"政务服务终端，在网点设立"代收件"窗口，同时对银行的前端服务人员进行政务服务事项办理培训，能够协助市民办理政务业务；另一方面是通过数字技术重构审批流程，在网点增多的困难下提升办件效率。"门口办"网点收件后，通过政务系统流转至政府各业务部门，实现内部集中审批，同时建立政务服务便民热线"门口办"服务入口，方便银行网点与业务部门沟通，同时及时解决业务难题，畅通"门口办"热线咨询渠道，将"门口办"相关信息纳入政务服务便民热线数据管理库，并实时动态更新相关信息。

截至 2020 年 12 月，顺德"门口办"改革已从最初上线的 21 个网点增加至 225 个，可办理个人类事项已增加至 60 项，涵盖了例如"补换领机动车号牌""补换领检验合格标志""核发检验合格标志"等与市民日常生活、工作息息相关的事项。

案例5　湖州市德清县打造"数字乡村一张图"

2019 年以来，德清县紧紧围绕"三治融合""五位一体"社会治理体系建设要求，在全省率先构建"数字乡村一张图"，并实现全域覆盖，探索出了一条以数字赋能撬动乡村全面振兴的发展新路径。

数字乡村一张图是德清县依托地理信息技术优势，通过在乡村布局物联网感知设备、开发数字应用所构建的乡村动态交互三维空间模型。在物联网感知设备和"数字乡村一张图"的基础上，德清县汇集乡村各领域运行态势、异常情况等数据助力乡村产业、环境整治和乡村公共服务。一是物联网赋能农村产业，推进"智能农业三年行动计划"，促使农村产业转型升级；创新五四村"智慧出行游乡村"线路，推动数字技术与乡村资源要素的融合开发。二是基于遥感监测智能比对，自动识别农村环境整治、建筑物动态变化、水土保持监测等领域中的异常现象；为全村每家每户配备芯片智能垃圾桶和二维码分类垃圾袋，实现环境问题点位、卫生状态变化和村民美丽习惯的全面侦测、实时反馈。三是打通一站式公共服务通道，推动"最多跑一次"改革向村级延伸，实现"村民办事不出村"，较好地实现了城乡融合的发展目标。

三是高水平促进数字经济系统建设。围绕龙港市的印刷包装特色产业，将龙港的产业优势与改革优势相结合，建立以数据为关键生产要素，以产业大脑为支撑，以"未来工厂"、资源要素市场化配置为引领，实现资源要素的高效配置和经济社会的高效协同，形成覆盖全要素、全产业链、全价值链的数字经济运行系统，建成一批具有龙港辨识度的应用场景，打造数字经济领跑区。进一步推动政府企业数据汇集交换，打通政府侧和企业侧数据，进一步完善印刷产业大脑，实现印刷包装全产业链数据与公共资源数据的互联互通，实现利用数据赋能企业精准投资、政府精准招商等目标，最终实现优化配置资源要素，促进印刷包装产业转型升级。此外，还需要持续聚焦"未来工厂"，提升企业数字化水平；深化资源要素交易的数字化，构建全市公共资源交易"一张网"；促进科技创新，为企业转型升级发展提供良好环境与制度保障。

案例6　湖州市德清县探索利用大数据辅助产业链招商

2020年3月，德清县政府与高校企业合作开发"全球精准合作招商系统"，以产业地图应用、大数据招商应用、智慧招商服务应用三大需求作为切入点，利用大数据和人工智能技术手段辅助提升招商引资效率。具体而言，首先，德清县围绕装备制造、生物医药、绿色家居三大主导优势产业和地理信息、人工智能、通航智造三大未来新兴产业构建出"3＋3"产业布局，并通过实地调研、深入分析，绘制上中下游全覆盖的重点产业链全景图。其次，通过数字招商平台，对招商员从平台运用方法、招商工作规范等方面进行常态化培训，提升其工作效率。最后是通过大数据精准定位招商目标和招商路径，德清县商务局基于该系统收集企业规模、近期的招聘人数、融资情况等公开数据进行分析，并对明确有意愿进驻德清投资的企业进行评估筛选。与此同时，通过平台的数据分析精准匹配招商人员与企业，通过获取公开的企业管理层人员信息，从同乡、校友等维度寻找与之相匹配的招商员去和企业建立联系，解决招商员拜访企业时"门难进"的问题。

系统上线以来，已先后汇集国内外560万家地理信息、人工智能、生物医药等产业领域企业相关数据，有效推进德清特色主导产业与全球产业进行精准合作。截至2020年9月，数字招商系统已向相关部门推送全国企业与各类项目有效信息超过1万条，帮助招商部门精准积累、拜访企业与项目200多个，招商项目综合落地转化率提升30%，成功招引项目20个，其中外资项目14个。

四是高质量推进数字社会系统建设。通过构建跨部门的协同应用场景促进大部制改革，实现数字化改革与大部制改革的良性互动。一方面完成浙江省与温州市数字社会应用系统的各项任务部署；另一方面发挥龙港改革制度优势，建设具有龙港特色的数字社会标志性工程，打造全省领先的"数字生活引领区"。全面提升社会服务各个领域数字化能力，根据龙港市人民群众的实际需求，探索覆盖教育、就业、居住、文化、体育、旅游、医疗、养老、救助等全领域的数字化应用场景，围绕一个领域一件事的目标梳理服务流程，建立集成场景，实现公共服务供给创新与基本公共服务均等化。继续深入推进"未来社区"场景建设，深化试点，根据各个社区实际情况与需求进一步扩大试点范围，拓展数字社会多场景应用。迭代未来社区智慧服务应用，构建数字社会城市基本功能单元系统。

案例7 杭州市城市大脑文旅系统建设初显成效

2019年以来，杭州市文化广电旅游局聚焦游客入园排队、入住等候等痛点，创新性建立包含"20秒景点入园""30秒酒店入住""数字旅游专线"三大数字化应用场景的城市大脑文旅系统。能够借助数字技术让游客体验直接扫码入园、自助入住退房和一站直达目的地的旅游体验，从而持续提升游客获得感和幸福感，让"游客多游一小时，城市多收100亿元"。

具体而言，杭州城市大脑文旅系统基于城市大脑中枢系统，通过物联网与云平台连接景区闸机、票务系统、酒店管理系统、公安入住登记等多源数据，重塑文旅企业的运营流程、实现线上线下服务融合与产品创新。

杭州城市大脑文旅系统在文旅监管、产业服务、公众服务等方面取得了显著成效。例如游客通过"找空房"小程序或者拨打旅游咨询服务电话96123，就能基于实时定位和价格偏好，找到适合自己的附近空房。游客到景点打开支付宝，在闸机上扫付款码直接入园，免去窗口排队购票，减少节假日景点售票处拥堵及入园排队情况，实现20秒入园。到2020年底，"20秒入园"累计服务游客超过689万人次。

案例8　嘉兴"幸福嘉"社会大救助数字化平台启动

2021年6月，为破解困难群众行动不便、认知偏弱、信息化应用能力总体缺失和社会救助存在的数据不共享、发现不及时、资源不统筹等问题，嘉兴市民政局运用系统理念和方法，在浙江省率先建立了"幸福嘉"社会大救助数字化平台，实现社会救助"一件事"在网上联动办理。"幸福嘉"入围全省数字社会系统建设"揭榜挂帅"中榜单位，并入选省数字化转型"观星台"优秀应用。

"幸福嘉"社会大救助数字化平台以"智慧救助"为目标，打破信息孤岛和数据壁垒，实现跨部门的数据汇集与共享。平台具有四大核心功能，即主动发现功能、精准识贫功能、协同救助功能、绩效评估功能。平台设有驾驶舱，可以以图表形式展示嘉兴市社会救助全貌，包括嘉兴市持证困难对象数量、城乡分布、区域分布和类型分布情况、致困原因、需求信息、救助资金来源及使用情况等。该平台归集了27个部门的135项数据，在全省率先实现社会救助申请材料从11类减少到一张身份证，全流程办理时限从30个工作日缩短至12个工作日。同时，该平台还可以实现对新审批入库的困难对象自动分析有可能需要的救助项目，并推送到相关职能部门，实现"政策找人"。

五是高要求促进推动数字法治系统建设。坚持运用法治思维与数字化手段推行基层社会治理体系建设。以构建"市社一体、条抓块统"的治理体系为基本目标，基于"基层治理四平台"的相关工作要求，继续深入推进社会治理一体化指挥系统，实现基层治理协同高效，矛盾调解就地化解的目标。进一步探索利用数字技术完善综合行政执法体系，提升执法效率。以"一支队伍管执法"协作支撑应用建设为抓手，对接省综合行政执法办案系统，利用数字技术助力执法事项整合，构建"审批—监管—处罚—监督评价"的闭环流程，探索基于数字平台实现不见面执法、社会主体主动参与管理，监督执法行动的新路径，提升执法质量。

案例9　杭州市下城区推行"最多录一次"，让基层治理更便捷

2020 年 11 月，杭州市下城区推出"最多录一次"系统平台，通过一套具有数据采集、自动上报等功能的系统，实现各类表单、套表和报表的一键生成，将社区从填报各类表格中"解放"出来。

"最多录一次"系统平台通过城市大脑中枢赋能基层治理四平台系统，形成统一模式的基层数据采集管理平台。平台整合原有的人社、城管、计生、老龄、企退、消防、综治、气象等条线约 13 个业务系统数据，打通大救助、"互联网＋养老"、智慧民政等 5 大系统，覆盖帮扶、养老、残联、企退、党建 5 个条线业务场景，从源头解决"多平台""多系统""多录入"的问题。

为更好应对抗击新冠肺炎疫情等应急需求，下城区还依托基础数据库，实现个性化制作 DIY 表单。部门将需求提交到大数据局，即可提取相应数据，生成一张表格，提升街道治理效率，为基层减负。目前，借助系统融合和综合集成，社工手动填报的统计报表由 115 个减少到 63 个，52 张表格实现一键 DIY。

案例10　杭州城市大脑余杭平台上线调解在线平台

为及时、精准、高效处置各类矛盾纠纷，利用数字技术有效提升全区社会矛盾预防和化解能力水平，杭州市余杭区开发调解在线平台。该平台将汇聚在城市大脑中枢平台的余杭全区矛盾纠纷进行智能归集、分析、研判，借助风险预测预警、部门联动处置、纠纷在线调解等手段进行社会矛盾处理，有效地提升全区社会矛盾预防和化解能力水平，惠及广大群众实现纠纷化解"线上线下零距离"。

具体来说，为实现矛盾纠纷防范化解于未然，调解在线平台建立全区风险感控模型，通过大数据分析，掌握纠纷发生的高峰时段、矛盾主要类型、主要分布区域。除了做好纠纷的规律性预警，平台还具有个

案预警功能。对非正常死亡、涉群体性等可能存在社会稳定风险的纠纷，平台通过大数据抓取关键字实现自动预警，指导调解组织及时介入处置，防止纠纷升级扩大。此外。调解在线平台还通过法律智库、智能盲调、在线调解等科技手段，提高事中高效精准处置。系统会根据录入的纠纷信息关键字，为调解员和当事人自动筛选推送相关法律法规和相似案例。

案例11 杭州市拱墅区"城市眼·云共治"平台

"城市眼·云共治"平台是以城市海量视频资源为基础，通过人工智能识别、云计算、大数据的深度应用。通过与社区、商家、物业、业委会等多方共同合作，"城市眼·云共治"平台形成"摄像头发现问题＋人工智能识别问题＋基层共治解决问题"的城市治理架构，实现"智慧"＋"共治"的城市治理精细化新模式。

"城市眼·云共治"平台整合公安、城管、综治等现有监控视频，捕捉各类治理问题、事件数据。每2分钟就能完成一次所有监控的智能采集，且24小时全天候作业。在数据采集后，发挥人工智能和大数据技术优势，采用"云边融合"计算模式分析，将捕捉的问题细分成11大类进行场景识别。对于容易解决的问题，拱墅区通过建立街域共治委员会、共治群等多元载体，推动沿街商户、小区物业等各类主体共同参与，将小事化解在最基层。对于那些街道自治体系无法解决的问题，平台会自动推送到"基层治理四平台"，形成发现问题、交办任务、督促落实、反馈情况的工作闭环。最后在执法层面，通过"城市眼"监控视频形成证据链，实现违法当事人"零口供"情况下完成违法行为查处的模式，提高工作效率，解决一线执法力量不足的问题。

截至2020年12月，杭州市拱墅区"城市眼·云共治"平台实现全区1990路监控24小时运行，31条主要道路全覆盖，38个重点管控区域。2020年以来城管领域事件处置率和共治率均达95%以上。

（三）强化多元合作机制巩固数字化改革组织保障

一是加强组织领导。落实数字化改革领导小组负责，"1＋5"专班机制统领，各部门协同推进的工作机制。确保专班人员到位，专班机制实质运转。二是强化政府数字化人才支撑。针对业务职能部门数字化人才缺乏的问题，探索实施"数字专员""首席数据官"等聘任制公务员制度，专职负责与智慧城市建设中心进行数字化项目对接协调工作，并推进本部门内部数字化水平提升、数字化素养提高，助力数字化改革。三是建立长效社会合作机制。建立本地数字化改革及大数据人才数据库和专家组，通过成立国有合资数据运营公司、与高校建立联合实验室等方式，培养和引进具有扎实理论基础和丰富实践经验的专业人才，实现多方主体共同合作助力数字化改革。

案例12　广东省探索建立"首席数据官"制度

2021年5月，广东省政府办公厅印发《广东省首席数据官制度试点工作方案》，鼓励试点部门和地区推动公共数据应用场景创新，提升公共数据开发利用水平。广东省首席数据官的职责，侧重于统筹数据管理和融合创新，推进公共数据共享开放和开发利用；领导本行政区域内数据工作，对信息化建设及数据发展和保护工作中的重大事项进行决策，协调解决相关重大问题；组织制订数据治理工作的中长期发展规划及相关制度规范，推动公共数据与社会数据深度融合和应用场景创新。

广东省政务服务数据管理局有关负责人表示，推动建立首席数据官制度，是广东省深化数据要素市场化配置改革的一项制度性安排，标志着"十四五"期间数据要素市场化配置改革的又一开创性、基础性和制度性创新举措落地实施，在全国范围内具有示范引领意义。

案例13　余杭区创新数字化改革多元合作机制

余杭区通过进一步厘清数据运营主体权责，开放各方参与渠道，实现数字资源共享。一方面，成立区大数据运营公司（国有企业），统筹信息化项目立项、数据产权、项目软件著作权等国有数字资产运营，通过政企合作、管运分离的市场化运作机制，有效解决机关运力不足、高技能人才缺乏、资金持续投入有限等问题；另一方面，打造数字化转型联合创新实验室，同时满足应用场景供给与市场高新技术试验需求，目前已有阿里云、安恒信息等10余家成员单位20余名人员常驻实验室，在数字治理、数字城市等领域开展创新试验。同时，根据数据隐私性，制定分类分级的政府数据开放机制，2021年已开发"数达专线""入学早知道"等社会场景化应用，多个项目获全省数据开放创新应用大赛奖项。

（四）坚持守住数据安全风险底线

一是持续完善公共数据安全保障体系。围绕数据采集、传输、存储、处理、使用、销毁的全生命周期环节，构筑公共数据安全防护体系。重点要根据数据采集、数据共享、数据开放等数据使用场景建立相应的分类分级机制，明确数据使用权限管控，强化日常管理监督，推动数据异地容灾备份，构筑安全底线意识。

二是强化数字化改革项目管理制度体系，加强数字化关键软硬件设施安全保护。明确数字化项目的决策、方案编制、立项审批、招标采购、开发实施、运行维护的全周期管理与评价机制。构建包含感知设备、数据中心、政务网络在内的软硬件设施保护机制。

三是重视利用数字化改革维护社会公平稳定。加强数据安全和个人隐私数据保护机制，严格依据《数据安全法》《网络安全法》等国家以及省市法律法规，处理好数据权属、数据保护等问题。推动数字化普惠活动，消除城乡与代际数字鸿沟。以数字化改革为牵引，采用社区教学、人工志愿服务等方式,在农村社区普及智能手机等数字设备的使用,消弭城乡数字化水平差距。在数字化改革中充分兼顾老年人需求,通过人工引导等方式帮助老年人办理政务服务,享受社会福利。强化老年人网络危险防范意识,定期深入社区基层开展网络安全与电信诈骗防范教育,降低老年人网络安全风险。

课题负责人:张蔚文

课题组成员:林钢健　吴　岩　麻玉琦

城镇化
改革篇

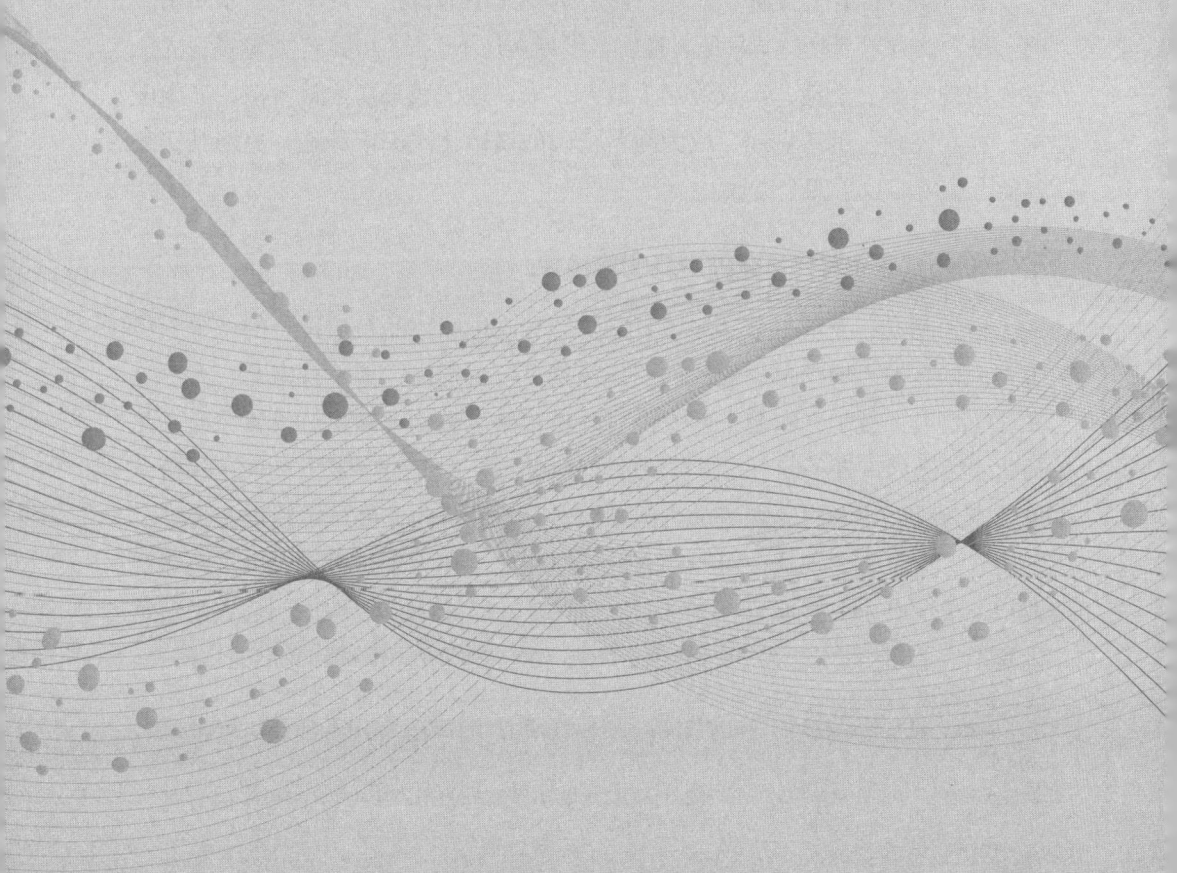

第六章　龙港市打造全国新型城镇化改革策源地实践研究

一、龙港打造城镇化改革策源地的实践经验

20 世纪 80 年代初期，龙港一带还是一片小渔村，"灯不明、水不清、路不平"，方岩下渡口"只见人过往、不见人住下"。[①]1983 年龙港镇设立，率先启动户籍、土地、产权等制度改革，人、地、钱等要素被激活，"中国第一座农民城"迅速崛起，成为闻名全国的城镇化改革策源地。总结其实践经验，主要有以下四个方面。

（一）聚"人"：突破户籍制度藩篱

建镇初期，龙港打破"城镇只能是纯粹吃国家商品粮居民户的城镇"传统观念，突破长期禁锢着农民的"户籍禁区"，提出"地不分南北、人不分东西"口号，鼓励先富起来的农民自理口粮来龙港购地建房、投资经商，并简化农民进城审批手续，方便农民进城建房。这一"石破天惊"的改革举措，不仅有效推动了农村剩余劳动力向城镇转移，而且为龙港城镇建设和经济发展集聚了大量人才。这一阶段，龙港城镇化的主体力量是进城农民，包括专业户、重点户、联合体[②]，主要通过"蓝印户口"等政策，吸引周边农民到龙港落户、建房、办厂。到 1984 年底，就有 5000 多户农民申请到龙港建房落户。

[①] 李金珊,胡凤乔,徐越,等.三十岁的城市——龙港的孕育、诞生与发展[M].杭州:浙江大学出版社,2014 年.

[②] 刘金君."中国农民第一城"——温州龙港镇之崛起研究[D].温州:温州大学,2016.

到 1991 年，龙港人口从建镇时的 0.78 万人迅速增加到 4.7 万人，其中城镇人口达到 3.4 万人，城镇化率高达 70.4%，远高于全国 26.9%、全省 30.8% 的发展水平。其中自理口粮户占城镇人口总数的比重接近 60%。

1995 年，龙港进一步深化户籍制度改革，按照常住地登记和就业原则，将原有农业户口、非农业户口、自理口粮户口以及其他类型的户口统一按程序登记为常住户口。也就是说，只要符合在建成区内有合法固定住所、稳定职业和生活来源等条件，即可登记为城镇居民户口，其待遇和义务与原城镇非农业户口基本等同。到 2020 年，龙港户籍人口增长到 38.2 万人，其中城镇人口 33.4 万人，分别比建镇时增长了 49 倍和 100 倍，城镇化率达到 87.5%（见图 6-1）。从"六普"到"七普"，龙港常住人口由 31.49 万人增长到 46.47 万人，增长了 47.5%，增长幅度分别比温州、浙江高出 42.6 个百分点、29 个百分点，城镇人口集聚效应十分显著。

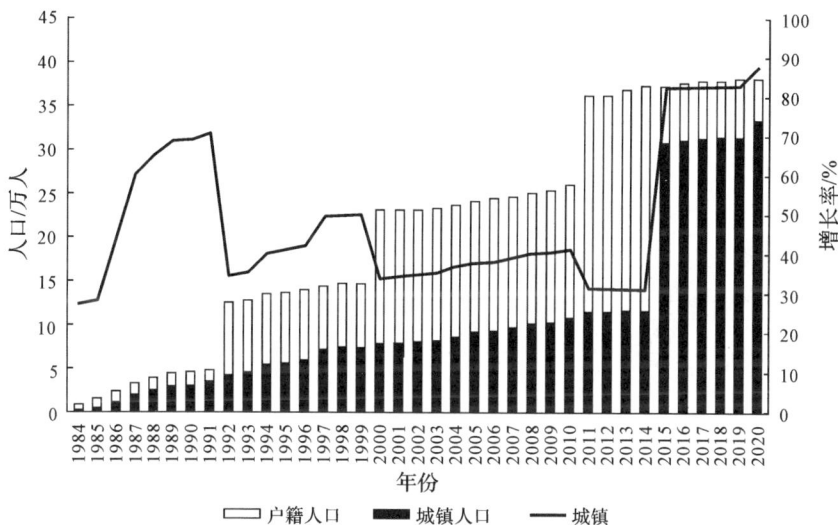

图 6-1　1984—2020 年龙港户籍人口与城镇人口增长

（二）造"城"：民间集资方式建城

龙港镇设立后，面对城镇建设资金匮乏的实际困难，率先在全国探索土地有偿使用制度改革，将土地作为商品来经营收取土地征用费，以解决城镇建设资金不足问题。首先，编制实施城镇建设规划，将全镇分为三纵九横 27

条街道，按照土地的区位分等级收取市政设施配套费，同时鼓励农民自带口粮进城购地建房来筹集资金，为城镇建设提供了宝贵的启动资金，成为龙港城镇化发展的第一推动力。[①]1985 年，龙港有 3000 多间楼房同时在建设；1986 年，建成房屋总面积 102 万平方米；到 1987 年，一座初具规模的城镇已拔地而起。

城镇化的快速发展，促使龙港不断调整行政区划、扩大发展腹地，不断提升人口、产业和城镇功能的空间承载力。龙港先后开展 4 次行政区划调整：第一次是 1983 年 10 月，浙江省政府批复同意建立龙港镇，辖金钗河、江口、下埠、方岩下、河底高五个村，面积 7.2 平方公里；第二次是 1992 年 3 月，沿江、龙江、白沙、海城四个乡并入，面积扩展为 58 平方公里；第三次是 2000 年 6 月，前湖、平等、江上三个乡镇并入，面积扩大到 83 平方公里；第四次是 2011 年 4 月，舥艚、芦浦、云岩 3 个乡镇并入，面积增扩到 183.99 平方公里（见表 6-1）。同时，龙港建成区面积也不断扩展，2020 年约达 20 平方公里，形成老城区和滨海新城两大板块的城镇空间格局。

表6-1 龙港行政区划变革和辖区面积变化

时间	区划调整	辖区面积
1983年10月	辖金钗河、江口、下埠、方岩下、河底高五个村	辖区面积7.2平方公里
1992年3月	划入沿江、龙江、白沙、海城四个乡	辖区面积扩展为58平方公里
2000年6月	划入前湖、平等、江上三个乡镇	辖区面积扩大到83平方公里
2011年4月	划入舥艚、芦浦、云岩3个乡镇	辖区面积增扩到183.99平方公里

同时，龙港按照"谁投资、谁建设、谁经营、谁受益"的原则，将专业市场、宾馆、学校、医院等配套设施，以及广告经营权、公交车线路营运权、停车场、道路保洁等公共基础设施推向社会，吸引民间投资，建立多元化的投资运行维护机制（见表 6-2）。正是这种市场化的集资建城模式，龙港走出了一条"以城建城、以城养城、以城兴城"的城镇化道路。到 20 世纪 90 年代，已建成较为完备的水、电、气、通信、路、教育、科技、文化、卫生事业等基础设

---

① 有资料显示，20 世纪 80、90 年代龙港城镇建设投入资金中，90% 是通过土地有偿使用筹集而来。

施和城镇功能配套。到 2020 年，龙港拥有小学 24 所、初中 19 所、普高 4 所、职高 1 所，以及幼儿园 107 所、托儿所 18 所和成人教育机构 1 所、特殊教育学校 1 所，教育体系相对完备；拥有综合医院 7 家、中医院 1 家、中西医结合医院 1 家、精神专科医院 2 家，以及基层医疗卫生机构 301 家，以及养老机构 16 家、居家养老照料服务中心 76 家，健康医疗服务体系基本形成，城镇功能不断提升。

表6-2　龙港城镇建设资金筹集方式

	主要做法	成效
第一个途径：个人建房投资	倡导个人出资建房来解决城镇住房问题，放手发动各企业和集体单位的职工干部和先富先来的农民集资建房，并按照建房有偿使用土地收费的标准，分别收取造地费、征地费、赔青赔肥费、劳动力安置费，以及针对不同房屋建设所收取的公共设施费	1984—1990年，龙港个人建房投资1.5亿元，个人建房8733间，总面积144万平方米；1991—2001年，龙港个人建房投资12.79亿元，建筑面积222.66万平方米
第二个途径：收取市政设施配套费	有偿推出每间占地42平方米（面宽3.5米、进深12米）的地基，并按照不同地段分别征收200元、700元、1200元、1800元、2800元、3800元不等的市政公共设施建设费	到1985年底，就征收了1000多万元的市政设施配套费，基本解决了当时的"三通一平"建设所需的资金
第三个途径：实行合股投资	城镇建设中，文化教育设施、工厂、商店、仓库等配套工程，让经营大户、企业家以股份形式投资。学校建设等公益事业一般是无偿捐资方式	到1994年，仅教育基建投入就达5000多万元，其中地方无偿集资占95%

资料来源：李其铁.龙港"农民城"的建设与发展[M].北京：学苑出版社，1994年；罗猛.中国内生型城市化范式分析——龙港个案分析[D].北京：中国社会科学院研究生院，2003年.

（三）创"业"：坚持工业兴镇强镇

1984 年，龙港建镇时工业总产值仅为 233 万元。为推动城镇工商业快速发展，龙港突破传统体制下对个体、私营经济的严格审批和集中经营模式，在政策和机制上以鼓励、"放开"为主，简化企业的审批手续，采取自由组合、自主经营、自负盈亏、照章纳税，鼓励国有、集体、个体等各种所有制经济成分共同发展（见表6-3）。随后又通过联户、合资、合伙、合股等形式，引导家庭作坊集资扩大经营规模，进而推动股份合作制改革，提高企业经营效益。有资料显示，20世纪80年代，龙港共创办了股份合作制企业450家，占总企业数量的72.6%。[1] 在多种经营、股份合作等政策推动下，龙港工业化发展驶入快车道，1987年工业总产值达到6906万元，增长近30倍；1990年工业总产值达到2.32亿元，成为温州第一个工业产值超2亿元的乡镇。特别是印刷、礼品、纺织、塑编四大支柱产业的集聚发展，让龙港的特色优势产业名扬天下。

表6-3　龙港建镇初期工业兴镇的重要举措

	主要做法
推行多种经营	鼓励专业户、重点户、联合体，到龙港创办工业、手工业、交通运输业、商业和服务性行业、文化教育、医疗卫生保健等事业，推行多种经营模式
集聚周边工业	出台土地、税收等优惠政策，引进周边宜山、钱库、金乡等乡镇的一大批民营企业和家庭工业，促进工业快速集聚发展，有效奠定工业基础
兴建专业市场	利用水陆交通便利条件，先后建设礼品、腈纶毛毯、陶瓷、服装、建材、水果、家具、水产品等专业市场，大力发展商贸服务业

　　进入新世纪，通过建设印刷、小包装、塑编、城东综合工业园，引导260多家企业入园集聚发展，有效破解产业发展中的"低、小、散"问题，促进印刷等四大支柱产业升级。[2] 目前，工业园区产值占全部规上企业工业产值的70%左右，已成为龙港重要的工业化主引擎和城镇化功能区。龙港始终秉承"工业兴镇、工业强镇、产城融合"的战略导向，将工业化作为城镇化的主要驱动力，长期坚持不懈地实践和迭代升级，先后获得"中国印刷城""中国礼品城""中国印刷材料交易中心""中国台挂历集散中心"四张"国"字号金名片。

（四）化"制"：持续推进强镇扩权

　　龙港凭借先行改革所释放的制度红利，迅速发展成为极具影响的经济强

---

① 林陈陈. 改革开放以来我国强镇扩权研究——以温州市龙港为例 [D]. 南昌：华东交通大学，2020：21

② 陈海兵、孙优依. 龙港：中国城市化标本 [J]. 观察与思考，2015(11)：11-19.

镇，也为其获得各类强镇扩权改革试点赢得了先机。1992 年，温州将龙港列入城乡一体化发展试验区，授予其部分县级经济管理权限，增设财政税务、城建土地、工商和公安分局，并在金融、信贷、供电和土地指标安排等方面给予倾斜。1995 年，龙港作为全国 57 个小城镇综合改革试点镇之一，设立镇级金库（浙江第一个），给予财政管理更多的自主权。2006 年，龙港作为温州强镇扩权改革试点，建立行政审批、土地储备、综合执法、招投标中心等服务平台。2010 年，龙港列入全省 27 个小城市培育试点，探索财政、国资、社区和农村集体产权制度改革。2014 年，龙港作为全国仅有的两个镇级新型城镇化综合试点之一，开展行政管理体系创新探索（见图 6-2）。

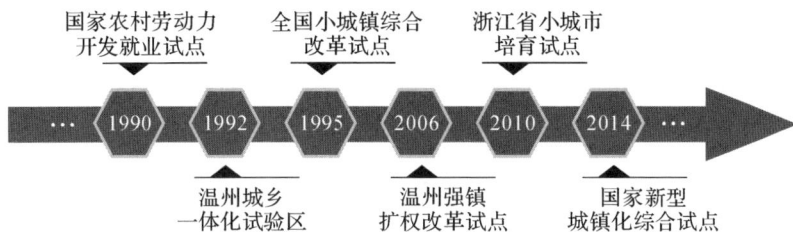

图 6-2　龙港强镇扩权改革历程

这些改革试点所产生的叠加效应，为龙港城镇化发展注入持续动力，城镇综合实力不断增强。到 1994 年建镇 10 周年时，龙港综合经济实力排在温州所有乡镇第一位，在全国亿元乡镇中名列第 17 位。到 2020 年，龙港实现地区生产总值 316.4 亿元（见图 6-3），财政总收入达到 25.3 亿元，其中一般公共预算收入为 17.05 亿元。同时，也为龙港奠定了"镇改市"的坚实基础。2019 年 9 月 25 日，经国务院批准，撤销苍南县龙港镇，挂牌设立县级龙港市，率先在全国推动县级行政建制的"大部制、扁平化"改革，探索城镇化发展"低成本、高效率"的运行机制，为全国新型城镇化发展积累可推广、可复制的先行示范。

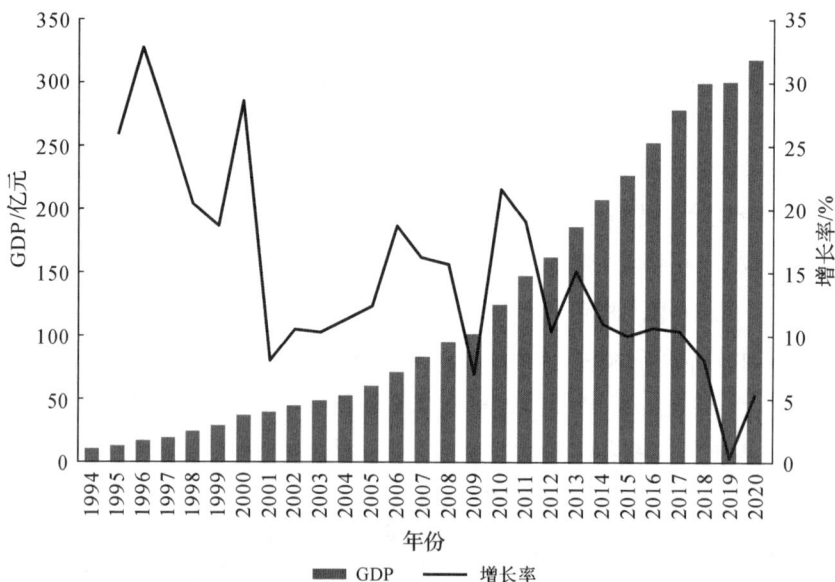

图 6-3　1994—2020 年龙港地区生产总值及增长率

数据来源：齐云晴.从乡土到城乡：一个农民城市化的社会学案例研究[D]. 北京：中国社会科学院研究生院，2020.

二、龙港打造新型城镇化改革策源地的重要意义

　　"城镇化"是"城""镇""化"的耦合系统[①]，按照汉字构造的表义机理，城镇化与"地""钱""人"密切相关（见图 6-5）。可以说，"人地钱"是贯穿城镇化整个过程的一条主线。城镇化的主要任务，从经济发展的角度看，就是如何处理好"人地钱"的关系。龙港建镇初期，就是创造性地利用"地"

---

① "城"，金文"𩫃"，从"𪟝"（"郭"）、从"戊"（"成"），表示"用武力保护郭墙"，后用"土"代替"𪟝"，遂成"城"。"土"是金文，甲骨文为"◮"，古文字摹画的是土块形状，本意是泥土、土壤，引申为土地，以"土"或"圡"为表义偏旁的字，字义多与土地或泥土有关。"镇"，金文"鎭"，从"金"（"金"）、从"眞"（"真"），表示"镇守要地"，"金"即金文"𨤾"，本意是青铜，泛指金属，特指黄金（钱），以"金"为表义偏旁的字，字义多与金属及其制品有关。"化"，甲骨文"𠤎"，从二人，象二人相倒背之形，一正一反，以示变化。金文将"𠤔"写成"匕"（"匕"），遂成"化"（"化"），甲骨文"𠂉"，古文字摹画的是侧面人形，本义是能制造工具并使用工具进行劳动的高等动物，引申为某个或某些具体的人，以"亻"为表义偏旁的字，字义多与人的身体、称代、品德、行为、组织、地位等有关。从汉字偏旁视角来理解"城镇化"，一定程度上能够更直观地表达"城镇化"的核心要义，即"城镇化"与"地钱人"密切相关。

这一关键要素，以"地"聚"人"、以"地"生"钱"，协同推进户籍制度和行政体制改革，城镇化发展得以突飞猛进，一举成为全国名副其实的城镇化策源地。进入新时代，龙港已由"镇"改为"县级市"，并推进"大部制、扁平化"改革，打造新型城镇化改革策源地正当其时。

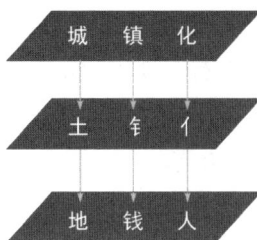

图 6-5　城镇化耦合系统

（一）龙港打造新型城镇化改革策源地的必要性

进入新发展阶段，龙港打造全国新型城镇化改革策源地，必须突出强调"三化归一"——所谓"三化"，指的是城镇化最重要的三元素——"人""地""钱"，其配置必须遵循"三化"原则，即人口迁移的"自由化"、土地利用的"集约化"、资金运作的"资本化"。而这"三化"的实质，亦即其最终的指向"一"，指的是"市场化"——使市场在资源配置中发挥决定性作用。[①] 这是以人为核心新型城镇化发展的内在要求，也是人多地少、财力不足条件下推进城镇化的必然选择。

1. 人口迁移"自由化"

"人"作为城镇化发展中的最活跃因素，也是城镇化发展的最核心要素。计划经济时代形成的以户籍为"标签"，分别被"固定"在城市和农村的格局已发生了重大变化，人口迁移自由化出现了新的特征。

（1）城市放开放宽落户条件。近年来，国家不断加大户籍改革的力度，逐步取消落户城市的条件限制。国家发展改革委《2019 年新型城镇化建设重点任务》提出，在中小城市和小城镇已陆续取消落户限制的基础上，城区常住人口 100 万—300 万人的Ⅱ型大城市要全面取消落户限制；城区常住人口 300 万—500 万人的Ⅰ型大城市要全面放开放宽落户条件，并全面取消重点群

---

① 柳博隽．新常态下的城市化模式 [J]．浙江经济，2014(24):60.

体落户限制。也就是说，除北京、上海等特大城市继续实行严格的户籍管控政策外，其他大中城市基本上都放宽了落户条件。就浙江而言，全省除杭州市区以外地区全面取消落户限制政策，实行经常居住地登记户口制度。

（2）农业转移人口市民化进程缓慢。各地鼓励以新生代农民工为代表的农业转移人口落户中小城市，但进城务工人员的"落户"意愿并不强，特别是政策鼓励的新生代农民工[①]没有表现出政策设计中的预期效果。究其原因，主要是落户城市并不意味着能够给予稳定的就业预期、安定的生活保障、踏实的生存环境、安全的社会支持网络。[②]而随着城乡间交通设施的便捷、信息网络的畅通、公共服务的均等化，特别是在乡村振兴背景下，农村特有的"自然"生产、"回归"生活、"平衡"生态、"寻根"生命等功能价值彰显。[③]所以，农业转移人口更愿意继续迁徙在城乡之间，一方面可以享受城市就业机会多、工资收入高等诸多好处；另一方面仍然持有农村承包地、宅基地农村集体资产等权益。

（3）人地钱挂钩政策落实不到位。2016年，原国土资源部等5部委出台《关于建立城镇建设用地增加规模同吸纳农业转移人口落户数量挂钩机制的实施意见》，建立"人地钱"挂钩政策，即财政转移支付与农业转移人口市民化挂钩、城镇建设用地新增指标与农业转移人口落户数挂钩、基建投资安排与农业转移人口市民化挂钩。就浙江而言，目前已建立财政转移支付与农业转移人口市民化挂钩机制，但新增建设用地指标、教师编制等要素挂钩机制尚未建立，影响地方政府吸纳农业转移人口的积极性。

2. 土地利用"集约化"

我国实行最严格的耕地保护和节约用地制度，对土地利用进行规划、计划"双管控"。近几年新增建设用地计划指标供给大幅减少，主要靠存量建设用地的挖潜及东西部扶贫结对省份的指标调剂，以保障各项建设的用地需求。同时，中央深化土地管理制度改革，建设用地利用的政策环境也出现了

---

① 新生代农民工指 1980 年及以后出生的农民工。2018 年，新生代农民工已占全国农民工总量的 51.5%，其中"80 后"占 50.4%；"90 后"占 43.2%；"00 后"占 6.4%。

② 张红霞，何俊芳. 制度赋权与行动选择：新生代农民工户籍转换的行动逻辑与情境分析［J］. 理论月刊，2019（12）：136–142.

③ 庞亚君. 一种本源意义的乡村功能审视：兼议浙江的实践探索［J］. 福建农林大学学报（社会科学版），2018（1）：1–5.

一些新变化。

（1）土地利用管理趋向"机动"。2020年3月，国务院印发《关于授权和委托用地审批权的决定》，试点将永久基本农田转为建设用地审批事项，以及耕地超过35公顷的、其他土地超过70公顷的土地征收审批事项，委托部分省、自治区、直辖市人民政府批准，并根据综合评估动态调整试点名单。浙江是首批8个试点省份之一，为确保"接得住、管得好"，建立了横向到边、纵向到底的责任体系，对用地的监督监管更加严格。4月，中共中央、国务院印发《关于构建更加完善的要素市场化配置体制机制的意见》，提出要"完善土地利用计划管理，实施年度建设用地总量调控制度，增强土地管理灵活性，推动土地计划指标更加合理化，城乡建设用地指标使用应更多由省级政府负责"。这意味着建设用地管理"放权不放松""增效不增量"将是一种常态，缓解土地供需矛盾仍然要从"节流"上下功夫，解决建设用地的着力点还应放在挖存量、控增量上。

（2）城市土地利用趋向"两约（节约和集约）"。2019年7月，自然资源部修改《节约集约利用土地规定》，将实践中施行效果较好的"增存挂钩"制度上升为部门规章，要求"在分解下达新增建设用地计划时，应当与批而未供和闲置土地处置数量相挂钩，对批而未供、闲置土地数量较多和处置不力的地区，减少其新增建设用地计划安排"。2020年《关于构建更加完善的要素市场化配置体制机制的意见》进一步提出要"充分运用市场机制盘活存量土地和低效用地，研究完善促进盘活存量建设用地的税费制度"。将土地利用效率与分配新增建设用地计划指标相挂钩，并通过实行差异化的税费制度，探索建立促进土地节约集约利用的长效机制，无疑有利于提高建设用地利用的质量和效率。

（3）城乡土地市场趋向"统一"。2019年8月26日，十三届全国人大常委会第十二次会议审议通过的《中华人民共和国土地管理法》修正案，于2020年1月1日正式实施。新《土地管理法》规定，在符合规划、依法登记的条件下，允许集体经营性建设用地直接入市，并可以转让、互换、出资、赠与或者抵押，从而结束了集体建设用地不能直接进入市场流转的二元体制，有利于加快建设城乡统一的土地市场，也有利于增加建设用地的供给及土地价格的理性回归。10月，中央农办、农业农村部批复了全国104个县（市、区）

和 3 个设区市为新一轮农村宅基地制度改革试点地区，探索宅基地分配、流转、抵押、退出、使用、收益、审批、监管等方法路径，推动农村宅基地制度更加健全、权益更有保障、利用更加有效、管理更加规范，同时闲置宅基地和农房资源利用的通道也将不断拓宽。

3. 资金运作"资本化"

深入推进投融资体制改革，进行城市化金融创新，积极探索城投债、投资基金、资产证券化等多种融资模式，努力破解城市建设"钱"从哪里来的难题。

（1）土地财政难以为继。以"地"融资的渠道有两条：一是土地财政，即通过出让国有土地（主要是商服用地和住宅用地）的使用权来获取级差地租；二是土地金融，即将土地注入地方融资平台来撬动资金为城市建设融资。实践中，土地财政和土地金融相结合的以地融资模式催生出一个高效的融资体系，极大地推动城镇化的飞速发展。[①] 但是，土地财政与地方政府债务系统性风险呈显著的正向关系——地方政府过度依赖土地财政，必然带来地方政府债务风险，进而可能诱发系统性金融风险。随着"房住不炒"定位的确立，与土地开发相关的税收及政府性基金收入继续保持高速增长的可能性较小，以土地财政支持城市基础设施发展的投融资模式不得不发生改变。

（2）规范管理是长期趋势。2019 年 7 月《政府投资条例》正式施行，政府投资管理进入制度化、规范化、法定化阶段。未来一段时期，城市基础设施项目和资金的管理将更加规范，政府投资管理刚性约束将进一步加强，防风险、严监管、规范化将是长期趋势。近些年，中央三令五申防范和化解地方政府债务，规范地方政府举债融资行为，遏制隐性债务增量，防范化解地方政府隐性债务风险，始终是宏观调控政策的基本取向。

（3）投融资改革迫在眉睫。党的十八大以来，尤其是 2016 年中共中央、国务院《关于深化投融资体制改革的意见》出台以来，我国投融资体制改革取得了较大突破。在基础设施投融资领域，专项债券对重点项目的支持逐步增强，政府和社会资本合作日趋规范，投融资平台的市场化转型继续加快，资产证券化等多种创新模式不断涌现。但在实践过程中，仍然存在不规范、

---

① 陈金至，宋鹭. 从土地财政到土地金融——论以地融资模式的转变 [J]. 财政研究，2021(1):86-100.

不完善、市场化程度不高等问题。[①]为此，迫切需要统筹建立和完善企业自主决策、融资渠道畅通，职能转变到位、政府行为规范，宏观调控有效、法治保障健全的新型投融资体制。

（二）龙港打造新型城镇化改革策源地的紧迫性

经过 30 多年的城镇化发展，龙港改革先行的体制机制效应在递减，表现在人口集聚、经济增长、公共服务提升缓慢，城市发展迫切需要"加减乘除"——"加"是指发现和培育新增长点，寻找城镇化进程中新技术、新产品、新业态、新商业模式的投资机会；"减"则是指有效化解老城区空间局促，促进资源重新配置，为推进产业升级、优化空间布局提供契机；"乘"就是要营造有利于大众创业、（市场）主体创新的政策环境和制度环境，推动城市经济发展从要素驱动、投资驱动转向创新驱动；"除"即有效破解城市发展中的交通堵塞、环境污染等问题，提升城市综合服务能级（见图 6-6）。

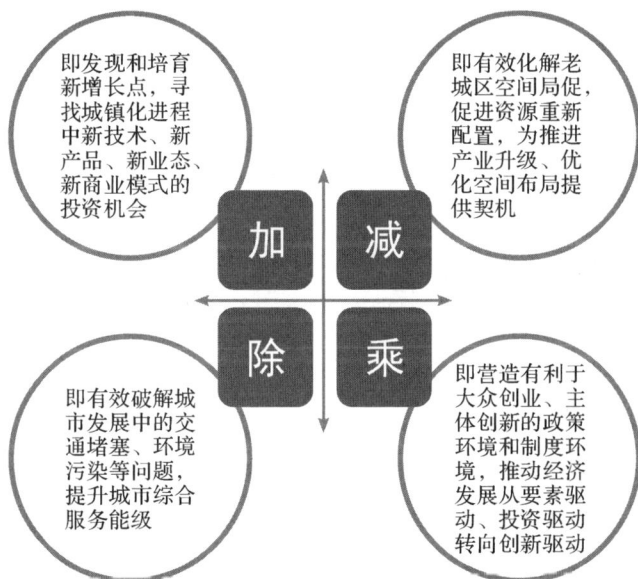

即发现和培育新增长点，寻找城镇化进程中新技术、新产品、新业态、新商业模式的投资机会

即有效化解老城区空间局促，促进资源重新配置，为推进产业升级、优化空间布局提供契机

加　减
除　乘

即有效破解城市发展中的交通堵塞、环境污染等问题，提升城市综合服务能级

即营造有利于大众创业、主体创新的政策环境和制度环境，推动经济发展从要素驱动、投资驱动转向创新驱动

图 6-6　龙港城市功能提升路径

---

① 杨萍，杜月 . 高质量发展时期的基础设施投融资体制机制改革 [J]. 宏观经济管理，2020(5):23–29+36.

1. 有利于加快人才集聚

自新世纪以来,龙港常住人口由 35.2 万("五普")增长到 46.47 万("七普"),20 年间增长了 11.27 万人,增长幅度达到 32%,高出温州同期 5.3 个百分点,是龙港城市发展活力的重要体现。但从人口素质看,龙港人口每 10 万人中拥有大学文化程度(大专及以上)的人数仅为 1.18 万人,低于整个温州的平均水平(1.26 万人),与浙江(1.7 万人)、全国(1.55 万人)的差距则更大;拥有高中文化程度的人数也不占优势,同样低于温州、浙江和全国平均水平;文盲率仍然高达 3.84%,远高于全省 2.72%、全国 2.67%(见表 6-4)。同时出现人口外流现象,仅在 2000—2004 年间,龙港就有将近 5 万—8 万人移居北京、上海、杭州、温州等大中城市,近些年又出现企业外迁现象。为此,打造新型城镇化改革策源地,再造龙港要素集聚新高地,是龙港吸引人口尤其是人才集聚的迫切需要。

表6-4 龙港每10万人中拥有不同文化程度人数及文盲率

受教育程度	龙港	温州	浙江	全国
大学文化程度 / 万人	1.18	1.26	1.7	1.55
高中文化程度 / 万人	1.38	1.44	1.46	1.51
初中文化程度 / 万人	2.41	3.18	3.27	3.45
小学文化程度 / 万人	2.59	2.93	2.64	2.48
文盲率 / %	3.84	4.65	2.72	2.67

2. 有利于提升城市能级

1994—2020 年龙港地区 GDP 持续增长,其在温州、浙江所占的比重,总体呈 "上升—下降—再上升—再下降" 的态势(见图 6-7),其中在温州占比于 2017 年达到峰值 5.12%,在浙江全省占比则于 2000 年达到峰值 5.83‰,在经历一个下降过程后虽有所回升,但所占比重始终没能超过先前的峰值,这表明龙港城市能级在全省的下降态势。从人均 GDP 指标更能反映出龙港能级下降的 "疲态"——20 世纪 90 年代,龙港人均 GDP 高于温州,也高于浙江全省水平,1999 年达到 1.9 万元,分别是温州的 1.88 倍和浙江的 1.55 倍。浙江于 2004 年反超后,将龙港的差距越拉越大,2020 年龙港人均 GDP 是 8.1

万元，仅为全省平均水平的 73.3%（见图 6-8）。为此，龙港迫切需要打造新型城镇化改革策源地，重塑城市发展新动能，为再创新辉煌注入活力源泉。

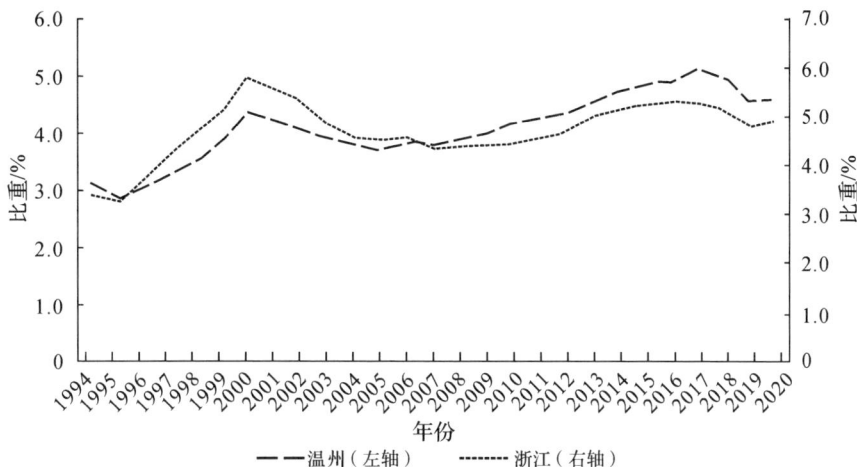

图 6-7 1994—2020 年龙港 GDP 占温州、浙江的比重变化

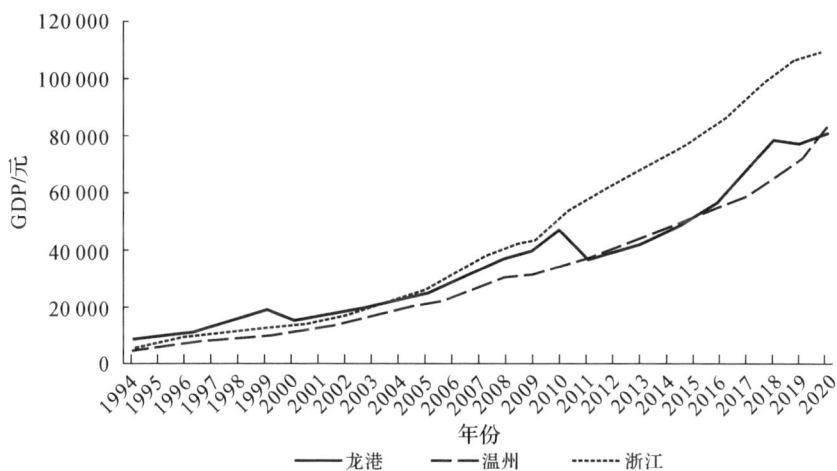

图 6-8 1994—2020 年龙港与温州、浙江人均 GDP 比较

3. 有利于发展实体经济

金融危机后，经济发展进入新常态，龙港实体经济发展面临产能过剩、需求萎缩、成本上升等问题，导致对资源要素的吸附能力降低，经济发展出现"脱实向虚"现象。2007—2020 年，龙港累计出让房地产用地 325 宗、

4400亩,共取得土地出让收入114.9亿元;而工业用地累计出让仅为125宗、2975亩(见图6-9、图6-10),取得土地出让收入11.4亿元,两者仅土地出让价格的直接收益就相差10倍之多(见图6-11),再加上房地产行业的回报率也远高于实体经济,[①]从而对制造业形成一种"挤出效应",最终导致产业"空心化",不利于国民经济的长期健康发展。因此,迫切需要打造新型城镇化改革策源地,破解房地产绑架实体经济的困局,重振龙港产业经济发展的雄风。

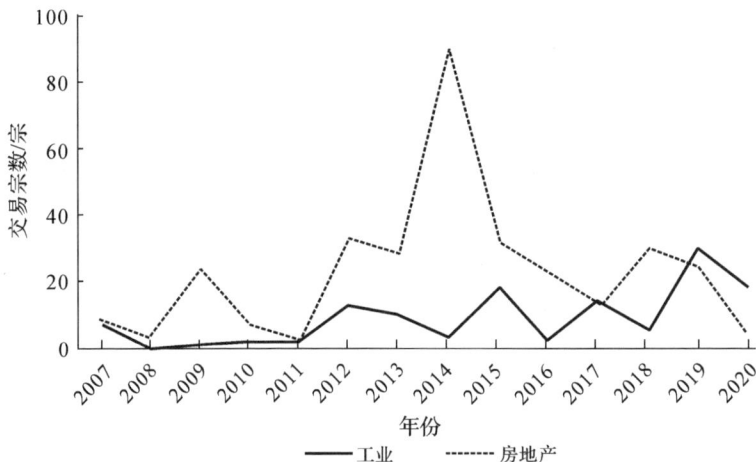

图6-9 2007—2020年龙港工业用地与房地产用地交易宗数比较

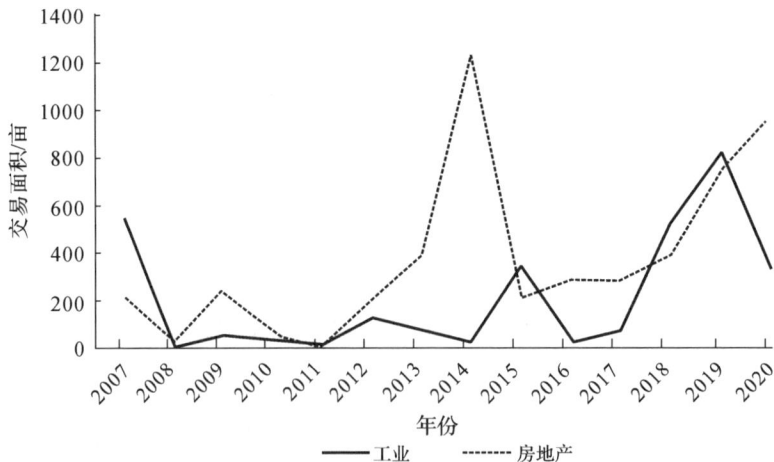

图6-10 2007—2020年龙港工业用地与房地产用地交易面积比较

---

① 李顺彬. 我国经济"脱实向虚"的表现、成因与对策 [J]. 新经济,2020(5):74–77.

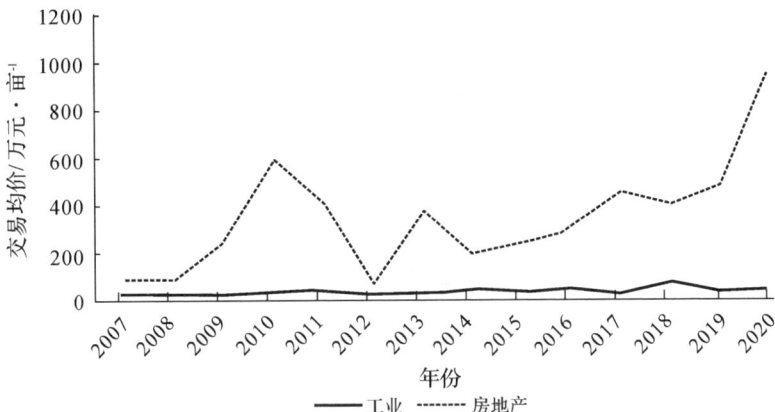

图 6-11　2007—2020 年龙港工业用地与房地产用地交易均价比较

（三）龙港打造新型城镇化改革策源地的可行性

龙港由镇改县级市已近两年，按照"大部制、扁平化、低成本、高效率"的要求，各项改革有计划、分步骤地有序推进，打造新型城镇化改革策源地具备极有利的可行条件。

1. 先行探索土地制度改革

龙港率先在全国开展土地有偿使用，但城乡二元的土地制度并有没取得根本性突破，城市建设用地采用市场化的招拍挂等方式出让，2007—2020 年龙港累计出让土地 625 宗、14747 亩，共取得土地出让收入 160.98 亿元（见图 6-12、表 6-5），而农村土地则依然不能入市交易。2020 年，龙港列为新一轮农村宅基地制度改革国家试点，按照宅基地所有权、资格权、使用权"三权分置"原则开展改革，正在探索跨村（社区）兑现宅基地资格权，允许在全市范围内流转宅基地使用权和农房，并建立宅基地收储制度和实施平台，鼓励居民依法有偿退出宅基地，先行探索农村集体建设用地入市，实现城乡建设用地"同地同权同价"，打造成新型城镇化改革策源地的重要标志性成果。

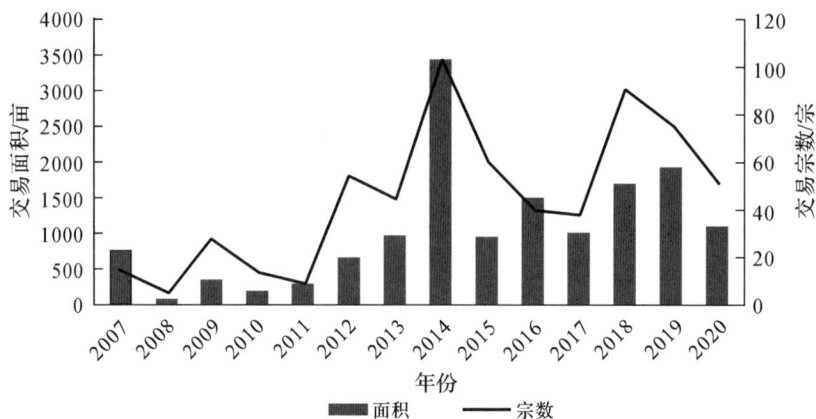

图6-12　2007—2020年龙港土地交易宗数与面积

表6-5　2007—2020年龙港不同土地出让方式占比

	宗数		面积		金额	
	数量/宗	占比/%	数量/亩	占比/%	数量/亿元	占比/%
划拨	388	62.2	8263	56.1	1.49	0.9
协议出让	195	31.3	5180	35.1	111.28	69.1
招标出让	2	0.3	92	0.6	0.9	0.6
拍卖出让	15	2.4	589	4.0	1.2	0.7
挂牌出让	24	3.8	617	4.2	46.11	28.6

2. 先行开展融资方式创新

龙港的土地出让收入在不同年份波动较大（见图6-13），取平均值得到年均土地出让金11.5亿元，再与2020年一般公共预算收入17.05亿元相比，测算出土地财政依赖度为67.45%。根据易居房地产研究院的分类①，属于高土地财政依赖度。对土地财政的过度依赖加剧了地方政府债务风险，中央已多管齐下严加治理。最近，财政部等又下发通知，将国有土地使用权出让收

---

① 根据土地出让金与一般公共财政预算收入的比值大小，将土地财政依赖度分成三档，即比值 ≥ 100% 为超高土地财政依赖度，比值在 50%—100% 之间为高土地财政依赖度，比值 ≤ 50% 为低土地财政依赖度。

入等四项政府非税收入统一划转税务部门征收，务必使土地出让收入更加透明、规范，从而倒逼地方政府降低对"土地财政"的依赖。[①] 龙港打造新型城镇化改革策源地，已抢占先机发行政府专项债券投入城市建设，这无疑是一种新的尝试，对于探索建立城市建设多元化投融资机制意义重大。

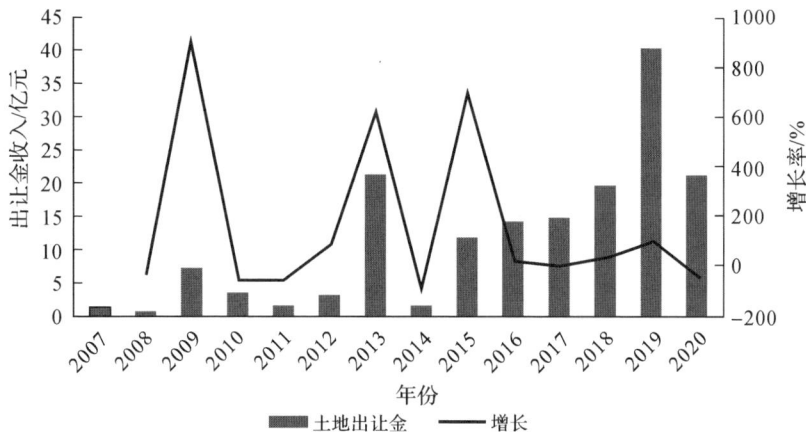

图 6-13 2007—2020 年龙港土地出让金收入增长

3. 先行推动公共服务改革

龙港民营经济发达、民间资金充沛，早在建镇初期就鼓励社会资本参与教育、医疗、文化等公共服务的供给。目前全市有 7 所民办学校、10 家民营医院、126 家个体诊所、12 家民办养老机构。可以说社会机构提供公共服务机制成熟、经验丰富。在深入推进服务业"放管服"改革背景下，放宽准入、降低门槛、清除壁垒、减少审批的趋势已较明朗，特别是具有自然垄断性质的电力、燃气等领域，其中的竞争性环节也在逐步放宽限制，这无疑给城市公共服务的供给方式创新提供了广阔空间。龙港"镇改市"，实行精简高效的"大部制"，面对居民日益增长的公共服务需求，采用政府购买服务方式改善和优化公共服务供给，已达成广泛共识，并在实践中先行先试、率先探索，以形成可复制、可推广的经验，成为打造新型城镇化改革策源地的重要组成部分。

---

① 何翠云. 土地出让金由税务部门征收或改变土地财政依赖现状 [N]. 中华工商时报，2021-06-09.

三、龙港打造全国新型城镇化改革策源地的方向路径

中国改革开放 40 多年最基本的经验，就是"改革发展论"，也即"改革到哪里，发展也就会到哪里"[①]。党的十九大在部署下一步改革时指出："经济体制改革必须以完善产权制度和要素市场化配置为重点。"这表明我国的改革特别是经济体制改革，进入了一个以推进要素及相应产权市场化改革的新时期。龙港作为全国唯一的"镇改市""大部制""扁平化"同步推进的改革试点，要立足新发展阶段、践行新发展理念、构建新发展格局，积极推动并优化土地、劳动力、资本、技术、数据等所有要素的市场化配置，打造全国新型城镇化改革策源地。

当前，最关键的是要抓住"人地业"的牛鼻子，充分发挥市场在资源配置中的决定性作用。坚持以"人"为核心——既要有序推进农业转移人口市民化，有效解决城镇化的"半拉子"工程，又要牢固树立"人才是第一生产力"的理念，以人才集聚带动资本、技术、数据等要素集聚；强化以"业"为纽带——既要注重产业链的强链补链延链，夯实经济发展底盘，又要强调城市和产业的融合发展，形成以城聚才、以才促产、以产兴城的良性循环；突出以"地"为支点——既要为新型城镇化发展提供空间承载，又要为人口城镇化积极创造条件。一言以蔽之，龙港要继续发扬"敢为天下先"的开拓精神，充分发挥"镇"改"市"带来先行先试的体制机制优势，深入推进"人地业"为主线的要素市场化改革，倾力打造全国新型城镇化改革策源地。

（一）以"人"为核心，提升人口、产业、城市集聚力

1. 聚焦"三类人群"

（1）龙港本地农村人口。根据浙江省公安厅的人口统计数据，2020 年龙港仍有 4.8 万乡村人口（户籍人口），占总户籍人口的 12.5%，主要分布在肥艚、江山、云岩一带。在全域社区化改革中，要同步推进农村人口城市化。

（2）龙港外来流动人口。根据浙江省公安厅的人口统计数据，2020 年龙港登记在册的流动人口有 11.2 万，其中居住半年以上的有 5 万人。实施"居住证＋积分"制度，有序推进外来人口本地化。

---

① 刘亭. 发展要靠深化要素市场化配置改革 [J]. 浙江经济，2021(6):14.

（3）龙港创新创业人才。根据浙江省公安厅的人口统计数据，2020年苍南各乡镇居住在龙港的人口约10万人，目前尚未登记在册，大部分从事投资活动以及经商，需要持续优化营商环境，留住人才和吸引更多人才参与龙港建设。

2. 坚持"四个面向"

（1）面向人的共同富裕。2020年，龙港城镇、农村居民可支配收入分别为55298元、29656元，低于温州和浙江全省的收入水平，特别是城镇居民人均收入分别低于温州8183元、浙江7401元，与龙港的"先富"形象极不相称。为此，在新型城镇化进程中，要突出以人为本，强调居民人均收入要与经济同步增长，同时把视角扩大到与居民收支紧密相关的大分配领域，既要实现物质、数量上的富裕，又要实现精神、品质上的富裕。针对近年来高、低收入人群的收入差距拉大，特别是收入增长速度同时扩大的发展态势，通过综合运用国民收入初次分配和再分配的多种手段，努力缩小不同人群间的收入差距，最终走向共同富裕。

（2）面向人的需求升级。当前，龙港居民消费已从生存型向发展型过渡，从追求数量转向追求品质。在构建以国内大循环为主体、国内国际双循环相互促进的新发展格局下，扩大内需作为一个战略基点，与深化供给侧结构性改革有机结合，以创新驱动、高质量供给引领和创造新需求，为居民消费结构升级提供新的动力。为此，在新型城镇化进程中，要顺应消费结构升级的客观趋势，特别是互联网信息技术的快速发展，带来消费选择多元化、个性化，消费理念和消费模式发生显著变化趋势，坚持供给侧改革与需求侧管理双向发力，加强补短板强弱项，推进新消费新体验场景建设，突出医疗、保健、教育、体育、文化和环保等服务供给，加快推动消费结构升级，促进居民消费潜力有效释放，形成生产、流通、分配、消费的良性循环。

（3）面向人的全面发展。进入新发展阶段，龙港需要关注人的全面发展，将终身教育作为一种价值性的教育理念，贯穿、渗透、体现在实体性的教育体系中，为人们在各个阶段都能接受教育、学习知识提供机会。打造全生命周期健康服务体系，以满足人们对健康服务的常态化、高端化、多元化需求，促进人们身心健康，提升人力资本素质。同时，不断提升城市建设的经济、社会、生态、文化适宜性，重视城市创新空间和消费空间的规划设计，营造城市的休闲娱乐设施和文化氛围，全方位优化自然环境和创新生态，吸引高层次人才集聚龙港创新创业，促进城市技术创新和产业升级。

（4）面向人的公共安全。"十四五"规划《建议》指出，要统筹发展和安全，把安全发展贯穿各领域和全过程，防范和化解影响现代化进程的各种风险。龙港打造新型城镇化改革策源地，不仅要把握好发展和安全的辩证关系，更要在完善公共安全服务体系建设方面下好先手棋。即从根本保障居民的生命权和财产权出发，聚焦城市的生态韧性和工程韧性[1]，加大力度建设安全技防的硬件设施，同时注重社区建设、邻里关系营造、社会网络编织等软件关系，全面提升社会风险识别能力、公共服务水平、灾害预防能力和灾后恢复能力，尤其是在网络安全方面，需要法律与技术相结合，维护网络系统安全、信息安全和内容安全，切实增强城市发展的"韧性"。

3. 提升城市集聚能力

（1）引导人口规模集聚。按照"一中心、六组团"的总体构架，引导人口向中心城区及云岩、江山、平等、白沙、芦浦、舥艚等组团集聚。深化全域社区化改革，提升农村社区治理水平。加强新居民职业技能培训，加大创业就业扶持力度，提高人口素质和融入城市能力。持续深化户籍制度改革，实行经常居住地登记户口制度，落实合法稳定住所（含租赁）落户及配偶、直系亲属随迁政策，实现"零门槛、无差别"落户，创建"自由流动、按需申请"的人口户籍改革新格局，吸纳新居民落户龙港，着力增加城市人口规模总量。落实财政转移支付、城镇建设用地"人地钱挂钩"等激励政策，建立多主体、长周期、可持续的市民化成本分担机制。

（2）创新人口服务管理。以数字化改革为牵引，深化新型居住证制度改革，构建新居民"一指办理"数字化应用平台，大力推行电子居住证，简化领证手续，扩大发证规模，实现全城通用、无感赋分。积极探索建立以"居住证＋积分"为核心的公共服务梯度供给制度，扩展居住证持有人实际可享有的公共服务和社会保障内容，实现农业转移人口教育、医疗、就业、养老等公共服务梯度供给、即时办理。引导吸纳符合条件的流动人口参与社区管理与服务，保障依法行使选举权和被选举权，鼓励参与民主协商议事活动和

---

[1] 华智亚. 韧性思维、韧性基础设施与城市运行安全 [J]. 上海城市管理，2021（1）：19–27.

社会事务管理，鼓励加入各类群团组织，提高归属感和幸福感。

（3）加强人才引进培育。通过项目合作、联合培养、设立"人才飞地"和海外引才工作站等方式实现"柔性引才"，加快集聚一批创新型科技领军人才、高水平创新团队和紧缺高层次人才。常态化举办世界青年科学家峰会龙港专场、创业创新大赛、印刷创意设计大赛、龙港印刷与文化产业博览会等活动，选拔创新创业人才。加快建设一批大学生实践基地和创业园，建立青年人才阶梯式支持机制，加大人才专项住房建设力度，吸引优秀高校毕业生来龙港创业就业。鼓励企业与高校院所合作建立产业学院、技师学院、教学工厂、高技能人才培养基地，推进实施高级技师培训、企业新型学徒制、订单式培养，定期举办各类专业性职业技能大赛，打造一支覆盖广泛、数量充足、技艺精湛的高素质复合型技术技能人才队伍。

（二）以"业"为纽带，促进产、城、人融合发展

1. 聚焦"三个化"

（1）产业基础高级化。立足实体经济根基，以数字科技赋能产业发展，加快推进产业基础高级化、产业链现代化。聚焦"三百三新"制造业高质量发展新格局，打造传统与新兴互促的制造业新高地，推动制造业与服务业融合发展，打造高端产业城。

（2）城市功能现代化。锚定"温州大都市区南部中心城市"的功能定位，加快构建智慧化交通网络，加强数字基础设施投入建设力度，全力推动数字治理系统性升级重塑，全域拓展数字社会多场景应用，全面提升智能化基础设施能级，打造场景化、人本化、绿色化、智能化的美好家园。

（3）居民生活品质化。以满足城乡居民对美好生活的需要为根本出发点和落脚点，稳步提高基本公共服务水平和城市文明程度，推动人的全面发展和社会全面进步。推进共同富裕，扩大中等收入群体，保持区域发展和居民生活水平均衡度领先。

2. 坚持"三个融合"

（1）产城融合。城市是产业发展的空间载体，产业是城市发展的驱动力量，城市与产业相伴而生、共同成长。龙港经历了从小渔村到"农民城"、再到"产业城"的多次蝶变，已进入打造"活力创新城、高端产业城、现代智慧城、

幸福宜居城、平安善治城"的新阶段。在信息时代，以 5G、人工智能、大数据、物联网、区块链等新一代信息技术支撑的产业生态发展，为城市发展特别是数字孪生城市建设注入新动力；反之，数字经济发展也需要一个配套齐全、功能完备、业态复合的城市空间载体。这样，以"业"促"城"，以"城"兴"业"，产城双轮驱动、形成良性循环，实现产城融合共生发展。这要求在城市空间布局上，统筹安排城市功能和生产功能，在区块层面实行居住、商业、文化、生产等功能在不同尺度、不同强度上的融合，营造多元共融共享的城市空间。

（2）两业融合。国际经验显示，先进制造业和现代服务业深度融合，将带动服务要素作为中间投入产生巨大需求，对生产性服务业具有牵引作用。[①]当前，龙港制造业比较发达，但是"两头在外"的格局没有根本改变，即产业链上游的研发设计与下游的品牌营销、再服务等环节极为薄弱，现代服务业发展相对滞后，是城市能级提升的瓶颈制约。推动两业深度融合发展，还能衍生出新需求、新产品、新服务，不断拓宽服务业增长空间，是培育城市经济新增长点的重要潜力所在。为此，龙港要通过搭建重大平台、推进产教融合、培养跨界人才等途径，强化融合发展要素保障，支持企业探索两业融合的新业态、新模式、新路径。

（3）城乡融合。尽管龙港按照全域城镇化的整体构架，已完成村规模调整和全域村改社区，实现 102 个社区由市直管，但从社区空间形态和居民生活方式看，不少社区仍然是乡味十足的农村和农民。真正实现由农村向城市、农民向市民转变，还需要一个过程。为此，在这个转变过程中，坚持城乡融合发展至关重要，即按照"一区两园六组团"的整体空间布局，统筹安排城市建设、产业发展、生态涵养、基础设施和公共服务，系统谋划中心区块城市设计、新城开发建设和老城有机更新，推动乡村社区化、组团式发展。统筹实施全域土地综合整治，一体推进美丽城区、美丽乡村、美丽田园建设。同时，要加快构建城乡融合发展的体制机制和政策体系，促进城乡人口自由流动、要素市场配置，逐步实现城乡基本公共服务标准统一、制度并轨。

3. 提升产业链现代化水平

（1）加快培育发展数字经济。打造基于 5G 的印刷包装、新型材料、绿

---

① 徐建伟，洪群联. 推动"两业融合"为高质量发展增添新动能 [J]. 中国经贸导刊，2020(1):9–11.

色纺织等工业互联网平台，打通产业数据仓和企业数据仓，推动生产要素、贸易流通、供应链等经济数据资源融合汇聚。支持企业发展网络协同制造、个性化定制、服务型制造，推动传统生产模式向大规模个性化定制和"制造＋服务"转型升级。充分利用新一代信息技术，推动传统优势行业数字化转型升级，做强印刷包装、新型材料、绿色纺织产业数字技术服务。瞄准5G商用、数据中心、人工智能、物联网、工业互联网等重点领域，布局数字经济新兴产业，打造鳌江流域数字经济产业中心。

（2）着力打造高能级产业平台。推进"区市合一"的发展模式，高标准建设新城产业园、西部产业园两大平台，加强交通网络、基础设施、公共服务等城市功能建设，完善现代化产业园区综合配套设施，实现工业化与城镇化双轮驱动，形成产城融合发展的新格局。着力提升印刷包装、新型材料、绿色纺织三大传统产业，加快培育新能源装备、生命健康、通用机械三大新兴产业，着力打造经济增长新引擎。深入实施小微园提质扩容行动，开展"小作坊"整治，推动小微企业入园发展，实现企业集聚、产业集群、要素集约、技术集成、服务集中。

（3）不断优化创业创新生态。加快推进创业载体建设，打造"众创空间—孵化器—加速器—产业园区"全链条孵化体系。提升印刷产业创新服务综合体能级，打造绿色纺织、新材料等产业创新服务综合体，加强检验检测、认证咨询、知识产权、科技金融等功能建设，探索构建跨区域产业创新服务综合体联盟。深化产学研协同创新，吸引国内外知名高校和科研机构设立研发中心、创新中心和技术转移中心，引导行业龙头企业设立独立法人型新型研发机构。支持金融机构与创业投资、股权投资机构实行投贷联动，设立天使投资引导基金。营造尊重创造、鼓励创新、宽容失败、公平竞争的创新创业氛围，持续激发创新创业活力。

（4）加强产业发展要素保障。探索产业用地市场化配置机制，推进"标准地＋承诺制＋代办制＋区域评估"改革，推广"限地价竞税收""先租后让"工业用地供应方式，建立"供给—监管—退出"全生命周期管理制度。建立知识产权公共服务平台，搭建知识产权融资和交易平台，建设区域性专利技术产权交易市场。积极对接国家政策，健全企业上市、发债、基金、担保等多元融资支持方式，提升资本市场服务企业全生命周期能力。加强地方政府专项债、中央预算内投资、政府产业基金等引导作用，加大对重大项目的融资支持。建立便捷高效的要素交易机制，推动排污权、用能权、碳排放权等资源要素自由交易和市场化配置，实现要素价格市场决定、流动自主有序、配置高效公平。

（三）以"地"为支点，撬开资源、资产、资本转化通道

1. 聚焦"三块地"

（1）农村承包地。据第三次土地调查数据显示，耕地保有量7.84万亩，其中永久农田保护面积6.43万亩，由于乡村人口特别是年轻人外出比较普遍，促进农村承包地进一步流转，有利于提高土地利用效率。

（2）农村宅基地。据第三次土地调查数据显示，龙港农村宅基地面积17.23万平方公里，占城乡建设用地总面积的44.8%，所占比重远高于乡村人口占比，盘活利用量大、面广的宅基地意义重大。

（3）农村集体经营性建设用地。龙港已完成农村集体产权制度改革，基本建立了"三权到人（户）、权随人（户）走"的农村产权制度，在全域社区化背景下，率先推动农村集体经营性建设用地入市，助力农村集体经济发展壮大。

2. 坚持"三资转化"

（1）资源：集约利用。土地是新型城镇化发展的空间载体，也是经济活动不可或缺的基本要素。我国实行最严格的节约集约用地制度，对土地利用实施规划计划"双管控"，所以土地利用既涉及实物形态的土地资源，主要包括农业用地和建设用地；也涉及抽象意义的土地指标，包括建设用地的空间指标、计划指标和占补平衡指标。龙港打造新型城镇化改革策源地，促进土地资源集约利用是题中之义，即优化土地利用的结构和分布，充分挖掘土地开发潜力，提高土地投入产出比，尽可能不占用或占用较少的耕地。同时，要探索开展城镇、农业、生态等不同功能空间的集约利用研究，努力实现土地利用中经济、社会、生态效益均衡的最优集约度。

（2）资产：权益保障。土地是资源的一种类型，同时还是其他资源的重要载体，由此以土地来代表农村集体所拥有的资产。土地作为资产的一个重要特征是确权登记后产权明晰，能够为拥有者带来经济价值和收益，主要表

现为土地实物、土地权益等不动产价值，土地的级差地租和增值预期，以及征地拆迁、安置补偿等财产溢价。为此，龙港要积极推进农村土地承包经营权纳入不动产统一登记，同时探索开展荒山、荒沟、荒丘、荒滩等未利用的土地及公益性资产确权研究，进一步完善"三权到人（户）、权随人（户）走"的农村产权制度体系。

（3）资本：扩权赋能。土地作为一种资本以进入市场流通为前提，土地权属关系的转让、出租或自行经营，在运行中能够给所有者带来预期收益，突出表现在土地能够发挥融资、作价入股等价值增值功能。为此，要进一步深化农村产权制度改革，建立健全农村产权抵质押物价值评估、流转交易、处置、风险分担等制度，完善金融机构与政府共担的风险分担体系，创新农村产权抵押融资相关保险产品。建立健全农村产权交易市场体系，促进土地要素流通顺畅，充分显现农村土地的市场价值。

3.促进城乡土地市场配置

（1）创新承包地经营流转方式。深入推进农村土地所有权、承包权、经营权"三权"分置改革，切实保障农户土地承包权，依法享有对承包地占有、使用、流转、收益权利。鼓励采取转包、出租、股份合作、代耕代种等多种方式，探索更多放活土地经营权的有效机制和办法。推进农村集体经营性建设用地使用权、集体林权等抵押融资，建立农村产权抵质押物价值评估、流转交易、处置、风险分担等配套制度，健全金融机构与政府共担的风险分担体系，加强政银保担合作，创新农村产权抵押融资相关保险产品。

（2）放活农村宅基地（农房）使用权。深入开展农村宅基地和农房利用现状调查，重点查清宅基地单元、空间分布、面积、权属、限制及利用状况等信息，全面梳理并妥善解决宅基地历史遗留问题。结合农村乱占耕地建房问题专项整治，部署开展农村违规违建清理专项行动，重点对尚未确权的宅基地及住房进行集中攻坚。搭建宅基地数字化智能综合管理平台，实现集体经济组织成员、农户和宅基地从资格确认、分配、审批、流转、置换、退出等全生命周期管理。适度放活农村宅基地（农房）使用权，鼓励采用流转、合作、入股等多种途径，推动闲置宅基地及农房盘活利用。

（3）推动农村集体经营性建设用地入市。率先研究制定农村集体经营性建设用地入市实施办法，明确入市范围和途径、入市主体和实施主体、入市方式和交易程序及集体土地权能规定，依法合规推进集体经营性建设用地就地或异地调整入市，探索将有偿收回的闲置宅基地、废弃或低效的公益性建设用地转变为集体经营性建设用地入市。出台出让、出租、转让、抵押等入市配套文件，完善城乡基准地价、标定地价的制定和发布制度，逐步形成与市场价格挂钩的动态调整机制，逐步实现与国有建设用地同等入市、同权同价，推动形成城乡统一的建设用地市场。

四、龙港打造全国新型城镇化改革策源地的对策建议

（一）加快推进新型城镇化补短板强弱项

针对公共卫生、人居环境、公共服务、市政设施等短板弱项，龙港要加快实施一批重大民生设施项目，优化医疗卫生、教育科技、养老托育、文化体育、社会福利和社区综合服务设施，完善垃圾无害化资源化处理设施、污水集中处理设施，实施市政交通设施、市政管网设施更新和智慧化改造，加快推进公共服务设施提标扩面、环境卫生设施提级扩能、市政公用设施提档升级，不断提升城市的综合承载能力和治理能力。当务之急是要解决教育、医疗及环境设施的能级提升问题，增强现代化城市的综合服务功能，为人口特别是人才集聚营造良好环境。同时，按照一体规划、同等标准、全域覆盖的要求，紧密串联云岩、江山、平等、白沙、芦浦、舥艚六大城郊组团，统筹推进资源要素配置、公共设施建设和生产力布局，加快全域一体、城乡融合发展。要着眼于释放政府投资乘数效应，科学谋划一批具备一定市场化运作条件的项目，探索通过盘活存量资产、挖掘土地潜在价值等方式，引入社会资本参与城市建设。规范有序推广 PPP 模式，探索基础设施领域不动产投资信托基金（REITs）等新模式。针对准公益性及经营性固定资产投资项目，设计市场化的金融资本与工商资本联动投入机制。对符合条件的大中型准公益性及经营性项目，探索通过健全政银企对接机制，利用开发性政策性商业性金融予以融资支持。

（二）全面推进农村宅基地制度改革试点

围绕中央"五探索、两完善、两健全"[①]试点任务，深入开展农村宅基地制度改革试点，重点加强宅基地所有权行使、宅基地资格权认定和保障、宅基地有偿使用和退出路径、宅基地流转抵押、宅基地优化布局等方面改革探索。研究制定宅基地资格权认定办法，探索资格权多元化保障方式，统筹宅基地新增建设用地计划指标，跨村（社区）兑现宅基地资格权，建立以集体经济组织为主体的居民（宅基地资格权人）住房保障基金制度。适度放活宅基地使用权，允许在全市范围内流转宅基地使用权和农房，探索解决历史遗留宅基地农房流转纳入合法管理的路径和方法，研究建立宅基地使用权抵押融资制度、抵押登记制度以及抵押风险评估防范机制，探索宅基地无偿分配和有偿使用并行制度，探索建立宅基地收储制度及实施平台，鼓励居民依法有偿退出历史原因形成的"一户多宅"和超标准宅基地，鼓励已在城镇安家落户的农民退出宅基地。结合新一轮国土空间规划，开展"多规合一"的实用性村庄（社区）规划编制，优化宅基地空间布局，建立宅基地规模总量控制、增减挂钩机制，撬动盘活利用存量用地。设立宅基地保障调剂公司，统筹市域范围内的宅基地跨区转换保障问题。

（三）构建产业大脑赋能产业转型升级

聚焦产业数字化和数字产业化，围绕科技创新和产业创新双联动，以"产业大脑＋未来工厂"为核心业务场景，推动全要素、全产业链、全价值链的全面链接，促进制造方式创新、企业形态重构、要素资源重组，推动制造业高端化、智能化、绿色化发展。当前，首选印艺类型多、企业主体多、高端设备多的印刷行业，加快建设"印刷产业大脑"，即依托工业互联网平台，围绕产业链、供应链、创新链、资金链，从政府侧、企业侧两个维度开发应

---

① "五探索、两完善、两健全"，即完善宅基地集体所有权行使机制、探索宅基地农户资格权保障机制、探索宅基地使用权流转制度、探索宅基地使用权抵押制度、探索宅基地自愿有偿退出机制、探索宅基地有偿使用制度、健全宅基地收益分配机制、完善宅基地审批制度、健全宅基地监管机制。

用场景，让龙头企业少、规上企业弱、印后企业散的印刷业通过云端协同，推动数字化设计、智能化生产、共享化制造、网络化协同、个性化定制、服务化延伸，以数字化赋能加快整个行业的转型升级。重点抓好数据、App、中台、算法、安全"五大要素"，加快搭建硬件基础平台，建立数据获取及高速存储体系和 AI 智能数据分析决策体系，建设龙港印刷产业链可视化端口。就企业侧而言，可从一对多的产能协同和物流协同切口入手，即从一个产品需求下的多个印后工艺加工之间的协同与封装切入，提供线上最优路径、优选方案和线下多工艺集成、一站式工厂的同步协同，以及一个产品外协需求下的多个工厂之间的物料转移与路径规划，将线上多点路径规划与线下标准化服务体系协同起来，给龙港印刷产业装上"最强大脑"。

课题负责人：刘　亭

课题组成员：庞亚君

第七章 龙港市创新发展路径研究

一、龙港市创新发展的机遇与现状分析

（一）龙港市创新发展机遇

1. 国家创新驱动发展战略

"十四五"规划纲要中把创新放在了具体任务的第一位，明确要求坚持创新在我国现代化建设全局中的核心地位，把科技自立自强作为国家发展的战略支撑，面向世界科技前沿、面向经济主战场、面向国家重大需求、面向人民生命健康，深入实施科教兴国战略、人才强国战略、创新驱动发展战略，完善国家创新体系，加快建设科技强国。从科技发展的趋势来看，世界正迎来第四次工业革命的浪潮，机遇与挑战并存；立足国情，放眼世界，要让我国经济突破发展瓶颈、从大到强，应对人口老龄化、消除贫困、保障人民生命健康等多方面的挑战，都离不开科技创新。为此龙港市要深入贯彻落实创新驱动发展战略，坚持科技工作面向经济主战场，推动科技与经济深度融合，形成"科技创新支撑产业创新，产业创新拉动科技创新"的正反馈效应，聚焦经济发展中的突出问题，不断完善产学研深度融合的技术创新体系，在战略必争领域抢占科技制高点，寻求新的增长点，获得新突破。统筹推进产业基础高级化和产业链现代化，增强产业核心竞争力，加快向价值链中高端迈进，产出一批具有标志性的创新成果，为国家繁荣富强提供战略支撑力。

2. 长三角科技创新共同体建设

2020年，科技部会同上海市、江苏省、浙江省、安徽省人民政府共同编

制了《长三角科技创新共同体建设发展规划》，提出以加强长三角区域创新一体化为主线，以"科创＋产业"为引领，充分发挥上海科技创新中心龙头带动作用，强化苏浙皖创新优势，优化区域创新布局和协同创新生态，深化科技体制改革和创新开放合作，着力提升区域协同创新能力，打造全国原始创新高地和高精尖产业承载区，努力建成具有全球影响力的长三角科技创新共同体。并明确了长三角科技创新共同体的定位为：高质量发展先行区、原始创新动力源、融合创新示范区、开放创新引领区。提出 2025 年，形成现代化、国际化的科技创新共同体的目标。2025 年，长三角地区科技创新规划、政策的协同机制初步形成，制约创新要素自由流动的行政壁垒基本破除。涌现一批科技领军人才、创新型企业家和创业投资企业家，培育形成一批具有国际影响力的高校、科研机构和创新型企业。研发投入强度超过 3%，长三角地区合作发表的国际科技论文篇数达到 2.5 万篇，万人有效发明专利达到 35 件，PCT 国际专利申请量达到 3 万件，长三角地区跨省域国内发明专利合作申请量达到 3500 件，跨省域专利转移数量超过 1.5 万件。长三角科技创新共同体的建设有效推进了沪苏浙皖三省一市联合开展重大科技攻关，促进了创新主体高效协同，推动了创新资源开放共享和高效配置。同时，也为龙港市的发展带来了巨大的机遇，有力推动龙港市与其他省市共同开展机制和模式创新，积极探索科技资源开放、共享、应用、交互、协作的全新模式，加快推动长三角区域高质量一体化发展。

3. 浙江推动三大科创高地建设

为深入实施创新驱动发展战略，加快建设高水平创新型省份和科技强省，浙江省在《浙江省科技创新发展"十四五"规划》中制定了"两步走"战略：第一步是 2025 年基本建成国际一流的"互联网＋"科创高地，初步建成国际一流的生命健康和新材料科创高地；第二步是 2035 年全面建成三大科创高地，建成高水平创新型省份和科技强省，在世界创新版图中确立特色优势。《浙江省科技创新发展"十四五"规划》中提出浙江将推进杭州、宁波、温州国家自主创新示范区和环杭州湾高新技术产业带建设，打造具有全球影响力的"互联网＋"科技创新中心、新材料国际创新中心和民营经济创新创业高地。探索县域创新发展新路径，培育一批国家创新型县（市）和创新型乡镇。支持各地在创新资源富集区设立联合创新中心，形成省市县联动的创新飞地体系。龙港市要加速实施创新首位战略，坚持创新核心地位，深度融入浙江省三大科创高地建设和温州国家自主创新示范区建设，积极引进"互联网＋"、新材料等新兴产业，积极推动温州南部副中心规划建设和鳌江流域一体化发展，增加区域间创新资源与要素的自由流动，打好关键核心技术攻坚战，构筑高能级创新平台体系，完善产业协同创新体系，加快汇聚高端创新人才，构建科技开放合作新格局，不断深化科技体制改革，为龙港市创新发展与建设获取更大的市场空间与战略机遇。

4.龙港提出推动活力创新城建设

《龙港市国民经济和社会发展第十四个五年规划和二〇三五年远景目标纲要》中提出，实施创新首位战略，打造"人才支撑、科技引领"的活力创新城。坚持把创新放在发展的核心地位，培育高效率创新型企业梯队，打造新时代高素质人才队伍，营造活跃创新创业氛围，构建高水平创新生态体系，形成以人才为引领、以创新为动力的高质量发展格局。加快发展科技型企业，提升企业科技创新实力。建设高能级创新平台，争创省级高新技术产业园区。加快建设省级印艺小镇、温州高新区龙港分园，高标准建设浙江理工大学龙港研究院、北京印刷学院现代产业学院、温州大学新材料研究院等，建设龙港政产学研合作平台。

（二）龙港市创新发展现状

1.科技创新维度

2020年，龙港市实施科技企业"双倍增"行动，新增高新技术企业27家、省级科技型企业149家、省级企业研究院1家、省级研发中心2家、市级研发中心19家。实施企业智能化技术改造，新增上云企业500家、完成智能化技改项目73个，新增工业"机器人"98台。鼓励企业加大研发投入，完成技改投资16亿元、增长122%，规上工业研发费用同比增长38.8%。

科技创新是龙港市亟须补齐的短板之一，其中，战略新兴产业、数字经济核心制造业等指标增幅较慢，而规上研发费用的占比较低，高端创新要素集聚不够，创新平台能级不高。制造业企业中高新技术企业的占比较低，技术含量较高的设备都不在本地生产，如冷链等设备需要从瑞安引进购买。作为主导产业的印刷产业没有技术壁垒，极易导致相互抄袭，进而产生区域内的企业的恶性竞争，从而进一步导致设计师生存环境恶化。

2. 产业创新维度

2020 年，龙港市基本形成以印刷、礼品、纺织、塑编四大传统支柱产业以及印刷原材料、不锈钢带材、微晶玻璃、超细纤维、特种陶瓷等一批新兴产业为支撑的产业体系。龙港市实施制造业"三百三新"计划和企业培育"龙腾计划"，新增"隐形冠军"培育企业 3 家、"品字标"企业 3 家、A 股上市辅导企业 1 家、"专精特新"培育企业 150 家，净增"小升规"企业 32 家。

龙港作为全国三大包装印刷基地之一，产值超 150 亿元，从业人员近 10 万人。龙港市印刷产业具有四大优势：一是印艺类型多。龙港市拥有平版胶印、凹版印刷、凸版（柔版）印刷、丝网印刷、数码印刷，还有热转印、水转印、三维立体印刷、激光防伪印刷等各种印刷工艺。二是企业主体多。据不完全统计，龙港市从事印刷相关的企业主体数近 6000 家，其中拥有印刷许可证企业 741 家，规上企业 200 家，规上产值约 120 亿元，整个印刷产业总产值 500 亿元以上。三是高端设备多。龙港市拥有各类印刷设备 5200 多台（套），涵盖海德堡、高宝、曼罗兰、小森、三菱等国际顶尖品牌，其中海德堡每年 15% 左右的销售额在龙港。四是已形成印刷原材料产业链。如金田集团主要生产 BOPP 薄膜，居国内前二，全球前三；强盟包装有限公司、世博新材料有限公司主要生产塑料，为电器开关做配件；远大塑胶公司主要生产不干胶；诚德科技主要负责软包装印刷等。

龙港市的产业结构存在五大问题：一是产业结构过于单一，主要以低端印刷产业为主，目前的创新能力无法支撑高端印刷业的发展。二是产业结构质量不高，规上企业占比低。工业服务企业 6600 多家，其中仅有 314 家为规上企业，占比为 4.76%，占比较低。三是总部经济企业与主导产业错位，龙港市虽然有 4—5 家总部经济企业〔温州臻龙科技有限公司（软件开发）、温州昕昀环保科技有限公司、温州猪八戒印艺科技有限公司、浙江链像科技有限公司〕，但这些总部经济企业均和主导产业印刷产业无关。四是外资企业少，早年的外资企业主要是与港澳台相关的政治任务，效果不明显。五是龙头带动产业项目少，缺乏高新技术产业和项目推动，2020 年龙港市亿元产业项目仅 19 个。

同时，龙港市主导产业印刷产业也存在三大问题：一是龙头企业少。目前还没有一家超 10 亿元产值的印刷企业。二是规上企业弱。龙港市规上印刷企业产值集中在 2000 万—5000 万元之间，设计、研发能力弱，管理水平低，印刷机长紧缺，区域竞争力不强。三是印后企业散。印后加工主要以个体户为主，数量众多，散布在龙港市各个地方，存在安全生产隐患。并且，还存在企业内部管理与外部协同信息不对称，印刷产业信息没有打通，缺乏综合分析，政策引导不精准，产业人才紧缺等问题。尤其是应用型和高级技术人才，尚不能有效满足印刷包装产业转型提升需要。

3. 人才创新维度

龙港市政府在引进人才方面作出了五大创新：

（1）重点引进未来经济增长点领域的高技术人才。2021 年龙港市共申报国家级人才项目 10 个，其中有 6 个人才项目属于高分子材料领域，该领域为龙港市培育的新经济增长点。

（2）拓宽人才政策的覆盖面。2020 年，龙港市实施"智汇龙港"行动计划，出台"人才优政"50 条，形成"1 + 10"人才政策体系，组建"引才育才"联盟，人才政策辐射大专生、有技工证的工匠人才。大专生积分值达到标准，可享受购房补贴 10 万元。符合条件的企业其员工可享受子女入学指标。印刷行业的本科生也可享受行业补助。

（3）打造人才创业平台。举办首届"港为人先"全球创新创业大赛和"龙城鲲鹏"专项赛，共吸引 25 个省（自治区、直辖市）和 8 个海外国家（地区）436 个人才创业项目、98 位创新人才参赛，签约 17 个优质创业项目。建成全市首个人才客厅、新时代"两个健康"先行区实践中心，新引育高层次人才 32 人，加快打造"一院、一港、一城、一厅、一小镇、一中心"创新格局，全力构建全域创新生态体系，为高层次人才创业提供宽广的舞台，用高质量人才赋能产业的高质量发展。

（4）重点解决人才住房问题。2020 年就业补贴、购房补贴、政府补贴、活动奖励等政策兑现额达 143.3 万，共筹集配售型人才住房房源 20600 平方米，通过两批共配售人才住房 79 套。

（5）积极打造人才社区。布局小学、中学、高中、外国语学校等公共服务配套设施。将 900 亩地用作均瑶教育社区，引进了上海世外教育集团等。

与温州市其他地区出台的人才引进政策相比，龙港市的人才政策优惠力度最大，如博士购房补贴约有 80 万元，而龙港市当地房价约为 160 万元（80 平方米），博士的购房补贴约占到了总房价的 50%，但现实中面临招引博士难的困境。究其原因跟龙港市的城市能级有限有关，目前能够提供的公共服务水平有限，教育医疗短板明显，不能满足高技术人才的生活需求。如当地的医疗水平落后，当地人就医多选择到外地就医，教育水平偏低，与高技术人才的教育理念不符等。

4. 空间创新维度

在平台建设方面，龙港市成功获批设立省级经济技术开发区，成立温州高新区龙港分园。对标"万亩千亿"的产业平台，加快推进省级印艺小镇建设，2020 年印艺小镇完成固定资产投资 10.3 亿元，新竣工小微园 6 个，达 150 万平方米，入驻小微企业 1000 多家。在产学研转化方面，龙港市签约共建浙江理工大学龙港研究院、北京印刷学院产业学院，推动产学研用深度融合。在区域合作方面，积极主动融入"一带一路"、长三角一体化发展，深化与省工商联、温州市属国有企业战略合作，总投资 330 亿元的"双招双引"项目集中签约，落地亿元以上产业项目 20 个、"251"项目 6 个、"152"项目 2 个。龙港市空间创新的问题集中在缺少科研创新平台，现有的科研创新平台成立时间较短，辐射面较窄，尚无法提供有力的平台支撑。

二、龙港市创新发展的对标分析

本研究报告选取浙江省温州市内其他六个县级市和县与龙港市进行创新发展对比分析，分别是：瑞安市、乐清市、永嘉县、平阳县、文成县和泰顺县。重点从社会经济、产业结构、投资增速、科技创新四个方面展开对比分析，具体情况见表 7-1。龙港市的数据来源于龙港市政府公开发文，其他六个县级市和县的数据来源于《2020 年温州市统计年鉴》[①]。

---

① 注：由于温州市统计局公开发布的统计年鉴仅到《2020 年温州市统计年鉴》，故其他六个县级市和县的数据为 2019 年的数据。由于龙港市是于 2019 年 9 月 25 日成为"镇改市"，2019 年数据还未与苍南县分离进行统计，故龙港市的数据为 2020 年的数据。特此说明。

表7-1 龙港市与温州市其他县市社会经济、投资增速、科技创新
情况对比一览

		龙港市	瑞安市	乐清市	永嘉县	平阳县	文成县	泰顺县
社会经济	GDP / 亿元	316.40	1003.96	1209.93	444.52	510.29	104.91	110.60
	常住人口 / 万人	48.50	143.79	142.85	83.32	80.38	24.57	25.59
	人均生产总值（常住人口）/ 元	72400	69985	84848	53473	63529	42829	43236
	城镇居民人均可支配收入 / 元	55298	64721	64442	49489	50767	42116	40622
	农村居民人均可支配收入 / 元	29656	33497	35478	24550	24957	19128	18805
	一般公共预算收入 / 万元	170500	796399	996893	395265	380260	96302	101018
产业结构	第二产业增加值 / 亿元	144.59	460.11	557.41	191.73	228.84	24.29	37.10
	第三产业增加值 / 亿元	162.79	518.75	632.16	236.72	262.84	71.28	64.02
	工业增加值 / 亿元	46.90	395.86	516.69	141.96	189.24	10.44	9.62
	规模以上工业总产值 / 万元	2456000	8977852	14358801	3288618	4042816	208663	158649
投资增速	工业投资比上年增长 / %	16.40	1.40	16.60	23.60	16.60	30.40	-0.60
	工业技改投资比上年增长 / %	42.50	25.60	19.50	27.70	31.40	-3.20	16.70
科技创新	专利申请授权量 / 项	215	6098	7190	2484	2852	260	350
	R&D经费支出 / 万元	44296	211841	307078	89679	66080	4833	1696

（一）社会经济情况

龙港市是"镇改市"，其经济体量与其他县级市和发达县相比还较小，GDP、常住人口、一般公共预算收入均位于七个县市中的第 5 位，虽然 GDP 在七个县市中排位较低，但其人均生产总值为 72400 元，位于七个县市中的第二位，城镇居民人均可支配收入为 55298 元，位于七个县市中的第三位，农村居民人均可支配收入为 29656 元，同样位于七个县市中的第三位（见图7-1），可见龙港市居民的生活水平较高，具有较高的消费意愿和较强的消费能力。龙港市潜在市场的消费需求较大，人们对高品质生活消费品和社会服务的需求较强，促使龙港市尽快推进科技创新与产业经济的融合发展，大力推动传统产业转型升级，引入数字化经济、"互联网＋"经济等新兴产业，以便匹配龙港市居民较高消费能力。

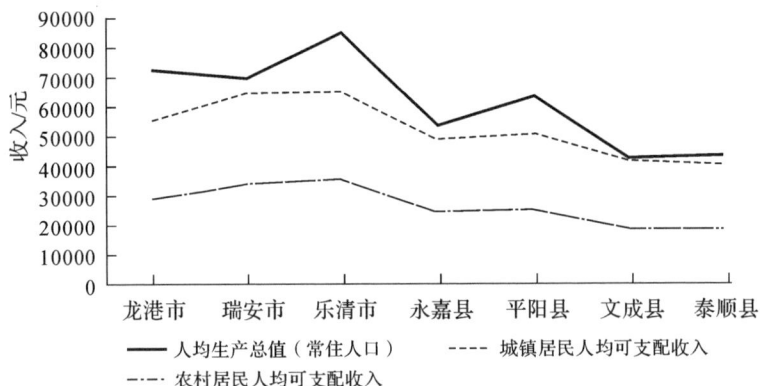

图 7-1　七个县市的人均生产总值与城乡人均可支配收入对比

（二）产业结构情况

通过第二产业增加值、第三产业增加值与 GDP 对比，计算得出七个县市第二产业、第三产业分别占 GDP 的比重，结果见表 7-2。横向对比七个县市的产业结构，发现龙港市与瑞安市的产业结构较为接近，处于支撑产业由第二产业向第三产业转型升级的阶段，第三产业逐渐占据龙港市产业经济发展的主导地位。值得一提的是，文成县、泰顺县虽然第三产业占比显著高于第二产业占比，但结合文成县、泰顺县的经济体量与产业发展情况可以判断出其还未真正经历由第二产业转型步入第三产业主导的阶段，而是处于第二产业发展严重落后，第三产业"虚假繁荣"的阶段。

表7-2 七个县市的产业结构情况对比

	龙港市	瑞安市	乐清市	永嘉县	平阳县	文成县	泰顺县
第二产业占GDP比重／%	45.70	45.83	46.07	43.13	44.85	23.15	33.54
第三产业占GDP比重／%	51.45	51.67	52.25	53.25	51.51	67.94	57.88

进一步分析七个县市的工业发展情况，龙港市的工业增加值和规模以上工业总产值均处于七个县市中的第五位。计算第二产业中工业增加值的比重，可以看出龙港市的工业发展还较为落后，第二产业中工业增加值占比仅32.44%，位于七个县市中的第六位，与乐清市92.69%、瑞安市86.04%、平阳县82.70%的比重差距较大（见表7-3）。龙港市现有的工业规模体量较小，对经济发展的贡献较低，应加强工业振兴，推动科技创新与工业振兴相结合。

表7-3 七个县市工业发展情况

	龙港市	瑞安市	乐清市	永嘉县	平阳县	文成县	泰顺县
工业增加值／亿元	46.90	395.86	516.69	141.96	189.24	10.44	9.62
规模以上工业总产值／万元	2456000	8977852	14358801	3288618	4042816	208663	158649
第二产业中工业增加值占比／%	32.44	86.04	92.69	74.04	82.70	42.98	25.93

（三）投资增速情况

七个县市的投资增速情况见图7-2。龙港市的工业投资增速为16.40%，位于七个县市中的第五位，但是龙港市工业技术改造的投资比上年增长了42.50%，位于七个县市中的第一位。说明龙港市注重工业产业中的技术改造投资，深入实施创新驱动发展战略，通过增大工业产业中的技术改造投资，加大工业产业中的技术创新力度，有力推进产业创新发展。

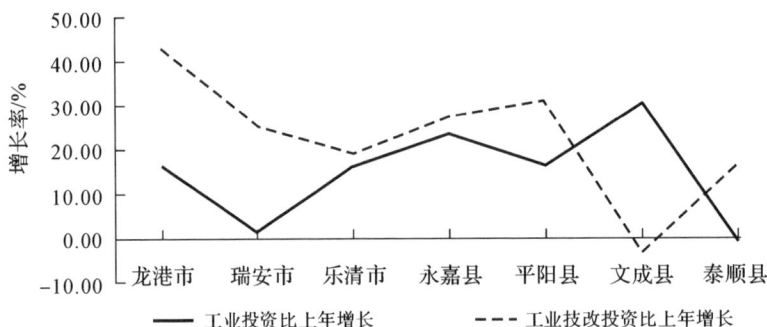

图 7-2　七个县市的投资增速情况

（四）科技创新情况

七个县市的科技创新情况表见表 7-4，龙港市的专利申请授权量仅 215 项，位于七个县市的第七位，远远落后于乐清市 7190 项，瑞安市 6098 项，平阳县 2852 项，说明龙港市的科技创新环境有待优化。究其原因，一是缺少高技术的科技创新人才；二是缺乏高质量的科技创新资源；三是缺乏强支撑的科技创新平台；导致专利申请产出远远落后于温州市内其他地区。

龙港市的 R&D 经费支出为 44296 万元，位于七个县市中的第五位，约是乐清市 R&D 经费支出的 1/7，瑞安市 R&D 经费支出的 1/5，永嘉县 R&D 经费支出的 1/2。再进一步计算七个县市的 R&D 经费支出占 GDP 的比重，龙港市为 1.4%，位于七个县市中的第四位，与乐清市 2.54%、瑞安市 2.11%、永嘉县 2.02% 有较大的差距。由此可见，龙港市在科技创新方面的投入力度不够，R&D 经费支出不足，导致龙港市原始创新和关键核心技术攻关能力不强、高端创新人才紧缺、重大创新平台和载体偏少等短板明显，进一步导致龙港市科技创新支撑高质量发展的动能不强。这也是龙港市科技创新能力落后于其他县市地区的一大原因。

表7-4　七个县市的科技创新情况

	龙港市	瑞安市	乐清市	永嘉县	平阳县	文成县	泰顺县
专利申请授权量/项	215	6098	7190	2484	2852	260	350
R&D经费支出/万元	44296	211841	307078	89679	66080	4833	1696
R&D经费支出占GDP比重/%	1.4	2.11	2.54	2.02	1.29	0.46	0.15

三、龙港市产业发展与人口流动大数据分析

（一）龙港市人口特征

龙港人口数量与结构。据七普统计，龙港全市常住人口 464695 人，户籍人口 381866 人，其中年龄在 100 岁以上 13 人、90—100 岁 1003 人、60—89 岁 59183 人、16 岁以下 71318 人。全市流动人口数量近年呈现增长态势。2019 年底全市在册流动人口约 8 万人，截至 2020 年 6 月底，增长至 11.2 万人，增长幅度达 35.7%。这其中，全市在册流动人口数不包括苍南县各乡镇居住在龙港市人数，约计 10 万人。全市流动人口流向城乡建设区域，且流动人口主要分布在沿江片区（2.3 万）、龙江片区（2.7 万）、白沙片区（1.5 万）、湖前片区（1.7 万）、舥艚片区（1.1 万）。但是，全市流动人口职业素养普遍偏低，全市流动人口剧增同时带来诸如居住环境、服务管理等社会压力。龙港市常住人口中，男性占比 56%；外来人口与浙籍人口对比，外来人口中的男性占比 61%，高于龙港常住人口大群体中男性占比；男性群体里的外来人口占比高于女性群体（见图 7-3）。

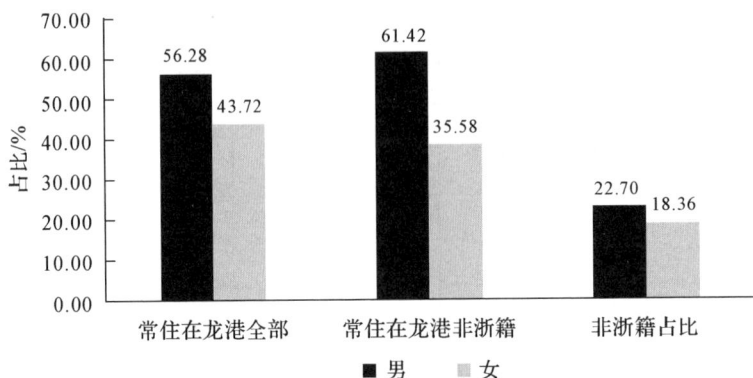

图 7-3　龙港市人口性别占比

常住龙港市非浙籍的人群中，青壮年人（18—60岁）占比最高，高达89.78%；18—38岁的青少年人，常住龙港市非浙籍的人群占比为51.05%，比常住在龙港人群占比更高；60岁以上的老年人，常住龙港市非浙籍的老年人占比明显低于比常住在龙港市的老年人占比（如图 7-4 所示）。

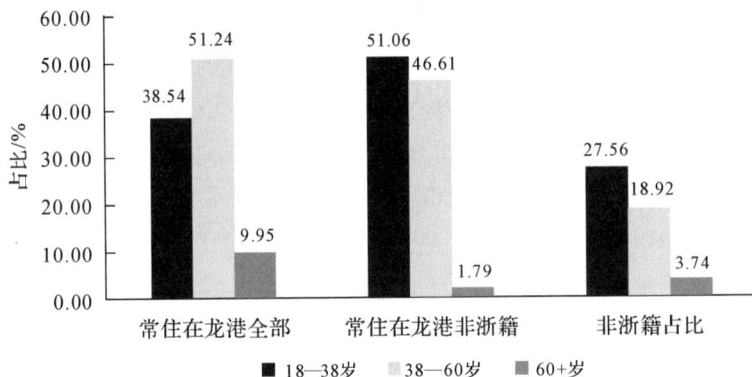

图 7-4　龙港市人口年龄占比

（二）龙港市大学生吸引力对比

2020年，龙港市与温州市内除市辖区外的其他地区相比，龙港市吸引大学生（本硕博）毕业生的就业数仅高于泰顺县、文成县，低于分家后的苍南县，在浙江全省53个市县（除市辖区外）中仅排名33位。由此可见，龙港市对大学生的吸引力较弱，难以吸引高技术高水平人才到龙港就业，导致龙港市缺少科技创新人才，缺乏科技创新的源动力（见图 7-5）。

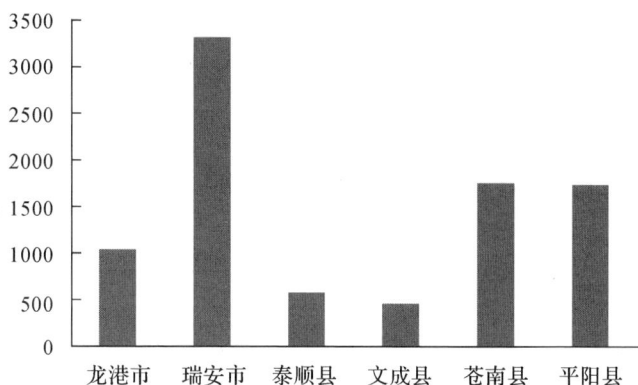

图 7-5 2020 年龙港市与温州市其他地区高校毕业生就业对比

（三）龙港市外来人口就业行业分布对比

2020 年，龙港市与温州市外来人口就业行业分布的对比情况如表 7-5 所示，龙港市外来人口的就业行业主要集中在批发零售业和制造业，教育、金融业偏低。龙港市外来人口从事科学研究和技术服务业、信息传输、软件和信息技术服务业的占比高于温州平均水平。由此可见，龙港市的产业结构布局还处于第二产业和低端服务业为主的产业发展初期阶段，有一定的科技创新、产业创新、人才创新的发展潜力。

表7-5 2020年龙港市与温州市外来人口就业行业分布对比

行业	龙港占比／%	温州市全体占比／%
电力、热力、燃气及水生产和供应业	0.05	0.35
房地产业	4.42	1.10
公共管理、社会保障和社会组织	0.00	2.06
建筑业	1.43	7.57
交通运输、仓储和邮政业	2.74	1.07
教育	0.37	3.30
金融业	0.10	0.84
居民服务、修理和其他服务业	1.83	3.51

续 表

行业	龙港占比 / %	温州市全体占比 / %
科学研究和技术服务业	2.07	1.13
农、林、牧、渔业	0.89	10.65
批发和零售业	29.94	21.57
水利、环境和公共设施管理业	0.15	0.53
卫生和社会工作	0.00	1.15
文化、体育和娱乐业	0.43	0.41
信息传输、软件和信息技术服务业	2.36	0.90
制造业	46.87	38.75
住宿和餐饮业	1.38	3.85
租赁和商务服务业	4.58	1.06

（四）龙港市就业人口职住特征

龙港市安徽籍外来人口居住地主要分布在月河家园、外滩嘉园、锦港嘉园；工作地主要分布在龙港示范工业园区、黄河产业园；河南籍外来人口居住地主要分布在农业大楼、纺织产业园；四川籍外来人口居住地、工作地主要分布在涂厂村、幸福住宅小区、福田小区。

根据龙港市就业人口职住特征的现状来看，龙港市目前处于经济发展的初级阶段，即处于"熟人经济"阶段，具有典型块状经济特点，一些劳动密集型产业能提供较多就业岗位，集聚了大量外来人口。一是因为龙港市安徽籍、河南籍、四川籍等地的外来人口均有明显居住集聚现象，来自同一籍贯所在地的劳动力更加倾向于居住在同一个社区，形成基于血缘、地缘关系的"熟人社区"，在居住分布上呈现明显的同乡、同血缘集聚的特点。二是龙港市安徽籍、河南籍、四川籍等地的外来人口同时存在就业集聚现象，同乡的劳动力更加倾向于选择同乡集聚的地方就业，在就业分布上也呈现了明显的同乡、同血缘集聚的特点。三是龙港市外来人口未出现明显的职住分离情况，居住地与工作地大部分距离较近且存在重叠情况，说明龙港市外来人口倾向于选择在就业地附近居住，是产业集聚发展的早期特点。

"熟人社会"这个概念最早是由费孝通先生在《乡土中国》中提出的，费先生认为，中国传统社会是个"熟人社会"，人与人之间存在着一种私人关系，并通过这种关系联系起来构成一张张关系网。而"熟人经济"则是"熟人社会"的经济领域表现，将其定义为个人运用血缘、地缘、业缘等关系网络，谋求资源获取和交易便利的经济社会现象。目前，龙港市外来人口的职住分布情况就非常符合"熟人经济"的特点。随着改革开放的持续推进、市场经济的发展、流动社会的到来，人们交流沟通的范围不断扩大，劳动力越来越趋于自由流动，人与人、人与空间、人与社会之间的关联发生变化，基于血缘、地缘关系形成的中国传统的"熟人社会"会逐渐向"陌生人社会"转变，与此同时，龙港市将从"熟人经济"阶段步入"陌生人经济"时期，"陌生人经济"阶段社区成员间的陌生感、异质性、疏离感会增强，日常交往的频度、深度、广度也会减弱，呈现社区成员复杂化、利益分散化、观念多元化、流动快速化等特点[①]。

（五）龙港市创新发展的阶段定位

根据新古典增长理论，经济要素的区位分布对城市经济的发展发挥着重要作用。要素流动和要素集中加上制造业本身的规模经济效应、规模报酬递增效应、关联效应等特性而产生循环累积效应，推动经济的空间集聚，集聚中心得到优先快速发展，并且形成了与外围地区间的差距。[②]由于历史和发展机遇的原因，中国存在着普遍跨区域劳动力流动。改革开放后我国东部沿海地区经济发展速度较快，东部沿海地区与中西部内陆地区发展的差距逐渐扩大，因为存在收入、就业机会、生活质量等的差异，相当大数量规模的就业者从中西部地区流向东部沿海地区，从农村流向城市，在产业集聚发展的同时形成了劳动力要素的地理集聚。从常住在龙港市的青壮年劳动力非浙籍人群占比比浙籍占比更高可以印证这一点，大部分从事生产活动的青壮年劳动力均为中西部地区如安徽省、河南省、四川省等地流入的外来人口。常住在

① 史云桐. 加强和创新社会治理，构建城市"新熟人社区"[J]. 中国发展观察，2020, 4(21):33-34.
② 范剑勇，王立军，沈林洁. 产业集聚与农村劳动力的跨区域流动 [J]. 管理世界，2004, 4(4):22-29+155.

龙港市的 60 岁以上老年人中，非浙籍人群占比显著低于浙籍人群，由此可以推断出，大部分中西部地区流入的外来人口在无法从事生产活动后最终又将流回原籍贯所在地。此外，东部沿海地区的教育资源、医疗条件、科技创新等公共服务也明显优于中西部地区，由于教育资源的不平等和知识溢出的外部性作用，劳动力流动造成的人力资本选择性集聚会进一步拉大地区间的差距[1]，促使更多的劳动力向产业集聚中心流动。

根据王缉慈的创新集群理论：集群规模的扩大使大量中间产品的生产和辅助性工业因为可以获得规模经济而得以生存，从而又提高了集群的分工程度，而分工程度的提高又使集群内企业的技术效率提高。这是一个正反馈过程，所以产业集群本身就成了新企业的"孵化器"。产业集群的良性发展不仅增强了集群内部企业的竞争力，而且还大大提高了集群整体的竞争优势。对于劳动者而言，工厂的大量聚集使劳动者拥有更多工作选择的机会，因而相对生活成本指数较低，对人力资本的所有者具有较强的吸引力。并且在人力资本存量较高、生产要素份额较大的区域，多样化的产品也为劳动者的消费提供了便利[2]。因此，根据龙港市就业分布情况来看，龙港市示范工业园区、黄河产业园、纺织产业园等已形成的产业集聚中心将会吸引并集聚更多的企业入驻，成为龙港市产业经济发展的重要支撑平台。

结合王缉慈的创新集群理论分析龙港市创新发展所处的阶段定位，创新产业集群的形成会经历三个阶段，分别是区域生产专业化阶段、地区生产系统化阶段、区域系统化阶段。目前，龙港市处于第一个阶段：区域生产专业化阶段，这个阶段的创新产业集群是自然形成的，是由于受到存在专业化的劳动力市场；存在加工能力强、配套能力强的专业供应商；接近最终市场或原材料集贸市场；存在特殊的智力资源或自然资源等因素的影响。这些因素背后的理论逻辑是存在外部经济，进而增强集体效率，从而获得交易成本的降低。因此，企业自然地集聚，增强专业化和企业间的劳动力分工。这个阶段的特点是企业集中于某一个地区，但企业之间的联系并不密切。第二个阶段是地区生产系统化阶段，这是当前龙港市在努力迈向的阶段，相比于第一阶段，这个阶段的特点是企业之间开始增加联系，同部门企业开始合作。第

① 白雪梅.教育与收入不平等：中国的经验研究[J].管理世界，2004,4(6):53-58.
② 张文武，梁琦.劳动地理集中、产业空间与地区收入差距[J].经济学（季刊），2011,10(2):691-708.

二阶段创新产业集群的核心是促进行为主体合作的机构，如协会、商会、行会等。这些合作机构的作用是"牵线搭桥"，帮助企业、政府、中介机构等多主体发挥协同效应，促进生产商、供应商、客商等企业联系，降低物流成本和交易费用，促进生产企业、教育机构、研究机构、政府机构互动，加强产学研的产出，在合作过程中促进产业集群的技术创新。第三个阶段是区域系统化阶段，这个阶段的特点是创新产业集群成熟，内部联系密切，已经形成网络型格局。这个阶段需要通过制度创新，促进地理邻近的相关企业、支持性机构和研发教育机构之间的产业联系，促进技术创新，提高产业和区域竞争力。

综上，龙港市政府应加大产业园区基础设施、科技创新、数字经济等领域的投资，增加人力资本存量，提升高科技技术人才的收入、产业园区员工的收入，积极改善包括外来流动劳动力的待遇，提供医疗、保险、教育等方面的保障，完善人才福利体系，进一步加速推动产业集聚中心的形成，从而拉动当地经济的增长。其次，继续加大教育领域的投入，提供优质教育资源，加强知识溢出的正外部性作用。一方面，积极吸引高技术人才落户；另一方面，培养出更多的高技术人才，从而更好服务于龙港市创新发展。此外，推动体制机制的创新，大力扶持行业协会等第三方机构，有序构建企业、政府、中介机构等多主体协同合作发展的局面，增强企业间的联系强度，促进信息交流和创新想法的碰撞，稳步推进创新产业集群的高质量发展。

四、龙港市创新发展的典型案例

（一）龙港市体制创新：龙港市印刷包装行业协会

龙港市印刷包装行业协会前身是苍南县印刷包装行业协会，成立于2001年12月23日，自协会成立以来，紧紧围绕经济跨越式发展的目标，坚持以"服务企业、服务行业、服务政府"为宗旨，连续十几年被苍南县人民政府评为先进行业协会，多次被温州市人民政府评为优秀民间组织和先进行业组织。

龙港市印刷包装行业协会作为政府与市场之间的桥梁纽带，主要发挥着六大作用。

一是规范印刷行业标准，制定了《龙港市印刷包装行业协会公约》来规范龙港市的印刷市场秩序，编写了《金银卡纸 UV 胶印质量及检验方法》来统一印刷行业团体的标准，致力于创造一个平等的竞争环境，维护龙港市印刷企业的合法权益和社会公共利益，推进龙港市印刷行业健康、持续地发展。

二是承接政府职能转移项目，2020 年，协会先后承接《龙港市印刷包装业重塑计划》编制项目和印刷业五项制度电子台账登记上报职能转移项目，创新工作方式，为龙港印刷企业高质量发展和规范经营做好服务。

三是对外交流与沟通合作，2020 年，协会全年共接待部门领导、院校专家和外地考察团等 60 余次。一类是调研学习，如 5 月 21 日，原浙江省委常委、常务副省长冯飞来龙港调研，来到印艺小镇印刷服务综合体，详细了解龙港印刷产业的转型发展。另一类是工作联系，如 2 月 22 日下午，龙港市委宣传统战部副部长李晓斌，审批科科长张传锁，新闻出版科科长王益号来到协会，与原协会秘书长陈后强商议部署印刷企业年审年检和五项制度情况。此外，协会还积极与其他省市印刷行业协会建立友好联系，如 5 月 15 日，协会与广州市印协缔结友好协会，加强后疫时代联盟合作。

四是开展培训教育，与北印绿研院海西分院举办培训班、组织全市印刷企业法律法规培训等。

五是宣传报道和发送行业相关资讯，发行 4 期会刊，宣传张全梁、朱余品、曹光静和陈亦友等企业负责人的先进事迹，推送 365 期微信，发布 630 多篇资讯等。

六是举办会议活动和大型赛事，主办中国印刷城（温州·龙港）印刷包装设备展，联合承办龙港市首届全球创业创新大赛，协办 2020 世界青年科学家峰会龙港分会场活动等。

龙港市的印刷产业能一直蓬勃发展，与其具有一个优秀的印刷包装行业协会是密不可分的。龙港市印刷包装行业协会作为一种介入在政府与市场之间的社会组织协调机制，对于激发市场活力，维护市场的创新力量起到了重要作用。该行业协会不仅承接了政府的部分职能转移，还对市场的行业自律与规范起到了良好的约束作用。既引领了整个行业的良性发展，也在政府与企业之间发挥了上传下达，诉求反馈的作用，有利于龙港市体制创新的发展。

（二）龙港市科技创新：印刷产业大脑

"印刷产业大脑"围绕龙港印刷包装传统产业，汇聚规上规下企业全部数据，建成产业大脑数据仓。同时，通过数字化手段赋能印刷小微企业园建设管理，推动小微企业园建成"小而专、小而精、小而好"的企业培育平台。建设的根本目的是打造服务龙港本地印刷企业，乃至辐射全国印刷企业的"印刷产业综合服务平台"。

"印刷产业大脑"是基于一网、四链、两侧来开发建设，其中，一网是指依托工业互联网平台，四链分别是指产业链、供应链、创新链和资金链，两侧则是指政府侧和企业侧。"印刷产业大脑"对政府和企业发挥着不同的服务作用，从政府侧来看，"印刷产业大脑"围绕产业链上下游企业画像形成具有分析能力的数据仓，包含企业明细、产值、用工、税收、用电量、研发投入、知识产权、设计能力等数据，展示了企业三维分布、产品类型动态、用能动态等直观看板。从企业侧来看，"印刷产业大脑"由各行业级互联网平台构成，如产能协同平台（印前、印中、印后）、产业人才需求体系、原材料集采中心、物流协同平台等。

"印刷产业大脑"的展示内容方面，平台紧紧围绕企业的发展需要、政府的监管需要、行业的良性发展需要等"三个需要"为构架思路搭建，主屏幕主要展示龙港市印刷产业的状况、企业数、产业人才情况、用能情况等基础数据的分析汇总。同时，搭建"1＋2＋2"平台功能板块，即一个产业交易系统、两个产业体系（技术人才评价体系和质量标准服务体系）、两个产业库（协同联动服务库和产能智库）。

（1）产业交易系统。平台通过深入分析印刷行业各种需求，不断摸索研究，自主研发出一套符合行业特点的线上交易平台；并设计出一套实用、好用、符合行业特性的线上交易流程，为行业商户增加销售通路、扩大业务辐射范围并降低运营成本。

（2）技术人才评价体系。平台以建立行业高端技术人才库为目标，以建立行业人才标准评价体系为方法，从人才信息统一汇集、专业技能培训考核、加强企业与人才交流三个方面入手，搭建行业人才招聘平台。

（3）质量标准服务体系。以整治行业企业良莠不齐乱象为目标，以搭建质量标准服务体系为方法，参考早期知乎高级人才方可入驻的成功案例，建设一个高质量、高标准、高曝光的企业信息展示及交易撮合平台。

（4）协同联动服务库。以加强政企协同联动为目标，以搭建协同联动服务库为方法，参考各大政务信息公开网站，以产学研为方向，搭建公开、高效、便捷的产学研信息展示平台。

（5）产能智库。以协助企业闲置资源利用为目标，以搭建产能智库为方法，建立标准的产能供需交易流程，搭建企业闲置资源供需交易平台。

龙港市结合数字化、高科技的手段打造了具有科技创新特色的"印刷产业综合服务平台"——"印刷产业大脑"，该平台推动了科技创新、产业创新、人才创新、空间创新等多个创新要素的发展。其一，"印刷产业大脑"是数字经济、科技创新成果的体现。其二，"印刷产业大脑"搭建了"1＋2＋2"平台功能板块。其三，"印刷产业大脑"可以同时服务于政府与企业双方，对政府和企业发挥着不同的作用，政府用其分析产业发展的现状，判断产业结构调整的方向，把控产业结构创新的时间节点，企业借助该平台进行产品的交易、人才的招聘和产学研的联动等。

（三）龙港市产业创新：康尔微晶玻璃有限公司

康尔微晶玻璃有限公司是龙港市众多企业中的一个特例，可以为龙港市选择未来产业发展方向提供指引。相较于大多数企业均从事印刷产业，该公司另辟蹊径，从事微晶玻璃生产，主要给小型家电如西门子、飞利浦、松下、美的、九阳等做配套工艺。康尔微晶玻璃有限公司的负责人表示："以前也尝试做过其他行业，但结果不理想。于是不断寻找方向，想找一个竞争小、有科技含量的小众行业，最后选择了微晶玻璃。"2020 年该公司董事长获温州市"特支计划"杰出人才等荣誉。该行业比较小众，全球主要有四大公司。康尔微晶玻璃有限公司在该行业排名全国第一，市场份额占国内市场的45%—48%，产品出口至欧美国家、日本、印度、荷兰等地。企业年销售额8 亿元左右，毛利6%—8%，研发投入占产值3.4% 左右。企业在国内行业份额、高端客户占有率、产品多样化方面都是行业龙头。未来的研发方向为手机盖板、防弹玻璃、防火门等。

龙港市政府对该企业的支持力度也很大，并且每年的政策都在改变。比如龙港镇改市后技改项目申报扶持力度不断加大，对技改项目补助采用分级模式，最高可获得 1500 万元，并且研发费用中的税收 100% 扣除。此外，当地政府按实际投入奖励 10%，对智能仓库补助最高可达 40%。

康尔微晶玻璃有限公司案例体现了产业选择方面的创新，在龙港市众多企业都选择发展印刷产业时，该公司不随大流，选择了竞争较小、科技含量较高的微晶玻璃产业，并获得了较高的市场占有率。在低端印刷市场前景不乐观的情况下，龙港市未来的产业结构转型升级，除考虑引入高端印刷技术，还可以考虑引入其他新兴产业，如微晶玻璃产业、高分子材料产业等作为未来新的经济增长点。

（四）龙港市人才创新："印刷机长"

人才引进方面，龙港市最具创新的是设立了"印刷机长"称号，这项政策与本地主导产业特色相结合。"印刷机长"称号不仅代表一种荣誉，获得这项称号的人才还可以有效解决子女入学问题、享受医疗服务优待等。不过这项政策也存在一定的问题，如获得"印刷机长"称号的员工很容易被其他公司挖走，公司间人员的不稳定流动，进而引发区域内企业间的恶性竞争。

创新设立"印刷机长"荣誉称号的人才政策，不仅体现了龙港市政府对高技术人才的重视，还向全社会发出了识才尊才爱才的强烈信号，鼓励越来越多的劳动人员提升自身技术素质，向"印刷机长"标杆看齐。同时，这项荣誉称号也不只停留于"虚名"，而是确确实实能给人才带来"真金白银"的政策实惠。"印刷机长"在子女入学、医疗服务等公共服务的享受优待，实实在在的政策优惠更能激发劳动人员的工作动力，营造了昂扬向上的精神风貌和良好的创新氛围，对打造高技术高素质专业人才队伍具有重要影响。

（五）龙港市空间创新：小微产业园

龙港市全面实施制造业"三百三新"计划和企业培育"龙腾计划"，加快"四新"经济培育，谋划推进医疗卫生材料产业园、印刷材料交易市场等"强链补链"项目。龙港市龙港新城小微园、彩虹智慧创业园、黄河轻工小微创业园、龙港天成时尚小微园、龙诚小微创业园、新双鲸小微创业园等 6 个小微园都已陆续交付使用。该批产业园主要涵盖印刷包装、塑料制品等传统支柱产业，总占地面积 77.87 万平方米，建筑面积 193.39 万平方米，可入驻企业 1200 多家，预计产值可达到 50 亿元，创造税收达 3 亿元。按照温州市小微企业园数字化建设总体部署，龙港市积极推进园区数字化改造，以工业数字化赋能高质量发展。截至目前，新城小微园、小包装印刷工业园已基本完成数字化智慧园区建设，并进入应用和完善阶段。6 个小微产业园的情况如下：

1. 龙港新城小微园

龙港新城小微园位于龙港新城产业聚集区核心，紧邻世纪大道和产业大道，该项目总用地面积 31.06 万平方米，总建筑面积 74.53 万平方米，总投资 13.18 亿元。可容纳 254 家小微企业入园，预计年产值达 14 亿元，税收 1 亿元左右。该项目以印刷包装和塑料制品产业为主导产业，主要服务于轻工产业与高新技术产业企业的生产，集高标准厂房、员工宿舍、配套商业、研发办公于一体，建成了一站式产业运营平台。同时，也是集生产办公、人才培育、技术研发、信息服务、生活、娱乐、休闲于一身的划时代工业集群区。

2. 彩虹智慧创业园

彩虹智慧创业园项目位于龙港市彩虹大道 511–731 号，整个园区总用地面积为 15.04 万平方米，总建筑面积 38.73 万平方米，其中生产性用房面积 30.44 万平方米，非生产性用房面积 8.29 万平方米，总投资近 12 亿元，项目建成后可容纳 290 家小微企业入园，员工约 10000 人，预计年产值达 10 亿元，税收 5000 多万元。该项目主要承接龙港市印刷行业整治后企业搬迁入园，通过一系列规范化管理促进传统印刷业转型升级，对龙港加快对接"海西"，培育文化产业骨干企业，推动文化产业集约化、专业化、规模化发展，优化文化产业结构和布局，促进龙港市文化产业跨越式发展具有重要意义。同时，该项目的建成也可以带动区域物流业、交通运输业和上下游配套产业的发展，具有良好的经济效益、社会效益。

3. 黄河轻工小微创业园

黄河轻工小微创业园，位于龙港市城东工业区世纪大道与松涛路交叉口，主导产业为印刷包装。该项目用地面积 11.33 万平方米，建筑面积 27.78 万平方米，其中厂房 24.83 万平方米，停车场 1.63 万平方米，宿舍 7975 平方米，适合用于印刷、包装、工艺品制造等产业企业入驻。总投资约 6 亿元，该园区建成后，可容纳 165 家企业，员工 6000 人左右，年产值约 10 亿元，税收约 3000 万元。项目的建成，将为龙港印刷包装行业转型升级，促进中小企业健康发展发挥重要的平台支撑作用，进一步推动龙港工业经济转型升级、平稳健康创新发展。

4. 龙港天成时尚小微园

龙港天成时尚小微园，位于龙港市南城路 1468–1656 号，总投资 4 亿元，总用地面积 8.27 万平方米，建筑面积 20.87 万平方米，可以容纳 200 多家小微企业入驻，预计实现工业总产值 20 亿元。该项目以印刷包装业为主导产业，园区采用"层层通车"汽车坡道设计，即采用直线双坡道的交通形式，由直线组成的汽车坡道在每个楼层形成缓冲卸货平台，汽车可在同一楼层上楼下楼，楼层之间的交通互不影响，既时尚又实用。

5. 龙诚小微创业园

龙诚小微创业园项目位于龙港市新城 XC–A07–1 地块，总占地面积为 6.68 万平方米，总建筑面积约 16.23 万平方米，总投资额 3.5 亿元，可容纳 125 家小微企业入园，员工约 5000 人，预计年产值达 9 亿元，税收 3000 多万元。该项目按照"产业集聚、产城一体、资源共享、产融互动"模式建设，是以印刷制品及上下游产业链为主导产业的小微创业园，同时，该项目的建成有利于加快龙港新城产业集聚区建设发展，提升整个产业园区附加值，增加园区精神价值、审美价值及投资价值，对加快传统产业的转型升级，促进本地的工业及经济发展具有重要意义。

6. 新双鲸小微创业园

新双鲸小微创业园，位于龙港市城东工业区世纪大道与松阳路交叉口。项目总用地面积 5.49 万平方米，总建设面积 13.87 万平方米，总投资约 3.4 亿元，可容纳 82 家企业入驻，年产值约 5 亿元，税收约 4500 万元。项目建成后会进一步推动龙港新城工业经济转型升级和平稳健康创新发展，在增加居民收入、推动技术进步、弘扬创业精神、增加税收、稳固繁荣实体经济等方面发挥重要的作用。

小微企业大多处于全球产业链与价值链的低端，面临产业层次低、布局分散、市场竞争力弱等问题。龙港市通过建设小微产业园，形成规模化的产业集群，实现小微企业高质量集聚发展，从而破解小微企业"低散乱"的痼疾。小微产业园这种空间创新模式，一方面，有利于破解土地要素制约，提高单位面积产出效率，解决发展空间不足的问题；另一方面，有利于聚焦服务供给，提升服务功能，改善发展环境，聚焦龙港市印刷包装和塑料制品等特色产业，有效地促进了小微企业集聚和提升发展。

五、龙港市创新发展的对策建议

（一）优化创新生态，健全体制创新机制

制度缺陷会导致产学研脱节、对创新型企业辅导不足、对知识和技术监督不足、知识产权制度不严、资本市场环境不成熟等诸多问题，严重阻碍了城市创新发展的进程。因此，制度创新是城市创新发展的关键，也是通过空间规划来营造创新集群的前提，要想改善创新创业的环境，对创业和中小微企业的创新起到支持助力作用，龙港市必须坚持创新驱动发展战略，完善政府、市场、行业协会和企业之间的相互协作机制，集聚各种优势资源，强化市场导向、政府管理、行业监督、企业运作的创新发展格局。

1. 推进创新创业体系机制建设

健全"政府搭台、院所唱戏、企业主体、社会参与"创新推进机制，打造"众创空间—孵化器—加速器—产业园区"全链条孵化体系，创新科技成果转移转化机制，建立财政科技投入稳定增长机制，探索构建多元化、多层次、多渠道科技投融资体系，支持金融机构与创业投资、股权投资机构实行投贷联动，设立天使投资引导基金，建立科技信贷风险补偿体系及天使投资引导基金工作机制，在全社会不断形成创新创业创造的浓厚氛围。

2. 强化知识产权的保护和运用

引导重点产业和新兴产业开展知识产权布局、分析预警和导航工作，强化知识产权培训。建立知识产权公共服务平台，搭建知识产权融资和交易平台，建设区域性专利技术产权交易市场。加大知识产权行政执法及司法保护力度，建立重点企业知识产权保护直通车制度，完善知识产权维权援助机制，构建政府监督、企业自律、司法保障、舆论监督、社会参与的知识产权多重保护机制。

3. 加大科技成果应用和产业化的政策支持

在财政投入、土地要素供给、企业融资、高端人才引进等方面给予创新企业更大扶持。实施规上工业研发费用投入强度与惠企政策挂钩机制。建立

研发投入强度高于 5% 的白名单制度，配套系列优惠政策。实施差别化用地、用能、排放、信贷等价格政策，倒逼低端低效企业加快创新升级。

4. 推动省级经开区法定机构改革

实行市场化运作、企业化管理，充分赋予招商管理权限，创新用人机制和绩效考核办法，激发经开区发展的内生动力。

5. 大力落实龙港市领导干部联系高层次人才工作制度

在全市大力营造识才尊才爱才的氛围。建立"一名牵头干部，带领一个攻坚专班，聘请一批引才大使，对接一批企业，引进一批高层次人才"的"五个一"工作法。建立各司其职、相互配合、齐抓共管的专班机制，具体为抽调各部门精英人员 16 人，组建人才工作赶超发展攻坚专班，按照任务分成综合组、重大人才项目专项攻坚小组、大院名所科创平台专项攻坚小组、"510计划""龙城能匠"专项攻坚小组等。

案例1 长沙市四大创新机制推动产业链快速发展

长沙市结合全市 22 条产业链基本情况，创新性地先后建立了一系列的工作制度，通过四大创新机制推动产业链快速发展。

链长制。2017 年 11 月 23 日，长沙召开全市产业链工作动员部署会，提出在全市各个省级以上园区设立 22 个产业链推进办公室，由长沙市委书记、市长担任"总链长"，每条产业链由一位市领导担任"链长"，"链长"一词第一次出现在正式报道中。通过"链长"制有效发挥了市领导高位推动、高位协调、高位督办的作用，一个方案揽全局，一张图纸绘到底。"链长"上岗后，先后通过走访重点园区、龙头企业，召集有关市直部门、骨干企业听询意见，带队考察招商，对产业链发展进行深入调研，各区县（市）、园区迅速形成了齐心协力抓产业链的浓厚氛围。

负责制。长沙首先按照"两主一特"和"一主一特"等原则确定了每条产业链的牵头园区，然后在牵头园区组建了 22 个产业链办公室，从市直机关、区县（市）、园区抽调了 88 名干部专职从事产业链工作。

与此同时，在市工信局设立长沙市产业链推进工作办公室，负责全市产业链统筹调度、协调督促等工作。

调度制。在产业链建设工作中，企业引进、项目建设方面不可避免会遇到一些困难和问题，这时，四级调度机制就显现出它的真实价值。每季度由领导小组选取3—4个产业链进行深入分析和点评，调度会形成的决议实行限时办结制，由市产业链推进工作办公室负责督办调度会议决议的落实。

评价制。为激励全市相关单位、园区及产业链办公室积极性，长沙建立了产业链工作评价机制，出台了《长沙市产业链工作评价办法》，将22条产业链分为优势产业链、新兴产业链和服务型制造产业链三大类，从七个方面进行分类评价。

（二）强化主体培育，激活科技创新动力

过去的创新理论是"线性模式"，即封闭式创新的思维，认为整个创新的过程完全由企业内部来完成。现在的创新逐渐从封闭走向开放，从渐进式创新、模块式创新走向结构式创新、突破式创新，从以企业为中心到以创意的用户和用户创新者的社区为中心，是突破了企业边界之外的创新，是由用户驱动的开放式创新。现在的创新主张在"干中学"，在"用中学"，将新技术落实至社区、园区、公共场所等，使市民、上班族、学生、游客、消费者参与科技测试，在真实的实验环境下以用户为中心开发新技术。因此，龙港市需将科技创新成果应用到社区治理、园区管理中，让每一个消费者都有机会参与企业的生产与研发，及时收取反馈信息，利用外部资源与智慧，促进科技创新的进步。

1. 深入实施企业培育"龙腾计划"

构建科技型企业"微成长、小升高、高壮大"的梯次成长机制，迭代推进科技型中小企业、高新技术企业"双倍增"。选取一批高成长企业作为创新型头部企业给予重点培育，在产学研合作、市场对接、新品发布等方面予以支持，推动产业链上中下游、大中小企业融通创新，加快企业创新联合体

建设，实施科技型企业上市培育计划，加强专业辅导和培育扶持，打造"头部企业＋中小微企业＋服务环境"创新生态圈。

2. 大力培育高新技术企业

构建遴选、入库、培育、认定"四个一批"工作机制，引导人才、服务、政策、资本向高新技术企业集聚。大力培育高成长企业，培育细分领域"单项冠军""隐形冠军"、专精特新"小巨人"，加强"独角兽"企业培养。力争全年新增高新企业40家以上、省科技型企业200家以上。

3. 通过项目奖励、风险补偿、投资引导等方式鼓励支持企业加大研发投入

建立企业研发投入与企业技改补助挂钩机制，扶持企业创新研发中心10个以上，全年新增省级研发中心2个、市级研发中心30个。

4. 深入实施企业智能化改造

大力推进技改项目，鼓励企业上云，确保技改投资增长15%以上，实现规上企业智能化技改、数字化园区改造两个全覆盖；联合电信、移动和联通等数字化系统集成商，打造"智慧园区""城市智慧大脑"等平台数据汇总，实现集约化、可视化系统全流程管理，提升管理效能与服务水平。

5. 探索"科技大脑""科技飞地"等"借智"模式

加快形成以市场为导向、平台为支撑、企业为主体、产学研深度融合的科技创新体系，让龙港走上集聚、规范、创新、绿色的发展之路，推动龙港"数字经济"进一步发展。

案例2　深圳市南山区聚力自主创新，建设世界级创新型城区

深圳市南山区曾经最先打响改革开放第一声"开山炮"，如今仍是坚定不移地把自主创新作为城市发展的主导战略和重要抓手，推进企业链、产业链、创新链、投资链和生态链融合，构建以企业为主体、市场为导向、产学研用深度融合的技术发展体系，强化创新"两链一环"，构筑城市创新高地。

南山区的创新不是以高校科研院所为主，而是以企业为主体、以

市场为导向，是企业自觉的内发行为。企业可以在较短时间内完成"原型—产品—小批量生产"的全过程，交易成本相对较低。企业间物质、资金、技术等流动和相互作用又形成企业链。凭借完善的企业链条和强大的制造能力，南山区成为企业最理想的"栖息地"。南山由龙头企业带动，形成上下游完备的产业链，产业集群创新优势突出。南山国家级高新技术企业和上市企业居全国各区县第二，上市公司聚集度居全国之首，在电子信息、互联网、医疗器械、生物制药、新能源、新材料等领域，南山已经形成了一批国内外知名的高新技术企业或创新机构。南山区不仅有顶天立地的航母级创新型大企业，也有铺天盖地的中小型创新企业。以中兴通讯为龙头的电子信息技术与通信产业集群和以腾讯为龙头的互联网产业集群，两大产业集群带动中小企业发展，在产业拓展上，新兴产业逐渐成为经济发展"主引擎"。

案例3　合肥市包河区以数字赋能，为城市打造智慧大脑

合肥市包河区通过"数字产业化、产业数字化、数字化治理"三驾马车，拉动数字经济高质量发展。大数据企业数量逐年增多，数字产业逐渐形成；制造业、金融、文化等产业加速转型，产业数字化脚步继续加快；"大共治"、智慧社区等数字化治理模式推广生效，"区级智慧大脑"开始孕育。

制造业数字化方面，包河区持续推进"万家企业上云"行动计划，推动重点企业"智能工厂""数字化车间"建设。巨一科技、安凯客车等龙头企业率先开展智能化、数据化转型，助推企业升级。巨一科技打造智能工厂和数字化车间，已成功交付各类智能装测线550余条，累计集成应用工业机器人近20000套。安徽九州通智能科技有限公司是合肥工业大学智能制造技术研究院重点孵化的国家高新技术企业，目前正在打造九州云物流服务平台，平台面向工业企业与物流企业之间供应

链全渠道的互联网智慧物流服务大数据平台,市场空间可达上千亿规模。金融数字化方面,包河目前已建成三家金融大数据中心,还有两家待建。文化数字化方面,安达创展等创意文化企业已实现数字化转型,淝河数字文创小镇等项目也在谋划实施。

包河区除了发展数字产业,也利用数字资源,提升社会治理水平,为包河居民提供更加便捷的服务。三年来已实施近十个数据资源整合汇聚类项目。方兴社区智慧社区项目成为安徽提升社区服务智能化水平的样本,"大共治"社会治理模式被评为"2019 中国数字经济与智慧社会优秀案例"。

（三）延伸产业链条,加快产业创新升级

根据产业微笑曲线,高附加值的是整条产业链的两端,即研发设计和营销品牌,低附加值的是中端的生产制造,但目前龙港市的产业大多属于中端的生产制造。从产业提升的角度看,龙港市所要拥有的并非整个产业,而是产业价值链中一个"高地",一个"制高点",或某个足以牵动整个产业的战略环节。产业链不一定是由地方打造的,也不一定由本地全部打造,但要在其中占据高附加值的地位。因此,龙港市提升产业链,更要注重产业价值链,要将产业链延伸到高附加值的一端,全力提升龙港印刷包装在全国产业链供应链中的地位,逐步构建具有龙港优势和鲜明特色的现代产业体系。

具体做法是:第一,实施产业链提升工程,围绕主导产业和战略性新兴产业链,滚动编制关键核心技术攻关清单,加快产业链供应链关键环节和协同创新项目建设,重点提升印刷包装、新型材料、绿色纺织三大传统产业,形成三个百亿级现代产业集群。第二,实施产业基础再造工程,加大重要产品和关键核心技术攻关力度,发展先进适用技术,推动产业链供应链多元化,全面提升自主创新能力和国际竞争力。第三,推进优势产业链向中高端跃升,打造一批世界级先进制造业集群,引进 3D 打印、防伪印刷等高端印刷技术,着力培育高分子材料、高端装备、医卫材料、通用机械等新兴产业,加快打造印刷包装、新型材料、绿色纺织三大百亿级产业集群,打造浙南闽北新材

料产业创新中心，加快形成具有龙港特色的新材料产业集群，用于打破现有产业格局，培育新的行业增长点。第四，建立产业协作机制，重点培育龙头企业，联动中小型企业发展，加强产业间合作，提高生产效率，推动上下游产业链的延伸。第五，发挥资源共享效应，推进知识和技术的转移扩散，降低企业创新成本。第六，推进重大项目建设，有序推进医疗卫生材料产业园、印刷材料交易市场、现代物流园区、总部经济园等"强链补链"项目，进一步吸引国内外投资，加大相关产业配套建设力度，推进产业链的完善，加快产业创新升级。

案例4　潜江市构筑小龙虾全产业链，打造优势特色产业高地

潜江市以小龙虾产业为主导产业，完善全产业链，创新发展模式，经过20年的培育和发展，小龙虾产业已形成集科研示范、良种选育、苗种繁殖、生态养殖、加工出口、健康餐饮、冷链物流、精深加工、节庆文化、产城融合等于一体的产业融合发展格局，成为富民强市的第一特色产业、转型升级的第一示范产业、"接二连三"的第一综合产业。

潜江市现有小龙虾加工企业十几家，年加工能力30万吨以上。华山水产食品有限公司从精深加工入手，成立华山博士后工作站，加快甲壳素及其衍生品的研发，延伸小龙虾产业链，提高小龙虾产业竞争力和产品附加值。湖北莱克水产食品股份有限公司投资3亿元，建设面积760公顷的国家级小龙虾良种选育繁育中心，建立院士专家工作站，创立潜江市小龙虾创新团队，解决小龙虾苗种问题。湖北虾乡食品股份有限公司把"虾稻共作"生产的优质、生态、无残留大米，运用现代营销和信息技术融合到品牌宣传、包装设计中，对"虾稻共作"生产的水稻实行加价收购，让利于民。通过龙头企业的带动，拓展"虾稻共作"的发展空间，提升小龙虾、"虾乡稻"大米品牌档次，促进"虾稻共作"快速发展。

潜江市采用当地产的淡水小龙虾为原料，以特有的"油焖"烹饪方法制作"潜江油焖大虾"。潜江市现有小龙虾餐饮店大小千余家，每年接待国内外游客60余万人次，其中"小李子""利荣""虾皇"等餐饮企业是最为突出的代表，日接纳食客可达2万人。近年来，一个庞大、完整的小龙虾餐饮链在潜江迅猛崛起，从采购、清洗、烹饪、调料加工、外卖包装盒到吃龙虾用的围兜、手套等应有尽有。潜江百姓在小龙虾产业链中"就龙虾业、吃龙虾饭、发龙虾财、享龙虾乐"，获得了实实在在的利益与回报。

并且，潜江市还从"互联网＋"的角度入手打造小龙虾产业升级版，如中国虾谷网、潜江潜网电商等电商企业建设了"互联网＋小龙虾＋虾乡稻"的垂直电商平台，实施B2B／B2C和线上线下（O2O）结合模式，线上平台订购，线下市场派送，保障小龙虾、虾乡稻米迅速走向全国、卖向世界。目前，互联网销售产品与服务项目包括鲜活虾、苗种虾、熟食虾、加工虾、虾乡稻系列大米、餐饮预订、技术咨询、信息交流、产品研发等。现已完成平台的订单系统、支付系统和详情页面建设，国内注册用户达60余个。产品实行统一包装、统一品牌、统一宣传，质量可全程追溯。省内订单当日送达，省外次日送达，边远地区24小时送达。

（四）深化人才强市，推动人才创新集聚

人才资源对龙港市的创新发展具有推动作用，在创新发展中处于核心地位，同样，人才也是创新产业集群中合作机构形成的基础。如专业的劳动力市场，业务能力强的业务员、熟练工；专业的供应商，加工能力强、配套能力强的人员；擅长区域治理，擅长在企业、政府、中介机构三方之间沟通协调的合作机构人员等。龙港市的城市层级能级较低，必须通过制定科学合理的人才引进制度，加大对国内外优秀创新人才的引进。

一是统计龙港市各产业人才紧缺程度，制定企业紧缺高端人才清单，绘制产业人才地图，制定如"龙城鲲鹏"计划、"大学生集聚"计划等重点人才发展计划，重点建立与产业发展相适应的人才发展战略，并建立完善青年人才阶梯式支持机制，与知名高校开展全方位就业合作，吸引优秀高校毕业生来龙港就业。

二是加快建设"院士专家工作站"，着力引进院士专家及团队，通过项目合作、联合培养、设立"人才飞地"和海外引才工作站等方式实现"柔性引才"。出台高层次人才认定和支持办法，引进高层次领军型人才按"一事一议"给予支持。加快集聚一批创新型科技领军人才、高水平创新团队和紧缺高层次人才。

三是加快建设龙港职业学院，鼓励企业与高校院所合作建立产业学院、技师学院、教学工厂、高技能人才培养基地等，支持印艺小镇等参与办学。推进实施高级技师培训、企业新型学徒制、订单式培养等。定期举办各类专业性职业技能大赛，遴选一批具有职业资格背景的高技能人才。

四是建立与职业技能相关的考核认证制度，如"印刷机长"等，并且完善以业绩成果和岗位目标任务为导向的技能人才评价体系。

五是建立龙港民营企业家培训基地，完善企业家教育培训制度，定期举办企业家论坛、赴外研修和考察交流活动。加大龙商回归的专项扶持力度，鼓励龙港籍企业家在龙港建厂办企业。

六是要打造"热带雨林式"人才生态，推进人才创业创新全周期"一件事"改革，打造"一院、一港、一城、一厅、一小镇、一中心"人才创新创业平台。优化人才客厅运营模式，做好占地50亩国际人才创新港建设督导工作。

七是做优做强创业创新大赛等活动载体，持续组织举办"龙城鲲鹏"专项赛、全国百校巡回招聘展、世界青年科学家峰会龙港专场、创业创新大赛、印刷创意设计大赛、龙港印刷与文化产业博览会、"印刷机长"技能大赛等系列活动，努力推动各类高层次人才、高技能人才充分涌流。

八是要切实解决各类人才的"房子""孩子""票子""面子"问题，加大人才住房保障力度，高规格做好配租型人才公寓装修工作，认真做好配售型人才房申报工作，做好人才住房补贴申领工作，健全人才奖补常态化的兑现机制。

案例5　宁波市鄞州区双创人才引进培育

宁波市鄞州区自获批全国双创示范基地以来，牢牢把握国家自主创新示范区、宁波"一带一路"建设综合试验区、国家科技成果转移转化示范区等重大战略机遇，深入实施创新驱动发展战略，系统构建了以高端人才为种苗、创新企业为森林、有效市场为活水、营商环境为阳光、实体经济为沃土，人才链、企业链、创新链、产业链、金融链、服务链互促、互融、互生的"热带雨林式"创新生态。

鄞州区推动创新创业要素聚合裂变，让更多人才"种子"沐浴"阳光雨露"，深深扎根鄞州这片创新"沃土"。全区累计创建省级以上博士后科研工作站31家，其中国家级博士后工作站7家，累计引进博士后研究人员70人，参与省部级以上科研项目41项，帮助企业获得关键技术领域专利授权156项，直接产生效益15.68亿元。

鄞州区围绕人才新政22条，配套"精英引领""泛精英引领"等10项政策，不断健全"1＋10"人才新政体系，基本破解了区域人才政策碎片化问题，并安排4.49亿元人才工作资金，扶持保障力度位于省市前列。创新推出"高层次人才精英卡"，为高层次人才及其家属提供健康医疗、子女入学、配偶就业等全方位定制化服务。全区人才总量达到41.2万人，人才净流入率居宁波全市首位，人才相关工作入选全国人才工作创新案例奖，连续8年蝉联浙江全省人才工作目标责任制考核优秀单位。

鄞州区积极鼓励以大学毕业生、退役军人、返乡农民工、留学归国创业者等为代表的创业"新四军"投身创新创业热潮，勠力为高质量发展"添砖加瓦"。成立区退役军人就业创业联盟和"老兵关爱"基金，设立6家就业见习基地，组建创业导师团队，为退役军人高质量就业创业提供技能培训、职业规划、创业融资、法律维权、医疗健康等综合性服务，基金募集规模达5000万元。加大留学归国人员创业创新支持力度，提供项目资助、创投对接、配套支持等一揽子服务。宁波中物力拓超微材料有限公司入选全国"最具成长潜力的留学人员创业企业"，是浙江省内唯一入选的留创企业。

（五）突出平台建设，增强空间创新承载力

创新的公共空间包括软的社会空间和硬的实体空间。促进创新的实体空间包括公共空间、私人空间、便利空间三类，这些实体空间主要通过配备创新设施等方式，增进区间联系与连通性，营造创新空间。软的社会空间是指社会网络，分为推动并强化相似邻域相互联系的强关系网络和推动并建立新兴的跨领域联系的弱关系网络，社会网络主要通过培训会、专业会议、博客平台、技术课程等创新活动增进各主体间的创新联系。当前，龙港市处于产业转型发展的关键时期，需要通过各类孵化器、特色小镇、科技园、产业研发平台等硬的实体空间推动产业创新转型，集聚创新资源，加快技术的研发与应用。同时，也要举办专业科技人员培训会、创新集群专业会议、企业家学术沙龙会等软的社会网络活动，加强产业间资源共享，推动关联企业协同创新，加快科研成果的转化。

一是顺应外部发展的大环境，深度融入浙江"三大科创高地"和温州国家自主创新示范区，深化"双龙"战略合作，加快推进省级印艺小镇、温州高新园区龙港分园建设。积极培育龙港新城科技创新岛、新城产业孵化园和智慧创新港等。深度对接温州环大罗山、杭州城西和G60等科创大走廊，布局建设"创新飞地"。

二是支持企业建设创新联合体，加快建成印刷产业、绿色纺织、新材料等产业协同创新中心，按照"一个中心，多点布局"的模式，通过整合资源、引进人才、拓展平台、创新机制，形成产业链、创新链、服务链协调统一，鼓励企业通过并购重组、委托开发、购买知识产权等方式开展协作创新。支持企业设立或并购海外研发机构，推动企业通过境外投资高科技项目实现"并购、引进、吸收、消化、再创新"。加强检验检测、认证咨询、知识产权、科技金融等功能建设，探索构建跨区域产业创新服务综合体联盟。

三是建立产学研协同创新机制，持续构建"产业研究院＋大学研究院＋企业研究院"体系，充分利用科研单位先进技术，突破产业技术限制，同时多元化吸收社会资金投入组织实施重大科技专项，着力攻关一批引领未来产业发展的关键核心技术，持续推进创新成果形成目标产品并实现产业化，推动与浙江大学、浙江工业大学、杭州师范大学等校企合作，落地"浙江理工

大学龙港研究院""北京印刷学院现代产业学院";对接高分子材料行业泰斗杨玉良院士团队提供技术支撑,联合本地相关企业如金田、强盟、世博、远大塑胶、天成纺织、金燕热转印等提供市场及资金助力,加上政府产业风投基金兜底保障,三方合力筹建龙港高分子材料研究院,撬动龙港市高分子行业发展壮大,打造一个1000亿级产值经济新增长极。

四是积极构建良好的创新社会网络,组建跨领域、相似领域的研发人员工作室,举办专业技术人员的培训交流会,举办创新集群的专业会议,完善企业家的博客交流平台,开办技术创业课程班等。

五是深化小微企业园提质扩容行动,新建小微企业园数字化管理系统,开发小微企业园端应用模块,打造具有龙港特色的小微企业园管理机制,健全综合评价、企业准入、厂房租赁等管理机制,并新增政府管理部门与小微企业园实时交流模块,实现数据实时掌握、安全生产随时可控等智能化运用。

案例6　南京市充分发挥科教优势,建设创新平台

作为我国的科教重镇和全国唯一的科技体制综合改革试点城市,南京科教兴盛、产业基础雄厚、链条完整、人文荟萃,在推动科技创新、建设创新名城实践中,南京市充分发挥科教资源丰富的优势,加强与高校院所合作,高质量建设以人才团队持大股、市场化运作为特征的新型研发机构。围绕主导产业核心基础零部件、关键基础材料、先进基础工艺与基础软件等领域短板,支持产业技术创新战略联盟以课题形式,组织上下游企业、高校院所开展联合攻关。

南京市加强政策导向和统筹协调,前瞻布局重大科技创新平台项目,加快构建科技创新平台体系和运行管理机制。紫金山实验室在重大任务凝练、核心技术突破、管理体制改革等方面取得积极进展,已汇聚形成千余人科研团队,获批建设省博士后创新实践基地,着力打造具有世界一流水平的战略科技创新基地。扬子江生态文明创新中心实质化运行,围绕破解"重化围江"技术难题,从标准制定、技术示范推广等角度切入,积极参与长江大保护实践。此外,剑桥大学南京科技创新中心

顺利入驻，国内首所"芯片大学"南京集成电路大学挂牌运营，中国（南京）智谷建设加速推进，中科院麒麟科技城建设全面拉开，综合交通基础设施重点实验室加快组建，信息高铁科技创新综合实验平台、空间天文科学与技术研究中心等建设如期展开，依托南京大学、东南大学建设的江苏应用数学中心获批成为科技部首批支持建设的 13 个国家应用数学中心之一。

课题负责人：李学文

课题组成员：宋海朋　杨　航

第八章　龙港市推进城乡融合发展路径研究

一、龙港市推进城乡融合发展的背景与现状

（一）龙港市国家新型城镇化综合改革试点

1. 健全城乡融合发展体制机制

"建立健全城乡融合发展体制机制和政策体系"是 2017 年 10 月 18 日党的十九大提出的新时代城乡发展的重要举措。中共中央、国务院 2019 年 4 月 15 日发布的《关于建立健全城乡融合发展体制机制和政策体系的意见》（以下简称《意见》）要求地方党委和政府要"结合本地实际制定细化可操作的城乡融合发展体制机制政策措施"，这表明地方党委、政府在探索适合本地实际的城乡融合发展体制机制和政策措施过程中，既有主体责任也有创新空间。龙港至今已获批农村宅基地、城市标准化、政府购买服务、推进城乡融合发展等 4 个国家级试点，新增 4 个省级试点。在做强农村产权制度改革，做优未来乡村社区转型升级，做深村级集体经济发展，做实文化兴盛与乡村社区善治等方面打好"深化改革"攻坚战，实现改革示范新跨越是当前的主要目标与任务之一。龙港势必坚定扛起新型城镇化综合改革"国家试验室"的重要使命，谋深做实一批原创性、引领性改革项目，力争在行政管理体制、经济社会治理、城乡一体融合、农村综合集成改革等领域率先突破、系统集成，进一步释放重点领域改革红利，擦亮"无改革不龙港"的鲜明标签，打造一批具有辨识度和显示度的标志性改革成果，为全国新型城镇化改革输出新经验。

2. 龙港市"镇改市"的历史机遇

回顾龙港的发展历程，可知龙港是改革开放的产物。2019年8月16日，国务院批准龙港设立县级市，体现了中央对新型城镇化建设的要求，即加快中小城市发展，特别是加快特大镇设市的进程。龙港撤镇设市是非常重要的一个目标突破，不仅仅是行政区划的调整，也是行政管理体制的一次改革和探索。其亮点和特色可以概括为"大部制、扁平化、低成本、高效率"。龙港因改革而生、伴改革而长，在经济社会发展、行政体制改革、城市治理创新等方面都取得了可喜成就，成为温州改革开放的一个缩影，是中国新型城镇化建设的重要样本地，是中国推进城乡融合发展的重要试验田。

3. 推进城乡融合发展的政策背景

我国乡村耕地碎片化、空间布局无序化、土地资源利用低效化、生态质量退化等多维度问题并存，单一要素、单一手段的土地整治模式已经难以完全解决综合问题。2018年9月，浙江"千村示范、万村整治"工程获得联合国环境规划署"地球卫士奖"，得到了国际上的充分认可。该工程充分证明通过推进城乡融合发展，不仅能促进耕地保护和土地集约节约，还能改善农村生态环境，为农业农村提供发展空间，助推乡村振兴和城乡融合，是践行"绿水青山就是金山银山"理念的最佳典范。2019年12月，自然资源部印发《关于开展推进城乡融合发展试点工作的通知》，明确要贯彻落实习近平总书记对浙江"千村示范、万村整治"重要批示精神，按照《乡村振兴战略规划（2018—2022年）》相关部署要求，在全国范围内部署开展推进城乡融合发展试点工作。此番政策通过推进城乡融合发展，结合乡镇国土空间规划进行统筹安排，按照"宜农则农、宜建则建、宜留则留、宜整则整"的原则，明确推进城乡融合发展的目标任务、整治区域、主要内容、空间布局等。突出耕地保护和土地节约集约利用，还能解决一、二、三产业融合发展用地问题，改善农村生态环境，以"不动是常态，动是例外"为导向，盘活乡村存量建设用地，显化农村土地资产价值，按照城乡建设用地增减挂钩政策使用，促进土地要素科学配置、合理流动，为乡村振兴提供强有力资金支持。

（二）龙港市推进城乡融合发展的基本状况

1. 发展现状

（1）龙港国土空间底数。龙港国土空间面积 183.99 平方公里（国家批复确定），城乡建设用地规模达 6.97 万亩（"三调"数据），常住人口 38.9 万，城镇化率达 64.2%。城市规模在鳌江流域城镇群中优势明显，但距温州大都市区南翼的中心城市地位仍存在距离。龙港市域城镇空间主要有老城区和滨海新城两大板块，老城建设密集、生产生活空间混杂，新城产业空间建设推进较快、生活服务配套建设相对滞后。乡村地区主要在世纪大道以南、沿海高速以西，水网密集、村庄分布零散。乡村地区建设用地"总量多（12.7 平方公里）、人均少（73 平方米）"，很难通过土地整理为城市地区提供建设指标。

根据"三调"数据，龙港市城乡建设用地规模为 38.44 平方公里，已突破土规下达的 32.57 平方公里，人均城乡建设用地 100m²/人。耕地对比规划指标还有盈余，但是建设用地已突破指标：耕地保有量盈余 0.6 万亩（4 平方公里）、建设用地总规模超出 3.19 万亩（21 平方公里）、城乡建设用地规模超出 2.02 万亩（13.5 平方公里）。永久基本农田保护任务面积 6.19 万亩，可保留面积 5.78 万亩，需补划 0.41 万亩，补划比例 6.6%，永农细分构成 90% 为耕地。永农"三调"耕地补划永农潜力盈余 1.22 万亩，永农空间需进一步调整。

龙港设市后，龙港市单位建设用地 GDP 为 44 万元/亩，为浙江省县市中用地效率实际第一（见图 8-1）。"亩均效益"综合评价第一档企业绝大数分布在老城，新城未建立效率优势。龙港较高的建设用地效益实则是因公共服务设施用地、商业服务设施用地、绿地广场用地等欠账过多。对老城用地进行分析（见图 8-1），可发现居住用地占比过高，为保障人民美好生活，必要的建设用地指标仍不可少。

龙港市内生态保护红线含两个功能区，为红树林湿地生态保护区及鲸头县级风景名胜区生态保护红线，无核心区，与建设、耕地冲突较少。根据龙港市农村经济统计资料，农村地区土地经营区流转约 1300 公顷。流转对象包含种植大户、农业生产合作社以及农业公司等农业企业。价格因流转后土地利用情况不同而不同，流转后种植水稻等粮食作物的，亩均流转价格为 300—

800 元不等；流转后种植蔬菜等经济作物或者用于养殖的，亩均流转价格在
500—1000 元不等。

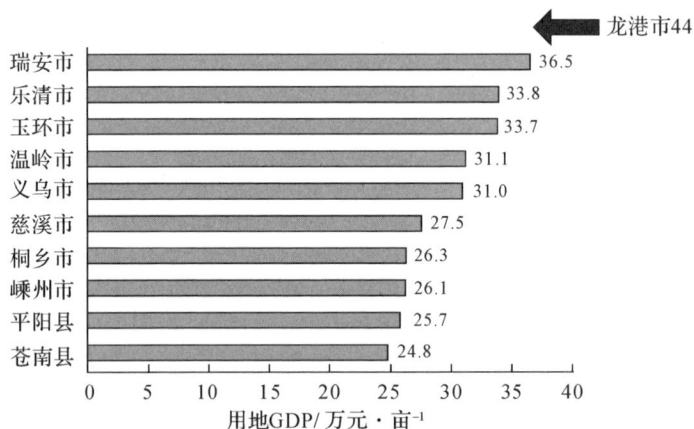

图 8-1　龙港老城区单位建设用地 GDP 与省内其他县市排名

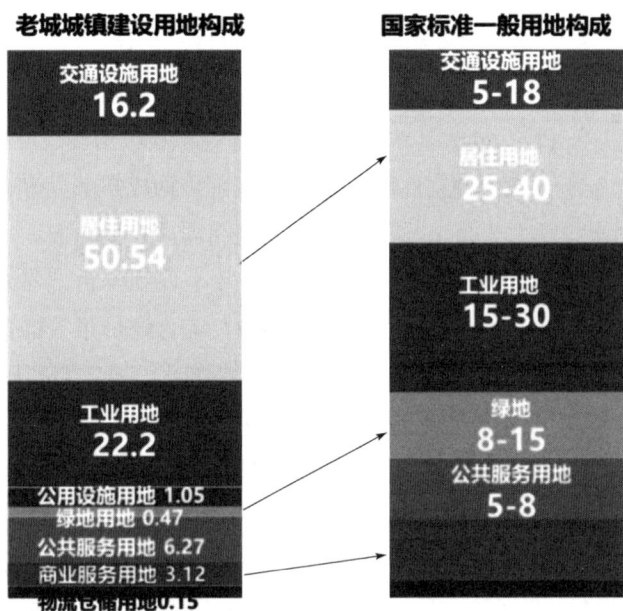

图 8-2　龙港老城建设用地构成（居住用地实则很多也进行生产活动）

（2）龙港人口数量与结构。据七普统计，龙港全市户籍人口 381866 人，
其中年龄在 100 岁以上 13 人、90—100 岁 1003 人、60—89 岁 59183 人、16

岁以下 71318 人。一是全市流动人口数量近年呈现增长态势。2019 年底全市在册流动人口约 8 万人，截至 2020 年 6 月底，增长至 11.2 万人，增长幅度达 35.7%。这其中，全市在册流动人口数不包括苍南县各乡镇居住在龙港市人数，约计 10 万人。二是全市流动人口流向城乡建设区域。全市流动人口主要分布在沿江片区（2.3 万）、龙江片区（2.7 万）、白沙片区（1.5 万）、湖前片区（1.7 万）、舥艚片区（1.1 万）。但是，全市流动人口职业素养普遍偏低，全市流动人口的剧增同时带来诸如居住环境、服务管理等社会压力。根据"三调"数据，龙港市城乡建设用地规模为 38.44 平方公里，已突破土规下达的 32.57 平方公里；人均城乡建设用地 100 ㎡ / 人。图 8-3 根据七普数据说明了龙港的户籍人口增减态势与温州其他县市的对比情况。此外，龙港的人口分布不均衡，主要集中在鳌江南岸的老镇区生产生活混合的区块。

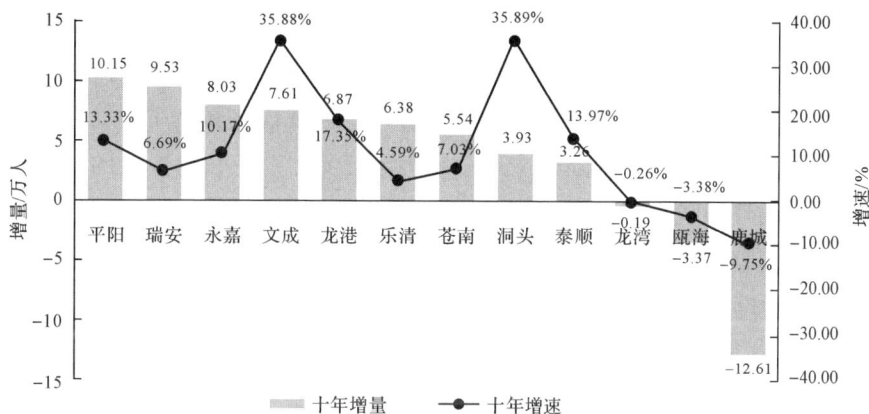

图 8-3　温州市各县市近 10 年人口增量分析

数据来源：云合数据。

（3）龙港产业经济的壮大与升级。龙港全面实施制造业"三百三新"计划和企业培育"龙腾计划"，加快"四新"经济培育，谋划推进医疗卫生材料产业园、印刷材料交易市场等"强链补链"项目，建设小微园 6 个共 150 万方，新入驻企业 200 多家。政府的积极有为，给现代化早期形成的"温州模式"增添了新的时代内容，着力在有为政府与有效市场间形成良性的互动关系。2020 年温州疫情后复工热力分析已经初步显现了龙港在温州南翼区域中心的人口与产业集聚方面的中心引导效应。

2. 发展困境

（1）鳌江流域极化辐射力的人本环境亟待优化。龙港当前缺乏对鳌江流域周边乡镇的现代服务辐射能力。作为发展多年的工业城市，龙港的公共设施建设十分滞后，特别是优质商业、教育、医疗、养老，文化体育设施、公园绿地十分匮乏（人均公园绿地仅 0.92 平方米，还不到国标的 10%），导致城市人居环境品质不高。推动龙鳌整合发展，增强龙港中心城区在鳌江流域的主核引领能级和辐射带动能力，应进一步建设人本环境，创新公共服务提供方式，提升人民群众的获得感、幸福感、安全感。

（2）市域交通圈综合系统设施亟待规划建设。交通拥堵是龙港最显性的城市问题。市内交通上，老城内部道路狭窄、断头多，停车设施缺口巨大，人行交通、慢行交通、公共交通发展较为落后；城村之间连接道路分布过疏、等级偏低，缺乏分级。对外交通上，城市与鳌江的过江交通通道不足，与高速公路出入口的交通仍不够通畅便捷。从市政网络来看，给水排水、电力电信、能源燃气等一系列基础设施网络尚不完善，距离现代化高品质发展标准仍有较大差距。此外，龙港的陆路交通系统尚未完善，缺乏快进快出的对外过境大通道和循环网络，内部道路过于密集，城乡二元交通体系较为明显，东西向交通依赖鳌江镇的交通主道，整体属于交通末端区域，亟待构建立体多元化综合交通网络。

（3）区域产业集聚提升能力亟待规划锻造。建设高能级产业平台，高水平建设浙江龙港经济开发区亟须提升区域产业集聚提升能力。当前龙港的经济发展面临众多困难与挑战：传统产业转型升级步伐不快，高端创新要素集聚不够，重大产业项目落地较少，新旧动能转换的任务仍然艰巨。应借助省级经开区平台优势，加快集聚龙头企业，形成特色鲜明的产业体系。小微园提质扩容行动实施中，居民区"小作坊"亟待整治，小微企业入园发展配套设施亟须建设完善。实体经济、科技创新、现代金融、人力资源协同发展的现代产业体系有待完善，需以"企业集聚、产业集群、要素集约、技术集成、服务集中"为导向，努力打造更具特色的高端产业城。

（4）低效利用的城乡土地二元结构亟待改革。近年来支撑龙港引领发展的先发制度优势减弱，进入存量发展阶段后，基于集体土地性质的土地二次开发政策亟须解决。城乡二元结构矛盾在城乡二元土地制度上有以下体现：

一是城乡收入差距较大的矛盾主要集中在财产性收入上。二是农民土地财产权缺失限制农民工市民化的能力。三是农民土地财产权缺失制约农业现代化进程，造成土地闲置和资源浪费。从现实需求看，尽快落实农民土地财产权，盘活农村土地资源，既有利于农业转型升级，进一步解决好农民和土地的关系，也有利于释放人口城镇化的巨大内需潜力。切实破除城乡二元结构，亟须扎实推进城乡统筹综合改革，深入实施"三分三改"试点工作，探索农村集体"三资"前置全托监管模式。小城市培育试点工作有待进一步开展。需以农房改造为突破口，开展村宅基地置换试点工作，推进农村人口合理集聚。促进城乡资源要素自由流动的实现需要深入开展农村土地承包经营权流转、农村集体建设用地使用权交易等工作，建立宅基地使用权流转、抵押、有偿退出等制度体系，探索承包地经营权有序流转和宅基地资格权城乡之间兑现机制，有效盘活农村"沉睡"资产。

（5）区域一体化绿色生态环境亟待规划打造。建设"三生融合"绿色低碳城市，亟须推进生态环境全域综合治理。在龙港全力争创"清新空气示范区"的任务引领下，企业污染治理有待规范，印刷包装等涉气行业专项整治成果需进一步巩固，建筑工地扬尘、机动车尾气等综合治理工作不容忽视。争取近零碳排放社区试点建设，需统筹推进工业锅炉窑炉和秸秆焚烧治理。"五水共治"行动有待深化，亟须启动治水攻坚两年行动和市政雨污管网修复改造三年行动。舥艚避风锚地、江南垟骨干排涝工程、海塘安澜千亿工程和龙港新城排涝调蓄工程等水利项目建设有待进一步推进。亟须同步开展"蓝色海湾"整治修复行动，大力推进近岸海域污染防治。同时加强生态环境执法监管，严格落实"双随机、一公开"监管模式。农业农村面源污染治理有待深化，需启动"无废城市"建设，土壤污染防治需统筹抓好，各类固废综合处置有待强化。

（6）城市化发展的配套机制亟待创新完善。全域城市化亟须深化城市管理体制改革，大力开展新一轮市容乱象治理行动，持续加大城市核心区域和重点道路管理，探索实施"城市管家"机制，餐饮油烟、占道经营、违章停车、外卖配送、"四小车"等方面顽疾乱象需重点整治。需加强城市精细化管理，持续提升公共环境、公共秩序和公共管理水平，高水平打造全国文明城市。需加强社会公德、职业道德、家庭美德、个人品德建设，提高社会文明程度，弘扬挖掘身边榜样、平民英雄、"最美"龙港人，弘扬时代新风。

3. 发展挑战

（1）政府推进城乡一体化示范的挑战。统筹城乡发展，加快城乡一体化进程，是党的十七届三中全会提出的战略目标，是贯彻落实科学发展观、构建社会主义和谐社会，推进经济社会跨越式发展的重要举措，也是新形势下推动农村综合改革、实现城乡均衡发展的根本要求。党的十九届五中全会提出，优先发展农业农村，全面推进乡村振兴。坚持把解决好"三农"问题作为全党工作重中之重，走中国特色社会主义乡村振兴道路，全面实施乡村振兴战略，强化以工补农、以城带乡，推动形成工农互促、城乡互补、协调发展、共同繁荣的新型工农城乡关系，加快农业农村现代化。从我国目前农村的现状和推进城乡一体化所必须具备的基本条件来看，这一宏大的社会系统工程面临着诸多需要破解的难题和矛盾，当前最为重要的是强化政府责任，充分发挥政府在推进城乡一体化进程中的主导作用。对照改革的高标准，当前龙港政府系统干部队伍的视野格局和能力素质与现代化建设的新要求还有差距，应进一步完善低成本、高效率的政府运行模式。推进城乡一体化，要求政府首先应当从农村的实际情况出发，认真做好促进城乡共同发展的各项战略规划，制定有利于城乡共同发展的相关公共政策，以行政推动和市场调节相结合的方式，逐步建立工业反哺农业、以工促农和以城带乡的城乡一体化发展模式。

（2）城市化拉动户改和职改的挑战。加快户籍制度改革是推进新型城镇化的一项重要任务，同时也是亿万农业转移人口实现"市民梦"的一项重大举措。持续深化户籍制度改革，有助于推进农业转移人口和外来人口市民化，实现"全域城市化、农村社区化、就地市民化、农民职业化"。当前，新一轮户籍制度改革在全国各地兴起，龙港致力于打造新型城镇化改革策源地，全面深化户籍制度改革，大大放宽人才"先落户后就业"范畴，大大放宽"合法稳定住所"的认定范围和居住地落户、社保就业落户条件，新设了投资和个人创业人员落户条款，取消市内迁移落户城镇和农村的条件区别，促进龙港人口与经济社会全面协调发展。然而，龙港仍面临户籍制度背后社会福利的身份差异、区域差异的挑战。亟须健全以居住证为载体、与居住年限等条件相挂钩的基本公共服务提供机制，提供更多基本公共服务和办事便利，提高居住证持有人城镇义务教育、住房保障等服务的实际享有水平。同时，农民工等新市民职业技能培训与农业生产经营者职业化培训仍需加强，创业扶持力度需持续加大，农业转移人口素质和融入城市能力亟待提高，亟待建立多主体、长周期、可负担、可持续的市民化成本分担机制，争取财政转移支付、城镇建设用地"人地钱挂钩"等激励政策。

（3）市场推动要素和商品完善的挑战。党的十九大报告指出，建设现代化经济体系，必须"把提高供给体系质量作为主攻方向，显著增强我国经济质量优势"。而供给体系的形成源于各种生产要素的组合、配置和使用，提高供给体系质量必须从供给源头即形成供给的生产要素层面深化改革。当前龙港面临跨越发展的要素保障不足（尤其是土地要素）的挑战，引才难、留才难的问题仍然突出，应全面加强规划实施的要素保障和政策配套，确保规划有效落地。应大力加强土地要素保障，积极推进存量土地盘活、全域土地综合整治、低效土地再开发利用等工作，全力保障重大产业、基础设施及民生工程项目等用地需求。资金要素配置也有待优化，亟须通过税源培植、土地出让增收、发行企业债融资、设立产业基金等举措，加强对本规划明确的重点领域支持。应协同发挥政府引导作用和市场决定作用，制定与规划相匹配的要素投入、能源消耗、污染排放等保障方案，依法依规做好各类资源要素保障。

（4）产业集聚壮大升级的挑战。在贯彻发展绿色经济、同筑生态文明之基的发展理念的新时代背景下，需更加注重经济发展的质量，龙港的传统印刷产业亟须转型发展，重新注入新的活力。亟须深入实施产业基础再造和产业链提升工程，建立印刷包装、塑料、纺织等重点产业链"链长制"，实行"一链一策"，全力延长"上下游"、补齐"前后端"。此外，龙港仍面临产业提质升级的动能不足、缺少具有引领性的重大项目和新兴产业等挑战。龙港新城作为未来产业发展的主平台，工业发展空间剩余不多，传统产业升级难，发展平台也有限，亟须以数字经济为产业转型升级赋能，推动传统产业提质增效、新兴产业全面突破，形成一批百亿级产业平台和优质项目企业，在商贸、物流、文旅等现代服务业发展上取得新突破，加快形成具有龙港鲜明特色和优势的产业集群。

（5）鳌江流域中心极限竞合到极化融合的挑战。加快鳌江流域融合发展，是实施国家和省级重大战略的重要支点，也是温州大都市区南部中心建设的战略诉求，更是基于龙港鳌江优势互补、合作共赢的现实需求，通过加快两县一市融合发展，探索出切实可行的协同发展路径和解决方案，将成为国家新型城镇化工作的重大突破。只有更加紧密地融合互动,形成利益共同体,在更大范围统筹优化配置资源,促进设施共建共享,才能降低城市建设管理成本,更好地提供完善的城市服务功能。目前鳌江流域两县一市,以鳌江之畔龙港市与鳌江镇地域为中心,放眼流域两岸腹地区域,南面的苍南县以县城灵溪镇为核心形成了现代化商贸新城,北面的平阳县城昆阳镇与鳌江镇已全面进入昆鳌联体发展阶段。彼此各具优势又相互联动,形成全流域一体化融合态势。从近期看,推动鳌江流域融合发展亟待健全统筹协调发展机制,建立鳌江流域综合管理体系以及配套推进相关新型城镇化改革,以实现更高层次的一体化。在积极推动温州南部副中心规划建设的背景下,龙港、平阳、苍南三地的极化融合发展机制与具体实施方案有待细化与创新。

二、龙港市推进城乡融合发展的评估分析

(一)推进城乡融合发展功能判断与格局

按照巴格内(D.J.Bagne)研究人口学所运用的"推拉理论",人口流动就由前拉后推这两股力量所决定,这两股力量构成了城乡融合的推力和拉力。龙港城市化过程中大体为政府推动的较大的五次拉力和四次推力现象,可以简称"五四运动"①。龙港"镇改市"的一年来,主要通过推进城乡融合发展对存量人口、存量土地等资源进行盘活优化配置。是围绕省委"八八战略"

---

① "一拉"是1983年10月12日,浙江省人民政府浙政发〔1983〕148号《关于同意苍南县建立龙港镇的批复》批准了龙港镇的设立,截至1984年10月,龙江港区完成其建镇历史使命之时,在政府的推动下,通过自理口粮落户"脱农转城"的政策诱惑,已吸引周边6000多户"两户一体"的农民(专业户、重点户和联合体,是当时首先富裕起来的,对城市文明有着强烈向往并且具备城市生活能力的农民阶层)到龙港落户,以及县属事业单位和国有企业的职工及其家属,共7597人,这批"移民"与原住民(农民)8788人一起成为龙港城镇化初期的主体力量。因此龙港城镇化的主体力量是进城农民而非国家,龙港经济的基础是重点户、个体户、联合体的个体私营经济而非国有经济。"二拉一推"是1992年,龙港从周边划进了4个乡镇,地域范围的迅速扩大,人口迅速增加,经济快速发展。"三拉二推"是2000年,为在鳌江流域发展中等城市打下坚实基础,温州市人民政府批准再次扩大龙港镇域,总面积达到80.7平方公里,总人口23.1万人(其中城区面积10平方公里,人口10万人)。"四拉三推"是2011年,根据温州市统筹城乡发展的"1650"大都市圈发展格局和苍南县委"双海双区"发展战略,龙港辖区面积继续扩大到172.05平方公里,建成区面积扩大2平方公里,达19平方公里,建成区常住人口增加3.7万人,达到25.2万人,城镇化率达56.9%。龙港作为温州大都市第一副中心核心区的基本框架初步确立。"五拉四推"2019年8月30日,浙江省人民政府经国务院批准同意龙港183.99平方公里"镇改市"。两年以来,从户籍38.3万人到现今的38.2万人,城镇化率达63.2%。2019年底全市在册流动人口(不含苍南县在港的约10万人)约8万人,截至2020年6月底,增长至11.2万人,增长幅度达35.7%。总计龙港流动人口达到21.2万人。这个前拉后推过程,简称龙港的人口"五四运动"。

再深化、改革开放再出发和温州市委再造改革开放新优势、再创高质量发展新辉煌的决策部署,以建成国家新型城镇化综合改革示范区为总目标,将推进城乡融合发展视作推动新型城镇化和城乡融合发展的战略平台,探索推动推进城乡融合发展体制机制创新,打造推进城乡融合发展的全国样板。龙港围绕农业农村现代化、城乡融合发展和生态文明建设总目标,坚持建设用地"规模减量、增减挂钩、流量弹性"原则,优化布局和调整结构。在优先保障生态用地的基础上,通过腾挪出发展空间、垦造出高标准农田、整治出美丽环境,实现生态空间上的重塑,生产空间上的重构、生活空间上的重建(具体建设用地指标产出、使用和节余情况见表8-1、图8-4,耕地补充指标产出、使用和节余情况见表8-2、图8-5,全域土地整治资金来源、使用、平衡情况见表8-2、图8-6)。根据龙港市国土空间结构总体格局,以交通线为主要界线,将整治空间格局定为"三轴、两带、五区"的格局。"三轴"是指龙港未来城市的主要功能均在城市核心功能发展轴、跨区域的城市滨海中心发展轴、城乡商贸与公共服务功能发展轴。"两带"包含白沙河和鳌江滨海两条特色景观带所辐射的未来龙港人重要的公共活动空间以及龙港城市特色的重要展示空间。

表8-1 龙港市建设用地流量指标产出和使用平衡

类别	指标	面积/公顷
建设用地,"流量"(增减挂)指标产出	农村居民点复垦	297.0175
	经营性集体建设用地复垦	1.7798
	采矿用地复垦	0.9907
	其他	4.0476
	小计	303.8356
建设用地"流量"(增减挂)指标项目区集体使用	用于农村居民点建设	193.1852
	用于农村配套设施建设	7.1767
	用于农村一、二、三产业融合发展	11.5262
	其他	0.1778
	小计	212.0659
项目区集体使用后节余指标		97.7697

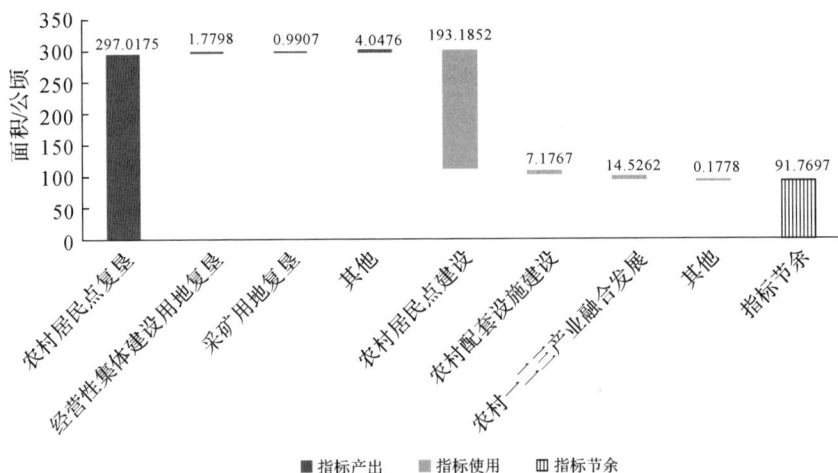

图 8-4　龙港市建设用地指标产出、使用和节余情况

表8-2　龙港市耕地补充指标产出和使用平衡

类别	指标	面积／公顷
耕地补充指标产出	建设用地复垦	300.1423
	垦造耕地	65.7264
	其他	6.3902
	小计	372.2589
耕地补充指标项目区集体使用	用于农村居民点建设	173.9716
	用于农村配套设施建设	6.9556
	用于农村一、二、三产业融合发展	11.2172
	其他	0.1779
	小计	192.3223
项目区集体使用后节余指标		179.9366

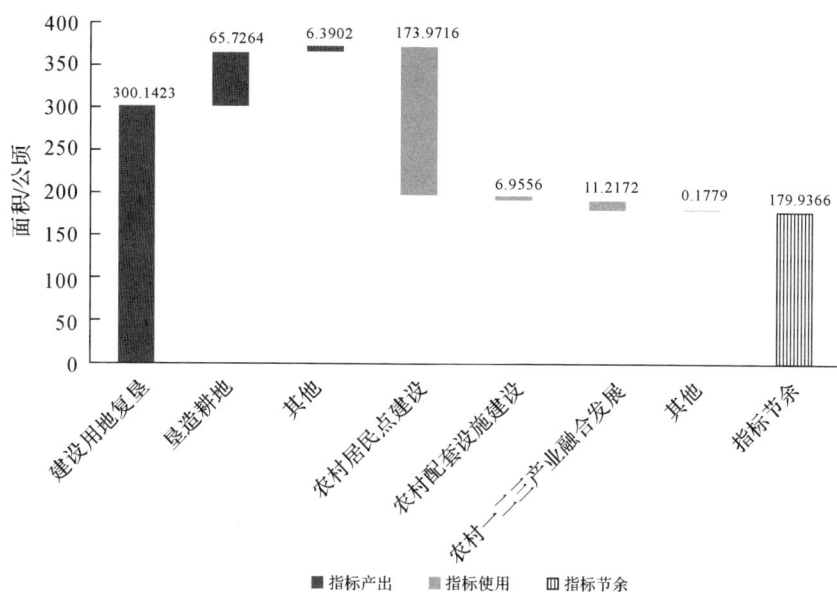

图 8-5　龙港市耕地补充指标产出、使用和节余情况

表8-3　龙港市全域土地整治资金筹措分析

类型			金额	
			绝对数 /万元	比例/%
资金需求	工程建设	村庄整治各项工程费用	864847.9	83.54
		农田整治各项工程费用	8519.07	0.82
		生态修复各项工程费用	36050.00	3.48
		历史文化保护各项工程费用	100.00	0.01
		其他工程费用	103740.00	10.02
	政策处理	农户搬迁安置费用	6152.70	0.59
		低散乱企业腾退费用	300.00	0.03
		土地承包经营权、林权等调整费用	1000.00	0.10
		社保等其他政策处理费用	3077.16	0.30
	产业发展	各类产业发展资金需求	11415.46	1.10
	合计		1035202.30	100.00

续　表

类型			金额	
			绝对数/万元	比例/%
资金来源	财政投入	相关政府部门各项支持农业农村发展、乡村振兴及生态环境整治修复项目财政投入费用	187429.75	17.23
	指标产出	城乡建设用地增减挂钩节余指标	10782.00	0.99
		补充耕地数量指标	8438.95	0.78
		水田指标	7641.90	0.70
		粮食产能指标	2699.05	0.25
		林地等其他管控指标	0.00	0.00
	产业发展	产业发展产出效益	22830.90	2.10
	其他	银行贷款、社会资金投入	847773.00	77.95
	合计		1087595.5	100.00
	资金平衡情况		52393.25	——

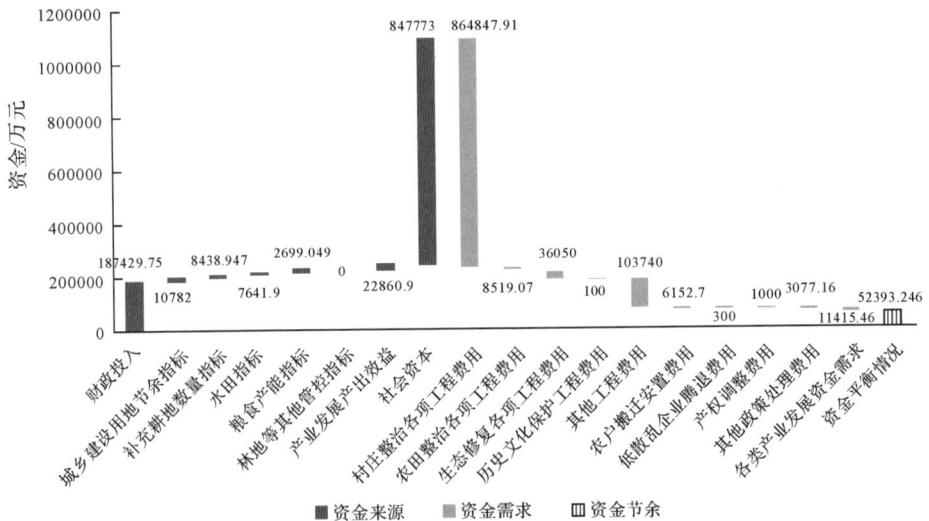

图8-6　龙港市全域土地整治资金来源、使用、平衡情况

（二）促进资源要素潜力提升

龙港坚持农田数量、质量、生态、空间"四位一体"原则，通过全域整治实现零星建设用地空间腾挪，解决耕地碎片化问题，新增耕地179.9366公顷，占整治前耕地面积的6.50%，满足报部试点新增耕地5%的要求。农用地整治项目366.3606公顷，其中，垦造耕地65.7264公顷，高标准农田建设项目201.4838公顷，标准农田建设项目28.3831公顷，耕地质量提升项目36.8033公顷，旱改水33.9640公顷。耕地指标整体节余179.9366公顷，耕地面积增加部分为原有耕地的6.50%。项目区经批准的拟调出永久基本农田49.7359公顷，涉及水田47.3832公顷，调出永久基本农田耕地质量等别为8.2。拟调入永久基本农田52.4185公顷，涉及水田52.3778公顷，调入地块耕地质量等别为7.0。新增永久基本农田比调整的永久基本农田多5.39%，符合永久基本农田布局调整要求，合理优化了耕地及永久基本农田布局，提高了耕地质量等别，提高了粮食产能。

在促进民生保障方面，龙港共保障公共配套设施用地需求14.6419公顷，其中盘活存量建设用地7.4652公顷，使用建设用地流量指标6.9556公顷。至规划末期，新增公共配套设施11.6804公顷，公共配套设施占村庄用地比重由3.60%上升至5.29%。通过整治切实改善农户的生产生活条件，人均公园绿地、健身场所用地由2.64平方米／人提升至3.42平方米／人。危房改造搬迁210幢，拆违治违面积3000平方米，新建四好农村路56.31公里（见表8-4）。

表8-4　龙港市推进城乡融合发展项目区民生改善一览

类别	单位	整治前	整治后
新增公共配套设施用地面积	公顷	0	11.6804
公共配套设施用地占村庄用地比重	%	3.60	5.29
人均公园绿地、健身场所用地面积	平方米／人	2.64	3.42
危房改造搬迁	幢	210	0
农村拆违治违面积	平方米	3000	0
农村生活垃圾分类覆盖率	%	100	100
卫生厕所普及率	%	100	100

续 表

类别	单位	整治前	整治后
行政村农村生活污水处理设施覆盖率、接户率（%）	%	100	100
农村供水工程水质达标率	%	100	100
"四好农村路"建设规模	公里	0	56.31
农村土地民主管理机制建设	项	0	36

在生态环境功能改善方面，按照"山水林田湖草"生命共同体理念，龙港按照宜居、宜业、宜游原则，加强生态环境整治修复，结合人居环境提升、美丽清洁田园建设、河道生态整治以及岸线和湿地生态修复整治项目，开展路边、水边、田边、村边的绿化、亮化、美化行动，构建以主干水系和管线绿化为主体的网格状生态空间格局，形成"田成方、路成框、水成网、绿绕庄"农业农村景观风貌格局，可以发展休闲农业，结合生态、园林绿化，建设可览、可游、可居、休闲、康乐、教育为一体的农业景观综合体，塑造乡村地区农业产业增长极。蓝色海湾综合整治方面，以全面提高温州市海岸带生态系统功能为导向，以实现人与自然和谐发展为目标，通过红树林种植、沙滩修复、海堤生态化、海岸综合整治等修复技术手段，使滨海湿地生境得到有效保护，沿海受损的湿地生态功能得到明显改善，海堤生态化程度得到显著提升，重点退化沙滩得到有效修复，恢复海滩生态服务功能。全面提高滨海生态产品持续供给能力，使公众拥有健康美丽的海洋环境和秩序优良的海洋生态、生产、生活空间，让百姓共享生态文明建设成果（见表8-5）。

表8-5 龙港市推进城乡融合发展项目区民生改善一览

类型	指标	单位	整治前	整治后
山体治理	矿山治理面积	公顷	2.21	1.22
	其他		10.9:45.7:43.4	3.7:45.7:50.6
水域治理	水域治理面积	公顷	0	217.03
	水体监测质量	—	Ⅳ	Ⅲ

类型	指标	单位	整治前	整治后
	河道底部清淤量	立方米	0	65.00
	河道护岸治理	千米	0	68.00
林地治理	林地面积	公顷	26.99	26.99
	森林覆盖率	%	5.00	5.00
农田治理	农田连片度	亩/个	39.76	56.58
	土壤污染综合防治面积	公顷	0	0
	清洁田园面积	公顷	0	367.30
	实施生态型土地整治面积	公顷	0	668.26

在产业融合发展方面，通过推进城乡融合发展项目的实施，保障产业融合发展用地需求 15.220 公顷，利用存量建设用 7.4652 公顷，使用建设用地流量指 11.5262 公顷。新增产业发展项目主要用于小微园以及一、二、三产业融合发展用地需求（见表 8-6）。

表8-6　龙港市推进城乡融合发展项目区发展状况一览

内容		单位	整治前	整治后
总产值		万元	29950	31448
一、二、三产业结构			10.9:45.7:43.4	3.7:45.7:50.6
第一产业	主要产业类型		1	2
	农业平台数量	个	0	0
	规模化经营面积	公顷	500	800
第一产业	种粮大户、农业企业数量	个	325	361
	用地面积	公顷	500	800
第二产业	主要产业类型	种	8	8
	小微企业园数量	个	6	12
	企业个数	个	60	8
	用地面积	公顷	236.95	246.24

续 表

	内容	单位	整治前	整治后
第三产业	主要产业类型	种	1	3
	发展新业态新产业项目个数	个	0	6
	用地面积	公顷	0	9.2951

（三）促进农村民主治理增效

龙港市推进城乡融合发展工程项目在组织实施上的特色之一，是其"市管村居、分片服务"的扁平化管理体制机制创新。通过"条块结合、职能融合"，实行扁平化、网格化管理，推进治理重心下移、力量下沉、职能下放，形成协同联动、高效运行的职能体系和管理体制。全域整治市级监管目标。为落实"市管村居"政策，实现全域整治项目监管一体化运营目标，从多部门抽调骨干力量，成立全域整治工作专班。整合多部门统筹协调管理全域整治各阶段，对全域整治项目实施进行全生命周期管理。农村社区民主治理目标。各社区集体经济组织在龙港全域整治工作专班的组织领导下，制定"一村一策"，并根据项目实施需要，通过成立各类组织领导小组以及监管小组，对全域整治涉及的各类工程项目做到全程把控、监督，切实保障全域整治项目实施效果。

三、龙港市推进城乡融合发展的实践经验

（一）全域要素流通化，建立健全城乡要素市场配置效率机制

资源相互流通流转是城乡融合一体化发展的先决条件。龙港以市场为主导，从统筹资源配置、调整产业结构、集聚内生动力，实现优势互补等方面突围。

土地资源方面，梯次推进、全面实施全市域的推进城乡融合发展改革，启动首批三个推进城乡融合发展项目，进一步优化国土空间布局，构建土地高效利用的体制机制。深化乡村土地改革，健全土地流转制度，统筹推进农村宅基地制度改革、乡村集成改革和推进城乡融合发展。建立宅基地使用权流转、抵押、有偿退出等制度体系，探索承包地经营权有序流转和宅基地资

格权跨村兑现机制。盘活集体建设用地运营和收益分配,保障农民土地正当权益。规范农村集体土地入市制度,构建统一的城乡土地要素市场。在连片综合整治村域土地的基础上,以转包、出租、股份合作等形式将域内闲置、零散的土地归集后入市流转,引进优质产业项目,吸纳社会资本参与新型社区建设。深入实施"亩均论英雄""标准地"改革,健全工业用地"全生命周期"管理和低效用地再开发机制,提高土地高效集约利用水平。实现了土地增值,域内产业结构从"一产为主"向"三产融合"转型,人居环境逐渐由"乡"到"城"转变。近一年,龙港累计拆征房屋2200多间,争取让大量的"沉睡"资产变成发展资本。

资本金融方面,因地制宜地构建多元化投融资机制,以点带面,推进市域内农村社区的产业结构转型、公共服务改善,创新市场化投融资机制,推动实现"全域一体"的新型城镇化,推进城乡金融服务体系升级变革。正确引导金融资本在城乡之间的分配,鼓励工商企业向乡村注入资本,助力乡村资本金融发展。龙港市通过创新资源要素优化配置实现方式,通过推进城乡融合发展创造节余指标从而获取政府财政转移支付作为多项工程的启动资金。积极探索政府与社会资本合作的方式,尝试以节余指标收益为盈利平衡点,引进浙江省振兴乡村建设投资发展有限公司等实体统筹各类整治项目和建设的投融资活动,汇聚政府、社会资本、集体和农民等各方力量投入推进城乡融合发展中。省乡投公司在龙港政府的组织协调下,和地方全资国企成立项目公司,以"融资+项目总承包+产业营运"(F+EPC+O)的方式承接龙港市推进城乡融合发展项目。以土地汇集流转增值收益为基础,吸纳社会资本参与新型社区建设,在市场化投融资机制上探索出一条新路,为新型城镇化投融资机制创新提供了新的模式。此外,加大乡村地区贷款投放力度,推进农村金融体系的建立,实现城乡资本要素的活跃流动。

(二)全域治理一体化,全面实施城乡社区自治管理机制改革

龙港按照一体规划、同等标准、全域覆盖的要求,加速实现全域城市化、农村社区化、就地市民化,大力推进全域城乡一体化改革。强化以党建为统领的整体智治理念,深化基层治理扁平化、社区化、网格化、信息化"四化"

集成改革。大力推进智慧城市建设，率先实现全国第一个全域 5G 网络全覆盖，城市大脑一期项目投入运行，在智慧交通、智慧政务、智慧城管等领域实施一批场景化多业务协同应用，基本形成一个大脑管治理的运行模式。从设市以来，龙港推进公共资源和公共服务均等化。加快实施重大民生项目 100 个，建设新时代未来乡村推动城乡融合。开展耕地"非农化""非粮化"整治，持续优化乡村布局，推进乡村区块化组团式发展。积极实施全域美丽乡村达标创建，强化沿海意识，落实"做大产业扩大税源行动计划""提升居民收入富民行动计划"，持续推进"两进两回"行动，畅通资本、人才、服务下乡渠道。突出抓好赤膊房整治、生活污水治理、道路建设等方面工作，不断完善社区公共服务设施，提升社区人居环境水平。

（三）全域户籍市民化，深入实施城镇户籍全面放开保障机制

龙港实施城乡全域公民市民化。劳动力和人才资源方面，通过集聚产业内生动力的路径，健全落户政策，完善户籍体制，加快推进全域人口市民化全面开放落地，全面放开城镇落户限制。继续开展"三支一扶"等政策吸引大学生返乡帮助农村建设发展，鼓励有能力外出经商人员返乡创业，进行农业专业培训，建立现代科学农业，促进劳动力与人才之间的积极互动。社保公益方面，一是全面放开落户政策方面。以经常居住地登记户口制度，积极推行电子居住证，建立全市居住证互认转换机制。二是挖掘社保公益资金来源。"人地钱挂钩"进一步完善城镇新增建设用地规模、财政转移支付资金、义务教育、学前教育、技术服务、信息咨询、药具发放、人员培训、优生指导、随访服务、生殖健康、奖励优待、便民维权等经费保障等与农业转移人口规模、新入户市民挂钩的政策，提高龙港吸纳农业转移人口与外来人口落户的积极性，为农业转移人口与外来人口提供更加优质的城市公共服务。

（四）全域空间三生化，以推进全域土地综合整治为重要抓手

龙港以协调、有序和动态的系统观，全空间、全部门、全要素、全周期地全面优化目标自然资源，塑造全域生产、生活、生态空间格局，推动城乡融合发展，助力现代化目标实现。以推进全域土地综合整治为抓手，深化农民权益保障，拓宽多元融资渠道，推动治理增效升级。核心任务包括加强总

体和专项规划设计，建立健全政府引导、集体主导、部门协同、多方参与、全过程数字监管的协同推进工作机制，确保试点工作不离谱、不走偏。"一张图"整合"三线"划定、增减挂钩、"三块地"改革、城镇低效用地开发、乡村闲置建设用地优化整合、生态补偿制度等土地综合整治政策路径。严格保护耕地，大规模建设高标准永久性农田，开展农村建设用地整治，改善农村生产生活条件。推进城镇和工矿建设用地整治，提高建设用地保障能力。整治山水林田湖草等多重资源，构筑自然生态安全屏障。合理开发利用海洋海涂资源，加强蓝色国土整治与安全建设。合理开展跨区域资源调配工程，促进区域资源有效互动与统筹发展。完善土地综合整治制度体系，促进自然资源治理优化。

（五）集体经济股改化，深度盘活农村集体土地与宅基地资源

龙港强化集体所有权管控职能。在全面完成"村改社区"和扁平化基层治理新模式下，龙港市理顺股份经济合作社等集体经济组织与社区基层自治组织的集体经济股份，以及宅基地管理职能。（1）集体经济方面，以土地集体所有为根本依据，集中集聚土地资源，以土地银行全社员股份所有的改革形式整合盘活乡村土地，使乡村集体土地在城乡融合发展中发挥最大经济效益。（2）宅基地方面，龙港综合户籍关系、婚姻关系、继承关系、土地承包、居住情况和履行义务等因素，启动集体资产股权量化分配改革，将宅基地所有权确权到不同层级的集体经济组织成员集体，并依法由集体经济组织行使宅基地所有权占有、使用、收益、处分（包括分配）权能。充分发挥基层网格自治组织在宅基地管理中的作用，实现宅基地网格化管理。完善宅基地资格权人认定方式，灵活保障资格权实现形式。建立自愿有偿退出机制，探索保权退出（退出使用权保留资格权）、永久退出（同时退出使用权和资格权）等不同退出方式和货币、"房票"等多样化补偿政策。建立宅基地跨社区保障机制，优先保障无房户、危房户、住房困难户、因土地征收、搬迁、独居孤寡老人等特殊群体的专项建设用地指标和妥善安置。通过社区化、货币化、异地安置等多样化的宅基地资格权保障方式，充分实现基本居住权益的兜底保障，提升基础设施和公共服务设施配套。协同增益使用权多元权益，建立"产权明晰，流转顺畅"的宅基地流转市场，提高农民财产性收入，是龙港宅基

地改革试点的重中之重。龙港以城镇规划范围内的宅基地转为集体经营性建设用地入市为突破口的"宅改"，逐步推进宅基地使用权（农房）市域范围流转的制度建设和实践探索。赋予宅基地资格权人应有的处分权、收益权，包括以转让、继承、互换、赠与、出租、抵押、入股等方式流转宅基地使用权。完善套式农房房地一体转让的合同管理和确权登记发证机制，建立全市统一的宅基地使用权和农房流转交易平台。

四、龙港市推进城乡融合发展的主要路径

（一）通过完善户籍制度来落实城乡融合发展的利导性

浙江省发展改革委、省住建厅于 2021 年 5 月联合印发《浙江省新型城镇化发展"十四五"规划》，明确主要目标是：全面实施以人为核心、高质量为导向、面向现代化的新型城镇化战略，努力打造全国城镇协调发展标杆地、城乡融合发展样板区，成为浙江展示"重要窗口"的标志性成果。龙港如果希望在此轮新型城镇化过程中瞄准全省目标有所作为，凸显综合改革试点优势，首先要全面深化户籍制度改革和新型居住证制度，完善推进城乡融合发展"人地钱挂钩"激励性配套政策，率先实现农业转移人口以及在龙港工作的流动人口与城镇人口之间身份平等、机会同等、服务均等、权益对等，推动人在龙港的全面发展。具体地，一是全面实施廉价公租房工程，保障入港人员"居者有其屋"，配套以居住证为主要载体的学前教育、义务教育、就医结算、职业技能培训、保障性住房等制度，探索与居住年限和社保缴纳情况相挂钩的紧缺优质公共服务梯度供给制度。二是深化放开落户政策，试行以经常居住地登记户口制度，长三角一体化区域范围内实行"户口通迁"。加快推行电子居住证，建立全市居住证互认转换机制。三是完善"人地钱挂钩"激励性配套政策，进一步完善城镇新增建设用地规模、财政转移支付资金、义务教育、学前教育、技术服务、信息咨询、药具发放、人员培训、优生指导、随访服务、生殖健康、奖励优待、便民维权等经费保障等与农业转移人口规模、新入户市民挂钩的政策，提高龙港吸纳农业转移人口与外来人口落户的积极性，为农业转移人口与外来人口提供更加优质的城市公共服务。四是开辟面向龙港籍市民的高端住宅市场，打开富裕人群、中产阶级对于高端住宅

和改善型住宅的消费通道，扩大地方内需市场，增加政府财税收入和人口红利。

（二）通过深化土地制度来提升城乡融合发展的先进性

龙港要在坚持土地集体所有制的基础上，通过稳定农户土地承包权，放活土地经营权、宅基地使用权赋予农民更广泛的选择空间。同时，通过发展土地流转市场，对接土地流转信息等来节约微观主体之间的交易成本，将农村土地的"三权分置"和入城农户"三权"市场化退出改革推向更高水平，提升城乡社区的管理现代化与治理现代化。考虑到土地"三权分置"涉及多重利益主体，龙港实施农村土地"三权分置"必须着力解决不同利益主体之间的激励相容问题，只有土地相关利益主体均能因制度变革得到福利改进，"三权分置"的土地产权制度演变才能得以顺利推进。从根本上说，农村耕地和宅基地"三权分置"改革就是依靠土地产权制度细分，来推动土地要素的市场化进程并以此提高城乡之间要素的配置效率。因此，龙港政府应深化土地征收制度改革，激活土地使用权来变革农村要素组合方式，通过健全农村推动流转市场，提高土地配置中的信息匹配智慧化程度等推动土地要素再配置。依靠农业产出、社保资源、宅基地市场价兑换等三个基准提高对失地农民的补偿标准，推进城乡融合发展和征用收益应更多向城乡基本公共服务领域倾斜。加快推进农村集体经营性建设用地进入土地市场，土地增值收益分配应该平等兼顾失地农民、政府和相关投资者，给予必要的补偿和增值回报。增加对社区管理的数字化管理新基建建设，提高社区管理的先进性。

（三）通过促进内外循环来加强城乡融合发展的效率性

改革开放以来，龙港以城乡土地微观经济主体可以自发配置要素为要件，推动着城乡土地产品和要素的流动性，加快了城镇化的发展。在当前新发展阶段，龙港推进城乡融合发展更要以城乡之间以及城乡各自内部的要素充分流动、优化配置为前置条件，再一次激发龙港向鳌江流域中心城市发展的动力。龙港的历次扩张发展中，其动力机制是综合性的，包含着推拉作用力、内外作用力、自上而下和自下而上的作用力综合形成的制度变迁动力，2000年前表现为农村劳动力、土地和资本的单向度外流为趋势，这种流动提高了要素配置效率并推动了经济增长，但新阶段出现产品和要素逆城市化的流动趋势，并且与推力市场并存，这需要建立内外双循环的制度来完善城乡要素平等交换。通过推进城乡融合发展促进城乡土地流转、经营方式创新和产业功能拓展，以此提高农村经济的要素回报率，吸引高素质乡贤返乡成为新型职业农民，吸引城市高素质人才进入农村成为"新农人""新社员"。充分利用农村社区相对稳定的特性，深入开展农村土地承包经营权流转、农村集体建设用地使用权交易等工作，建立宅基地使用权流转、抵押、有偿退出等制度体系，探索承包地经营权有序流转和宅基地资格权跨村兑现机制，允许并鼓励农村合作社金融机构发育壮大，在设置农村投资负面清单的前提下推动资本下乡，使农村经济成为金融发展服务实体经济的重要领域，有效盘活农村存量资源资产。完善工业区块红线保护、工业用地全生命周期管理、低效闲置用地再开发等机制。激发消费活力，加快建设城市综合体，促进产业经济结构体系优化壮大升级。

（四）通过均等服务社区来增大城乡融合发展的普惠性

在高质量发展中扎实推进共同富裕新发展格局背景下，龙港在"做大蛋糕"的同时要"切好蛋糕"。推进城乡融合发展工程要坚持在发展中保障和改善民生，统筹做好就业、收入分配、教育、社保、医疗、住房、养老、托幼等各方面的民生福祉工作，注重向农村、基层倾斜，向困难群众倾斜，促进社会公平正义，让发展成果更多更公平惠及全体市民，使全体市民在共建共享发展中有更多的获得感，汇聚起建设新龙港的磅礴力量。这种基本公共服务普惠性的均等化可通过三种渠道来实现：一是切实提高推进城乡融合发展后的社区人口的城镇融入力度，在经济增长和财政能力增强的基础上，龙港应该抓住人口规模相对有效、融入成本相对较低的现状加快放开户籍壁垒。促使更多的农村人口融入城市生活，将农民工内含的"职业转换—身份转化"不同步变为"职业转换—身份转化"相一致。二是切实提高推进城乡融合发展后的社区保障供给水平，加大农村社区居民的基本医疗、基本养老、基本教育等公共产品的供给力度，拓宽农村居民的发展机会，提高农村居民的人力资本，推动城乡社会保障差距逐步缩小，使社会保障供给成为普惠性的、能够契合人口流动格局的经济社会发展托底机制。三是建立健全面向落户定居在龙人员的培养力度，针对职业农民、职业工人的筛选和培训机制，通过教育和培训提高人才基本含量，为新型经营主体提供综合服务体系，促使新型经营主体、大中企业和小农户形成功能互补、利益共享新格局，依靠高质量发展的生产经营和组织方式来分享利益的机制，化解城乡之间、农村内部的收入差距扩大问题。

（五）通过协同分类基准来提高城乡融合政策的瞄准性

协同循环的城乡融合发展的内在需要是经济制度的持续变迁，制度变迁是以经济政策为载体的。考虑到我国城乡的分异分化特征，提高龙港城乡经济政策的瞄准性、针对性、有效性就尤为重要。即在政府—市场关系持续调整中，对路径实施的对象和目标进行分类，通过不同政策的相互协同形成整体的制度变革效应。城镇化过程中的现代农业问题、城中村问题、农村三次产业融合问题、农业全要素生产率提高问题、农村职业劳动力形成问题、企业壮大升级问题等，应通过总结做法、经验和教训，发挥"龙港智慧"，减少就业、职业、收入、消费及要素配置方式等方面的差异。为此农村经济政策首先应明确其核心目标和实施对象，将针对小农户、专业大户、家庭农场和专业合作社的政策区别开来，将农业增产、市民（农民）增收和城乡基本公共服务均等化的政策区分别开来，将激发市场活力、精准施策和缩减市民内部落差的政策区别开来。在分类别和增强协同性的基础上提高城乡经济融合政策的整体实施效力。

（六）通过激励相容基准来提高城乡融合发展的变革性

20世纪90年代中期之后，龙港的政府因介入要素配置而加剧了经济结构问题。在土地产权制度改革、城乡要素交换关系意味着市场化改革走向深入，意味着要素市场化进程与商品市场化进程的契合，这是政府—市场关系调整的过程，也是政府内部、市场内部制度安排调整的过程。现阶段龙港要实现推进城乡融合发展的变革性，扎实推进未来社区、未来乡村等重大部署，就必须关注整治、社会因素与经济活动之间的交互影响，从政治经济学视角理解中国大背景的城乡经济关系变革逻辑。据此，应将推进城乡融合发展内生为龙港地方政府的目标函数，形成与城乡协同循环性融合相匹配的政府绩效指标体系、评估体系、考核体系和激励体系。此外，应通过深化财政管理体系改革，着力破解龙港政府普遍面临的财权—事权失衡格局，促使不同层级地方政府在权责边界清晰、收支相对平衡的基础上，在更大范围内放松市场管制，并持续增强针对农村的公共产品供给能力。依靠城乡土地经济关系制度的变迁形成各个层级政府权责对称的新格局，以此为城乡土地经济关系的协同循环型融合提供政府间的坚实制度基础。

五、龙港市推进城乡融合发展的启示与愿景

（一）通过深化权益保障来落实以人民为中心的发展思想

龙港市首先通过入户讲解、动员大会、举办展览、办宣传板报、实行项目进程公告等方式加大推进城乡融合系列项目宣传力度。同时，完善民主治理渠道与机制，在激发农民认可度和参与积极性的基础上，切实尊重和保障农民的知情权、参与权、监督权和收益权，让农民共享推进城乡融合的获得感。杜绝一次性补偿的"甩手掌柜"行为，为农民提供了长期持续性补助、就业与智力支持。龙港坚持以人为本的核心取向，全面深化户籍制度改革，"固化"农民工。全面放开落户政策，加快推行电子居住证，推进城镇基本公共服务向常住人口全覆盖，完善了以居住证为主要载体的义务教育、就医结算、职业技能培训、保障性住房等制度，让农业转移人口在城市具备了良好的风险抵御能力。探索与居住年限和社保缴纳情况相挂钩的紧缺优质公共服务梯度供给制度，完善了"人地钱挂钩"激励性配套政策，实施户籍准入年限同城化累计互认。进一步完善了城镇新增建设用地规模、财政转移支付资金、义务教育经费保障等与农业转移人口规模挂钩的政策，提高了城市吸纳农业转移人口落户的积极性，为农业转移人口提供了更加优质的公共服务。着手培养专职从事农业生产的职业农民，保证了农民户籍市民化后生产生活的市民化，也为愿意从事现代化农业生产的城市人口提供了就业创业渠道和空间。

（二）通过完善土地制度来落实城乡融合发展的总体要求

龙港市是在坚持土地集体所有制的基础上，通过稳定农户土地承包权，放活土地经营权和宅基地使用权，宅基地转为集体经营性建设用地统一入市交易等方面赋予农民更广泛的选择空间。将闲置在农村的各类宅基地从过剩的居住保障功能中释放出来，由此赋予其更加充分的财产功能和资产功能，同时壮大了集体经济，释放了更大的土地红利，为龙港的城市化现代化夯实基础。龙港成立城乡一体化建设中心政府平台来统筹管理全域土地综合整治工作，以集体经济组织为主体，充分发挥基层自治。实施农村土地"三权分置"过程中着力保障不同利益主体获得福利改进。依靠农业产出、社保资源、宅基地市场价兑换等三个基准提高对失地农民的补偿标准，推进了城乡融合发展和土地增值收益更多向城乡基本公共服务领域倾斜。推进了农村集体经营性建设用地进入土地市场。土地增值收益分配平等兼顾失地农民、村集体、政府和相关投资者，给予必要的补偿和增值回报。充分尊重了群众在村级土地管理中的决策权、管理权和监督权，依法听取农民群众意见，保障了农民的知情权、参与权、表达权和监督权。

（三）通过壮大分享集体利益来落实共同富裕的建设目标

龙港推进城乡融合发展项目过程中切实加强集体经济组织保障措施、农民权益保障措施、资金保障措施、生态环境保障措施和项目监管措施。通过加强内循环市场为主体，造就了龙港资本资金池，激活了龙港的土地市场和一、二、三产业。通过推进全域土地综合整治，大幅提升了农村土地和农民住房等不动产的资产价值，提高了农民的财产性收入水平。通过集体资产股权量化产权制度改革，使集体物业效益最大化，保障了社区集体经济组织成员的合法权益。努力解决村集体历史遗留账务，建立健全了土地管理村规民约，完善了村慈善帮扶系统。完善"市管村居、分片服务"扁平化基层治理模式，推进了治理重心下移、资源下沉、职能下放，形成了协同联动、集约高效的治理机制。在直接涉及农民合法权益的事项方面，建立健全了上下联动的监督制度，强化了项目各环节监管，建立了标准化和规范化的项目管理制度，健全了项目实施动态监测制度。

（四）龙港市推进城乡融合发展的建议总结

龙港从中国第一个"农民城"到"镇改市"，至今经历了将近 40 年的改革探索，其以人民为中心、乡村振兴为战略、城乡融合为手段、共同富裕为目标的实践经验对现阶段我国新发展格局背景下的新型城镇化发展具有重要的启示。龙港推进城乡融合发展是根据自然条件、社会经济条件和国民经济发展的需要对全空间、分片区、跨系统、成体系的综合配置治理；是依靠"卖地建房"的 1.0 版本和"宅改入市"的 2.0 版本这一"驱动器"政策，细分土地产权制度，来推动土地要素的市场化进程并以此提高城乡之间要素的配置效率；是政府 – 市场关系从此前的政府高度管制转变为向微观主体的放权让利；是通过政府引导推动和市场化手段优化土地利用结构、土地利用分布和利用强度，达到土地最合理利用目标的"全要素"系统结构、"全动态"反馈机制与"全周期"运维管理机制，多力协同促进土地、人口、产业的城乡融合过程；是推动城乡要素全域流通化、管理治理全域一体化、户籍开放全域市民化、土地综合整治全域"三生"化和土地资源股权改革化的过程；是落实乡村振兴战略与新型城镇化双轮驱动，显化农民与市民的财产性权益，高质量发展建设共同富裕示范目标的过程。

（五）龙港市推进城乡融合发展的改革愿景

龙港推进城乡融合发展需要进一步学深悟透习近平总书记关于浙江省高质量发展的重要战略思想，坚决扛起使命担当，把新型城镇化综合改革试点与打造"重要窗口"、高质量发展建设共同富裕示范区一体落实，勇于担当、大胆探索，努力取得更多标志性、突破性成果。2021 年 1 月，浙江省委书记袁家军对龙港建市在国家、省市所承担的重大使命作出批示，赋予了龙港在"十四五"期间加快建成"全国新型城镇化改革策源地、基层治理样板区、高质量发展新高地"的新目标新定位，为龙港改革发展注入强大信心和动力。龙港作为新型城镇化综合改革"国家试验室"，必将继续谋深做实一批原创性、引领性改革项目，力争在行政管理体制、经济社会治理、城乡一体融合等领域率先突破、系统集成，进一步释放重点领域改革红利，擦亮"无改革不龙港"的鲜明标签，打造一批具有辨识度和显示度的标志性改革成果，为全国新型城镇化改革输出新经验。

突出小切口推动大探索。抓住"牵一发动全身"的关键源动力环节，通过集聚产业内生动力的路径，积极实施户改政策，吸纳人力资源入港。健全落户政策，完善户籍体制，全面放开城镇落户限制，"固化"农民工。实施土地全域综合整治为抓手的农户"三权"赋能，正向显现宅基地的财产价值。梯次推进、连片综合整治土地资源，化资源为财产，化财产为资产，化资产为资本，正态引导城乡资金优化分配。深化乡村土地改革，健全土地流转制度，积极推动宅基地、农房的市域流转改革试点，盘活集体经营性建设用地运营和收益分配，保障农民土地正当权益，同时规范农村集体土地入市制度，构建统一的城乡土地要素市场。积极赋予龙港更多探索权去先行先试城乡融合新发展格局的有效路径。

突出数字化推动普惠化。做深做优数字化政府的扁平化布局，提升城乡自然资源管理效能，均等配置城乡治理资源，推动人技融合，提升履责能力体制机制。在全市范围内搭构起泛在普惠的现代信息技术硬件基础设施（包括 AI、大数据分析平台、云计算、物联网、区块链、5G 基站、空间地理信息、遥感监测等），为"智慧城市"提供基础架构。强力推进"亩均论英雄"改革，全市域全方位打造最优营商环境。建立健全工作机制，改变对上满负荷工作的内卷化运作为对下实效服务的外在化形态。推进数字化清单式一表化工作，利用城乡融合的市场规则引擎实现政府业务规则，强化市政府—社区基层两级政府的平台运维能力为重点，消除城乡自然资源管理差距，确保对下事事有落实、件件有回应、项项有结果。

突出市场化推动双循环。以市场为主导，建立健全城乡土地资源相互流转机制。强化科技创新，突破政策瓶颈，激活传统土地要素，畅通土地经济循环，积极探索形成新发展格局的有效路径。创新市场化投融资机制推动新型城镇化发展，推进乡土地金融服务体系升级变革。以转包、出租、股份合作等形式将域内乡村闲置、零散的土地归集后入市流转，引进优质产业项目，吸纳社会资本参与新型社区建设。

突出区域化推动大融合。突出显示度和感知度，聚焦龙港大花园大通道大社区大产业建设发展。改变交通末梢城市为交通纽带城市。率先突破新型城镇化发展不平衡不充分问题，打造宜居宜业社区，构筑过境环城快速综合交通系统。通过推进城乡融合发展工程壮大龙港印刷、礼品、纺织、塑编四大支柱产业，打造"物联网＋"、现代印业、现代农业、现代物流、现代工业材料、时尚服装六大科创高地，优化布局现代服务业和"三来一补"传统产业。深化细化城乡融合目标体系，积极建设特色小镇和未来社区，推动温州都市圈南翼中心大融合。

课题负责人：吴宇哲

课题组成员：许智钇　单嘉铭　潘绘羽

于浩洋　韦霞军

第九章　龙港打造共同富裕先行城市研究

一、现实基础

（一）常住人口城镇化率高，城市发展水平有待提升

根据《龙港市第七次全国人口普查主要数据公报》，全市常住人口为464695人，与2010年第六次全国人口普查的396000人相比，十年共增加68695人，增长17.35%，年平均增长率1.61%。全市共有家庭户163724户，集体户为9193户，平均每个家庭户的人口为2.65人，比2010年第六次全国人口普查的3.1人减少0.45人。全市常住人口中，居住在城镇的人口是450250人，占96.89%；居住在乡村的人口为14445人，占3.11%。龙港已完成了城镇化进程。

如表9-1所示，2020年龙港市地区生产总值316.4亿元，同比增长4.4%，增速位列温州市第四；人均地区生产总值65237元，低于温州市73381元的平均水平；规模以上工业企业增加值46.9亿元，同比增长7.9%，增速位列温州市第一。全年财政总收入25.3亿元，一般公共预算收入17.05亿元；一般公共预算支出25.7亿元，其中民生支出占财政支出的75.3%，略高于同期温州市的74.3%。总体上看，龙港人均GDP较为薄弱，均低于温州市、浙江省和全国的平均水平。

表9-1 2020年龙港市与其他地区GDP、人均GDP、财政比较

	GDP／亿元	人均GDP／元	财政／亿元
龙港市	316.40	65237	17.05
温州市	6870.90	73881	602
浙江省	64613	110450	7248
全　国	1015986	72371	182895

（二）低收入群体得到有效保障，收入水平有待提高

龙港社会保障为中低收入群体织起了安全网。截至 2020 年底，龙港市在册低保对象 5700 人，其中城镇 627 人，农村 5122 人，低保资金（含各类补贴）支出 5154.78 万元，月人均 753.62 元。低保边缘户 423 户 990 人，特困人员 152 人。全市参加企业职工基本养老保险人数 6.57 万人，参加城乡居民养老保险人数 7.4 万人，参加城镇职工基本医疗保险人数 5.1 万人，参加城乡居民基本医疗保险人数 30.13 万人，参加失业保险人数 4.2 万人。全市企业退休人员基本养老金月平均标准 2502.44 元，低于同期温州市水平；城乡居民养老保险基础养老金最低月标准 225 元，高于同期温州市水平。

但是，龙港城乡居民收入水平仍有待提高。2020 年龙港市城乡居民人均可支配收入分别为 55298 元和 29656 元，低于温州市、浙江省的平均水平，但高于全国平均水平。龙港市城乡差距较小，收入比为 1.86，低于温州市、浙江省和全国平均水平（见表 9-2）。

表9-2 2020年龙港与其他地区人均可支配收入比较

	城镇／元	农村／元	整体／元	城市：农村
龙港市	55298	29656	45994	1.86
温州市	63481	32428	54025	1.96
浙江省	62699	31930	52397	1.96
全　国	43834	17131	32189	2.56

（三）公共服务体系相对完善，优质资源有待升级

1. 龙港教育正在从普及化向品质化发展

2020年末全市共有中小学48所，其中公办学校41所，民办学校7所；小学24所，初中（含九年一贯制）19所，中等职业教育学校1所，普通高中4所。教育资源多集中于老城区，校均规模过大，大班额现象突出，新城前瞻性布局不足。全市中小学在校生60924人，中小学专任教师3808人，其中高级职称532人，占13.97%；各类骨干教师562人，占14.76%；高层次人才5名。中小学生均占地面积13.21平方米，明显低于温州市平均水平16.91平方米和浙江省19.78平方米。2020年龙港市教育装备的生均投入509元，远低于温州市平均水平1057元，位列全省倒数第一。全市共有幼托机构125所，其中幼儿园107所，托儿所18所，教职工2106人，入园（托）幼儿16389人；公办幼儿园覆盖率1.5%，优质园占比25%，远低于全省和温州市的50%和60%的要求。

专栏1　教育品质赋能举措

"借力登高"，先后与温州市教育局签订了《加快龙港教育高品质发展合作框架协议》，与龙湾区教育局签订了《双龙区域教育合作框架协议》，龙港中心与温州中心、龙港二高与龙湾中学签订了《一体化办学的协议》，获得了普高教育的强劲助力。"搭台唱戏"，通过改革搭台，龙港教育先后获得了浙江省艺术教育实验区、浙江省教师人事综合改革试点区、温州市体教融合创新实验区、未来教育创新区、STEM教育实验区，国家基础教育优秀教学成果推广应用温州市示范区，以及智安校园实验区等牌子。

---

2. 龙港医疗通过外引内育提升医疗资源质量

龙港市现有各类医疗卫生机构312家，其中211家为民办医疗机构；医院11家，其中综合医院7家，中医院1家，中西医结合医院1家，精神专科医院2家；基层医疗卫生机构301家，其中社区卫生服务中心（卫生院）4家，社区卫生服务站17家，村卫生室135家，个体诊所（医务室）126家。现有

注册执业（助理）医师 879 人，注册护士 805 人。总体来看，龙港市医疗资源还比较薄弱，辖区内居民市外就医比例高达 65%。

专栏2　龙港市医疗资源提升计划

2020 年 6 月 7 日，龙港市与温州医科大学附属第一医院智联合作正式签约授牌，龙港市人民医院增挂温州医科大学附属第一医院龙港院区，温州医科大学附属第一医院对龙港市人民医院实行全托管，并为龙港市人民医院提供卫技人员进修、住院医师规范化培训、中层干部轮训等培训服务。落实"双百计划"，组织提前招聘 2020 年全日制普通高校医学类紧缺专业应届毕业生 27 名。按照温州康养中心城市建设要求，全力推进龙港市人民迁建工程，2020 年 9 月顺利开工建设。按照三级甲等综合性医院规模建设，设床位数 1500 张，其中包括 100 床的传染病院，1100 床三甲综合医院，300 床的妇幼保健院。项目总用地面积 253.01 亩，计容建筑面积初步确定为 19.2 万平方米，项目估算总投资约 19.8 亿元。

3. 龙港市加快推进养老多元化发展

截至 2020 年，龙港市共有 60 周岁以上老年人 6 万人，公办敬老院 4 家，民办养老机构 12 家，共计床位数 700 张。片区示范型居家养老照料服务中心 2 家，社区居家养老照料服务中心 74 家。因运行经费、人员管理等问题，大部分没有常态化运行，部分运行的养老机构也无法有效利用资源，承担设定的养老服务功能。自 2020 年以来，龙港市每年安排资金 220 万元左右，以政府购买服务形式，由专业的养老组织每月对现有特困老人和享受养老服务一、二类补贴对象进行上门服务，主要包括生活照料服务（助餐、助浴、起居、代办、个人卫生等）、医疗保健服务（健康咨询、医疗协助、康复护理、预防保健等）、家政服务（家电维修、室内清洗、管道疏通等）。龙港市养老补助相关政策见表 9-3。

表9-3　龙港市养老补助有关政策

补助政策类型	补助对象	补助标准
特困人员入住机构补助政策	收住特困人员的养老机构	每人每月500元
居家养老服务补贴政策	一类补贴对象	入住养老机构：每人每年15000元 居家接受养老服务：每人每年6000元
	二类补贴对象	每人每年1200元
高龄老人补贴政策	百岁老人	每人每月1000元；每年重阳节慰问并发放1000元慰问金及贺匾一个
	95—99岁老人	每人每月300元
	90—94岁老人	每人每月100元
特困人员供养标准（基本生活标准：每人每年1230元）	分散供养的特困人员	生活完全不能自理：每人每月1230元 生活基本不能自理：每人每年250元 生活部分不能自理：每人每月950元
	集中供养的特困人员	生活完全不能自理：每人每月950元 生活基本不能自理：每人每年375元 生活部分不能自理：每人每月187.5元

（四）龙港改革创新能力较强，体制机制有待突破

自1982年以来，龙港面积从5.2平方公里扩大至183.99平方公里，人口从5000多人激增至46.5万人，年均人口增长率为12.3%。在这30余年中，龙港历经从小渔村到农民城（1982—1993年）、从农民城到小城市培育（1993—2003年）、从小城市培育到撤镇设市（2003年至今）三次改革的历史性跨越。

为解决落户难题，龙港镇以1984年中央一号文件中"允许农民自理口粮到集镇落户"为依据，在苍南县委支持下发文：凡在龙港镇购地建房、经商办企业的农民，都可自理口粮迁户口进龙港镇。这是全国第一个户籍制度改革的大胆创举。接着，龙港镇提出"谁建设，谁投资，谁受益"的办法，创造性地进行了土地有偿使用的实践。于是，一场轰轰烈烈的农民造城运动正式开始。到1994年，建镇初期只有6000多人口的小渔村已变成拥有13万人口的农民城，被誉为"中国第一座农民城"，实现了龙港的第一次跨越。

之后，龙港镇党委、政府适时提出产业支撑与城市化良性互动的发展思路，利用高新技术和先进适用技术改造印刷、礼品、纺织等传统产业，并大力培育不锈钢、超细纤维、微晶玻璃和陶瓷等新兴产业。同时，建设"六纵六横"的城市交通网络和一批重大基础设施项目等城市提质工程，使城市集聚功能不断强化。龙港实现了从农业城到产业城的第二次跨越。

2019 年 8 月，国务院批准同意撤销苍南县龙港镇，设立县级龙港市，以原龙港镇的行政区域为龙港市的行政区域，由浙江省直辖，温州市代管。目前，龙港正走在第三次历史性跨越的道路上，未来的发展将翻开新的篇章。

专栏3 "大部制、扁平化"改革创新

"大部制"：探索政务集成改革，以经济发展局为试点，其他大部门同步推进，建立职能科室与模块化专班双轨运行机制，实行"条块结合、职能融合""一人多岗、一岗多责"，实现从机构合并"物理整合"到职能重构"化学反应"的转变，着力破解"人少事多"困境，打造"小政府、大服务"的系统集成、高效运转模式。

"扁平化"：在尊重龙港村社历史沿袭基础上，以建成区 3 万—4 万左右常住人口、非建成区 1 万—2 万左右常住人口为服务半径，将辖区划分为若干个可管理的基层治理单元，每个单元建立社区联合党委、社区联勤工作站、社区综合服务中心"三位一体"运行机制，形成自上而下、一贯到底的职责体系，使服务更加贴近群众、响应更加及时、处置更加高效，实现扁平化改革。

二、龙港模式

龙港是改革创新之地，伴改革而生，随改革而兴。在浙江省高质量发展建设共同富裕示范区的背景下，龙港全市上下坚定扛起共同富裕的政治责任，充分发挥改革体制机制优势，已经形成一批具有龙港特色的标志性成果和最佳实践案例。本研究基于对龙港基层发展的经验总结，遴选了若干有助于推进共同富裕试点示范的优秀案例，以期打造共同富裕时代的"新温州模式"。

（一）改革路径：全市户籍制度改革经验

改革开放初期，龙港在全国率先推行土地有偿使用、户籍管理制度和发展民营经济三大改革举措，吸引了数量众多的农村劳动力自理口粮进城、自办企业、自建住宅，推动了人口规模、产业规模的快速扩张。在外来人口不断增加的情况下，龙港大力推进城乡一体化改革，加速实现全域城市化、农村社区化和就地市民化。

公共服务均等化和人的全面发展是共同富裕的前提条件。在我国城乡分割的二元体制下，非城镇户籍的农民工及其家属，虽然在城市工作生活，但在教育、医疗、住房、社保等公共服务领域通常不能享受与城市居民相同的待遇。户籍制度抬高了农民工进城的门槛，成为农业转移人口谋求机会平等、待遇平等、权益保障的障碍。而龙港在全国率先进行户籍制度改革。早在1984年，以中央一号文件为依据，龙港政府成立了"欢迎农民进城办公室"，积极鼓励农民自理口粮进城。这项举措不仅为龙港推动城市化、工业化进程提供了丰富的劳动力资源，而且还给予了进城农民"城市主人"的身份，使其在参与城市建设的同时可以享受城市发展的成果。

"撤镇设市"后，龙港更是提出"来了就是龙港人"的口号，进一步放宽农民进城落户的各种限制。龙港市政府2020年发布了《关于全面放开龙港市城镇落户限制有关规定》，同以往户籍政策相比，龙港落户新政呈现出放开人才引进落户条件、放开"合法稳定住所"的认定范围、取消市内迁移落户城镇和农村的条件区别等七大亮点。同时，为大力推动农村升学、举家迁徙的农业转移人口以及新生代农民工等重点群体落户，将有关居住地落户、社保就业落户条款进行较大调整，居住地落户不再局限于只凭产权证明才能落户的情形。此外，龙港还积极探索全域人口市民化。2020年4月，龙港市"村改社区"工作全面完成，市直辖102个社区，21万村民转为市民。政务客厅、人才客厅、文化中心、"两个健康"先行区实践中心等相继投用，公共服务中心区、新人民医院、循环经济产业园等工程相继推进。龙港政府努力践行"人民城市为人民"的理念，把提高人口素质和实现人的全面发展作为推进共同富裕的重要内容。

（二）内发路径：河底高社区的集体经济发展经验

1983 年，龙港建镇，河底高社区是五个发源地自然村之一。河底高社区位于龙港市城区中心，交通十分便利。河底高社区区域面积 0.55 平方公里，户籍人口 9579 人，常住人口 16913 人，党员 284 人。河底高社区曾荣获龙港市经济强村、温州市奔小康百强村、中华孝心示范村等称号。

河底高社区作为龙港市人口与经济规模最大的社区，其集体经济的发展壮大在社区发展路径中具有举足轻重的地位。1985—1994 年，由于河底高优越的地理位置，河底高先后建成搬运码头、龙港水泥交易市场、化妆品鞋革市场、腈纶纱市场、龙华饭店、农贸市场等商业经营场所，并获批成立温州市龙华集团有限公司。2011—2013 年，原河底高村将苍南县龙华大酒店、龙华饭店和龙华农贸市场承包经营权对外拍卖。为将集体经济发展成果惠及村民，河底高村将集体资产股份制改革作为一条主要途径进行积极探索。2014 年 1 月 9 日河底高村召开村民代表会议，正式成立河底高村集体资产产权制度改革小组。河底高村把发动群众作为集体经济改革的内生动力，邀请全村知名人士参加股改小组座谈会，并组织股改小组成员前往温州九山村、巨一村学习股改经验。2014 年 5 月 27 日，河底高村资产股份制改革方案经 938 户村民代表实名表决，95.3% 同意通过。2014 年 6 月对全村人口进行调查摸底，并公布审查核实后的股权人口名单。2014 年 7 月，龙港河底高村民喜领村集体资产股权证，成为"股东"的村民每户拥有五本股权证书，家庭人员股权情况、股权变动及转让记录等一一详细列明，村民凭此证明村级集体经济组织的"股东"身份，并享受集体资产收益分配。

2014 年前，伴随着龙港成长，由服务业态主导河底高集体经济发展；2014 年后，通过集体资产股份制改革，河底高村办实业迈向企业化运作模式，进行跨行业结对和数字信息化治理。2020 年河底高社区集体经济收入 1440 万元，经营性收入 1038 万元，人均收入 5.53 万元。河底高社区通过农村集体资产股份化改革，使村民变股民共享集体经济发展成果。根据河底高社区《村集体经济收益分配统计表》，2019 年河底高社区可支配收益为 7433779 元，其中向农户分配的收益有 6987920 元。

（三）外引路径：华中社区的乡贤捐助发展经验

龙港市华中社区位于龙港市东南部，区域面积 1.8 平方公里，户籍人口 3088 人，党员 79 名，2020 年集体经济收入 120 万元，先后荣获温州市先进基层党组织、浙江省美丽乡村精品村、浙江省 3A 级景区、全国法治村庄等称号。

华中社区强化核心领导，坚持以党建为引领，为了加快并心融合，华中社区党总支注重发挥乡贤力量打好乡贤牌。作为龙港市华中社区的"乡贤助乡兴"实践基地，"梦江南生态园"于 2015 年 10 月正式开园。"梦江南生态园"是华中社区台商合资建设的休闲观光农业项目，总占地面积 608 亩，总投资 1.2 亿元。该生态园以休闲观光功能为主，内设有花海观光基地、台湾果园、观光百果园、采摘园、农家乐、科普拓展、农居体验区和儿童娱乐区等。作为龙港重点农业项目之一，"梦江南生态园"也是龙港首家台商合资农业项目。"梦江南生态园"既为华中社区的居民提供了假日游玩的好去处，又通过发展农业休闲项目为华中社区的经济增长和就业增加起到了促进作用。为进一步凝聚乡贤力量、助力乡村振兴，华中社区还成立了乡贤理事会，在每年春节和重阳节召开乡贤议事大会，发挥乡贤资金、资源和人脉优势，为社区发展献计献策献力。

（四）产业路径：中对口社区的美丽乡村发展经验

中对口社区坐落于横阳支江东岸，钟山北麓。灵龙大道、灵宜公路穿境而过，河港纵横，水系发达，水陆交通便利。中对口社区 0.7 平方公里，户籍人口 1705 人，党员 35 人，先后荣获国家新型城镇化综合试点农村、就地城镇化示范村、浙江省土地综合整治示范村等荣誉称号。

中对口社区两委以农村土地综合治理为"村改社区"工作的重要抓手，在改善社区环境和居住质量的同时，带动了乡村经济的发展。改革开放以来，中对口社区一直以布脚料加工、褪色染料加工、初级气流纺等为主业，村中垃圾漫天、污水横流。全社区原房屋 402 间，其中 80 年代建的房屋 90 间，50—70 年代建的房屋 312 间，大部分属于 C 级、D 级危房。为彻底改变社区环境脏乱差、村集体经济薄弱的状况，中对口社区两委积极开展农村土地综合治理工作，深度推进"山水林田居"综合治理和改造。

总的来说，中对口社区完成了脱胎换骨的三件大事：第一件大事是农房集聚，拆除危房、老房就地进行城镇化改造，村民同城里人一样住上了有自来水、管道燃气的楼房；第二件大事是对碎片化土地进行整合，将复垦土地建设为现代化示范园，招引一批高新的现代农业项目，带动农业产业的发展和农民致富；第三件大事是机关干部与社会组织服务下沉社区，中对口村目前已建成老人公益区、生态公益园、村民中心、村卫生室、文化礼堂、运动场馆等设施场馆，打造出生态河道贯通、亭台楼阁和绿树红花相映的生态宜居美丽乡村。

在全域土地综合整治的推动下，中对口社区初步实现了全社区一、二、三产业融合发展。中对口社区做大"全域土地综合整治＋美丽乡村建设＋产业振兴"文章，大力开发农业多功能，延长产业链、提升价值链，积极探索出一条社区居民增长、社区治理、乡村振兴的新路子。

（五）合作路径：优质公共服务机构引进与发展

为全力保障龙港市大部门体制的高效运行，破解"大部制"带来的"人少事多"困境，龙港市积极推进"一张清单转职能"改革，探索多元化、低成本、高效率的公共服务供给，推动政府职能"减负""瘦身"，打造"小政府、大服务"的高效运转模式。为此，龙港在购买公共服务，将部分公共服务职能向社会组织转移方面作出有益尝试。

在公共服务转移主体上，根据龙港市"大部制"改革，将转移职能的范围扩展到龙港市所有的党政大部门、群团机关。在承接主体上，强化专业化社会组织培育，并打破承接主体属地化限制。在转移职能上，除法律、法规另有规定外，凡是适合向社会组织转移的公共服务，均可纳入转移范围。在引进优质公共服务承办机构时遵循三个原则：一是转移项目成本只少不多，变"政府包揽"为"社会参与"、变"花钱养人"为"花钱办事"。比如龙港市经济发展局将市小微企业园入园企业日常经营情况走访、排摸调查职能委托给龙港市龙鸿环保社会工作服务中心后，较通常做法可减少10个工作人员力量，每年可节约行政经费100多万元，有效降低了行政经费支出，节约了人力资源。二是提升工作效能。比如龙港市委宣传统战部（市文化广电旅游和新闻出版局）将全市印刷企业"五项制度"数据录入上报职能委托给龙港市印刷包装行业协会,通过发挥行业管理组织的优势出色地完成该项工作,截至 2020 年 9 月中旬,龙港市企业在印刷业管理平台上注册 653 家,上传总数在温州市排名第一,获得了温州市委宣传部的高度肯定与表扬。三是注重服务成效。比如龙港市社会事业局将农村留守儿童关爱服务这项公益性职能委托给龙港市壹次心未成年人帮扶中心后,通过开展留守儿童和困境儿童关爱行动,助力未成年人健康成长,公益职能得到充分体现,取得了良好的社会效果,形成了多方共赢的新格局。

三、思路目标

(一)主要思路

共同富裕是社会主义的本质要求,是人民群众的共同期盼。深刻理解把握共同富裕的核心要义,持续深化拓展对共同富裕社会形态的理性认识,坚持全民共富、全面富裕、共建共富、逐步共富的原则,以高质量发展超越"三条均线"、以高水平均衡缩小"三大差距"、以高效能治理解决"三座大山",努力推进发展高质量、服务高水平、全域城市化、治理数字化,加快打造高质量发展建设共同富裕示范区县域样板,成就共同富裕时代的"新温州模式"。

(二)战略定位

全域城市化基本单元的改革先行区。以数字化高质量发展为引领,以未来社区建设为抓手,促进城乡居民收入增长与经济增长更加协调,打造成为人民精神生活丰富、社会文明进步、人与自然和谐共生的幸福美好家园。

优质公共服务均等化的改革试点区。以新型城市化为抓手,深入破解城乡二元结构、缩小城乡差距、健全城乡融合发展的体制机制,高水平引进和培育公共服务项目,率先探索实现优质公共服务均等化的示范模式。

县域现代治理数字化的改革试验区。充分运用新型城镇化和现代治理数字化等手段,着力推进"大部制、扁平化"改革,加快形成政府管理与社会治理相结合的管理方式,为全域人民群众提供更加精准化的服务福利。

（三）发展目标

按照"每年有新突破、5 年有大进展、15 年基本建成"的安排，奋力创造一大批具有龙港辨识度的共同富裕重大标志性成果，为全省建设示范区、全国实现共同富裕提供更多的龙港案例。到 2025 年，共同富裕的体制机制进一步完善，共同富裕的物质基础进一步夯实，共同富裕的群众获得感进一步增强，共同富裕的文明风尚进一步浓厚，共同富裕的安全底线进一步巩固，推动共同富裕县域样板建设取得明显实质性进展。到 2035 年，高质量发展走在全国前列，建成具有龙港辨识度的共同富裕先行市。

四、对策建议

（一）发展数字化，夯实共同富裕基础

数字驱动培育新兴产业。大力实施数字经济"一号工程"2.0 版，着眼提升数字经济治理体系和治理能力现代化。一是要聚焦数字协同，推进产业大脑建设。通过引进战略服务商，建设基础性工业互联网平台，打造一批具有龙港特色的应用场景。重点围绕印刷包装、新型材料、绿色纺织等传统产业集群，培育一批企业级、区域级、行业级工业互联网平台。二是聚焦未来工厂模式，深入实施百企智能化改造，实现规上企业智能化技改、数字化园区改造两个全覆盖，有效提升企业信息化、数字化、智能化、网络化水平，形成从"智能产线、智能工厂（数字化车间）、未来工厂"的多层次新智造企业群体。三是要推进系统集成，健全数字贸易体制机制，加快实现传统服务贸易数字化，使物流、客流、资金流和信息流更畅通更便捷。推动服务外包向高技术、高品质、高效益、高附加值转型升级，加快信息服务、技术贸易等新兴服务贸易发展，打造以高端服务为先导的"数字＋服务"新业态新模式。

创新驱动促进转型升级。加快推进产业转型升级，大力推动企业设备更新和技术改造，推动传统产业高端化、智能化、绿色化发展，做优做强战略性新兴产业和未来产业，培育若干世界级先进制造业集群。重点促进中小微企业专精特新发展，提升创新能力和专业化水平。明确企业的创新主体地位，加速推进产学研一体化，健全对基础研究的稳定支持长效机制。加大战略性

新兴产业支持力度，集聚创新要素，特别是培养和引进急需人才，为高质量发展培育原生动力。在传统实体产业中，必须坚持创新引领技术改造，促进传统产业提质增效的转型，推动传统产业与新兴产业的融合发展。稳定制造业比重，通过完善产业链进一步促进产业高质量发展，以产业兴旺带动劳动者致富增收，并进一步提升共同富裕程度。

改革驱动优化营商环境。建议加快"放管服"和商事制度改革，进一步优化营商环境，提升各类市场主体获得感，保障就业和促进创业。政府在市场准入、要素获取、市场权益、公平监管等方面更为及时有效地回应市场主体关切，鼓励地方在优化营商环境方面积极探索"一网、一门、一次"等政务服务改革举措。进一步推动政府从"定价格"向"定规则"转变，深化土地、劳动力、资本等传统要素的市场化配置改革。科学制定交易规则，强化对不正当交易与竞争的综合监管，加快高标准市场体系建设，培育技术和数据等新兴要素的交易市场。健全服务于要素市场化配置的统计制度和配套制度，消除要素回报在行业间的行政扭曲。

专栏4：衢州的发展定位

如何把握新机遇，如何扭转地区劣势为发展优势，衢州的经验具有参考价值。与能级更高的杭州、宁波，及沿海的温州、台州地区相比，省域边际城市衢州实属"后进"，辖内县区市均属浙江加快发展的山区"26县"行列。但近年来，衢州发展势头强劲，2020年六项经济增速指标位列浙江省第一。究其原因，衢州找到适合自身的发展路径，化劣势为优势，打造出独具特色的经济增长点。

衢州市位于浙江省西部、钱塘江源头、浙闽赣皖四省交界处。四省通衢的区位优势，成为衢州在长三角城市群中的特色，也为衢州打造新发展模式奠定基础。尤其在中国加快构建的"双循环"新发展格局的背景下，衢州迎来发展的历史机遇。当前，衢州正以"跳出浙江发展浙江"理念，从更高格局谋划提出"加快建设浙皖闽赣四省边际中心城市"的战略定位，期望以独特区位优势和不断改革开放把握历史机遇，走出一条新型城市化道路，实现城市能级的"迭代升级"。

1986年"九方经济区"建立，是国内最早建立的跨省域经济合作组织之一。经济区由福建省的南平市，浙江省的衢州市、丽水市、金华市，江西省的上饶市、抚州市、景德镇市、鹰潭市和安徽省的黄山市组成，联络处常设衢州。34年后，经济区先后诞生了包括浙皖闽赣国家生态旅游协作区、浙赣边际合作（衢饶）示范区等在内的一批区域合作平台。2014年11月，四省共同发起成立浙皖闽赣国家生态旅游协作区，协作区的秘书处常设衢州。2019年4月，四省在浙江义乌签署《关于加快推进浙皖闽赣国家生态旅游协作区建设合作协议》，提出以全域旅游理念，将协作区作为一个大景区，不断完善公共服务设施。2020年8月，衢州市委七届八次全会确立当地"加快建设四省边际中心城市"的战略目标。2020年10月29日，合作共建浙皖闽赣（衢黄南饶）大花园旅游示范区筹备会议在衢州市召开，浙皖闽赣（衢黄南饶）"联盟花园"浮出水面。浙皖闽赣国家生态旅游协作区是一个"大群"，而四市"联盟花园"是"大群"里的"小群"。以四市为抓手，工作开展上更为聚焦，有利于发挥跨区域旅游协作的"头部效应"。各自为战，显然势单力薄；抱团取暖协同作战，才是四地的最佳选择。

找准发展方向，各项政策及配套措施更有据可依、有的放矢。衢州拟在"十四五"时期打造综合交通、商贸物流、教育医疗、绿色金融、人才集聚、美丽经济、数字经济"七个桥头堡"。以"联盟花园"为先行区、核心区，围绕打造"特色鲜明的国家级旅游休闲城市群和世界级生态文化旅游目的地"这一目标，建设一个共建共享、融通融合、开放开发的命运共同体。

衢州的发展经验昭示，深入了解本地情况、找准自身发展特色，方可探索出适合当地发展的新路径。改革开放初期，龙港凭借印刷业、礼品业实现了第一次经济腾飞。如今，在低端制造业亟待转型升级的背景下，龙港更应充分关注自身区位特点，在推动制造业向高端迈进的同时做大做强做长产业链，开拓新的经济增长点。

与衢州类似，龙港同样处于省域边际，且位于鳌江入海口南岸，东濒东海，西接鳌江横阳支江，水路交通便利。龙港境内的鳌江港是浙江省五大港口之一。规划中的龙港港口2020年吞吐量目标为1100万吨，2030年吞吐量目标为3000万吨；规划中的崇家岙港区泊位规模为1万—3万吨级；规划中的舥艚渔港2020年达到国家一级渔港标准，2030年达到国家中心渔港标准。地理位置与水路交通为龙港跳出浙江圈谋地区合作发展提供可能。龙港作为移民城市，具有深厚的开拓进取的精神文化，应抓住转型机遇，化薄弱点为增长点。

（二）城乡一体化，实现城乡融合发展

深入开展国家新型城镇化试点。紧紧围绕国家新型城镇化试点工作要求，积极探索职能分工合理、行政层级优化、管理机构精简、行政成本降低、行政效能提高、公共服务改善、治理能力提升的新型城市模式，为浙江乃至全国提供可复制、可推广的经验和模式。深入推进未来社区建设，鼓励河底高社区、华中社区、中对口社区等打造未来社区样板。

稳妥推进农村宅基地制度改革试点。进一步理顺部门职责，建立农业农村、自然资源、综合执法等相关部门有效协同的机制；进一步理顺集体经济组织与社区的关系；合理制定宅基地资格权认定办法，以集体经济组织成员为基础，结合户籍，以户为单位进行农户宅基地资格认定。探索资格权多元化保障方式。根据龙港全域城市化的特点，探索统筹宅基地新增建设计划指标，政府统一集中建设农村经济适用房，跨社区兑现宅基地资格权。探索建立以集体经济组织为主体的居民（宅基地资格权人）住房保障基金制度。适度放活宅基地使用权，允许在本市范围内流转宅基地使用权和农房；探索解决历史遗留宅基地农房流转纳入合法管理的路径和方法；探索建立宅基地使用权抵押融资制度、抵押登记制度以及抵押风险评估防范制度；探索宅基地无偿分配和有偿使用并行制度；探索建立宅基地收储制度及实施平台；鼓励已在城镇安家落户的农民退出宅基地。

推动浙南闽北区域合作试点。深化重点区域合作，提升合作层次和水平。

推动龙港与周边城市间的基础设施、公共服务、环境治理等协调联动，鼓励更多区域制定共同富裕行动计划，深化地区间关于推进共同富裕的经验交流与合作。鼓励地区间探索开展基本公共服务跨区域流转衔接办法，提升社会保险关系转移接续便捷度。深入开展社区协作和定点帮扶，进一步扩大帮扶领域，实现全方位、多领域、深层次的发展式协作，健全帮扶机制，加强产业合作、资源互补、劳务对接、人才交流。动员包括企业、社会组织、个人在内的社会力量参与帮扶，更好发挥市场机制作用，推动各类协作资源有序流动对接。

专栏5：嘉兴的集体经济

嘉兴在居民增收方面的成绩一直令人瞩目。2020 年，嘉兴城镇居民人均可支配收入 64124 元，同比增长 3.5%。嘉兴城镇居民人均可支配收入连续 9 年居浙江全省各设区市第四位。农村居民人均可支配收入 39801 元，同比增长 6.4%；连续 17 年居全省 11 地市首位，比全省平均水平高 7871 元。嘉兴不仅具有高水平的居民收入，值得关注的是，嘉兴城乡居民收入比为 1.61：1，较上年缩小 0.05，缩小幅度创近年新高，城乡差距为全省 11 地市最小。

嘉兴人均收入的高速增长，尤其是城乡均衡发展是当地先进发展模式与管理措施的成果。2013 年以来，嘉兴市积极探索"飞地抱团"发展村级经济的模式。项目由县级统筹、跨镇发展，鼓励村将低效土地进行整治复垦，腾出用地指标，异地"飞"到规划工业园区、经济开发区等优势地段抱团发展物业经济。2016 年，嘉兴市嘉善县正式推出"飞地抱团"强村项目。通过该项目，嘉善县各个村腾退"低小散"企业获得的土地指标流转，与"强村计划"每年分配给各个镇村的土地统一归集，选择区位优势明显的地块建立园区。以嘉善县大云镇缪家村的中德生态产业园为例，"飞地抱团"项目由村集体出资成立公司开发建设，每年按投资额的 10% 给予出资村保底分红，让薄弱村、腾退村都有机会参与抱团发展。凭借中德生态产业园，国庆村村级集体经济收入由 2017

年的 107 万元跃升至 2020 年的 427 万元，4 年增长了近 4 倍。

截至 2020 年底，全市累计建成"飞地抱团"项目 110 个，涉及 1342 村次，其中薄弱村 552 村次，集体经济股份分红村 151 个，分红额 1.1 亿元；项目总投资 109.7 亿元，其中各级财政补助 12.4 亿元；项目用地 4361 亩，收益率普遍达到 8% 至 12%，实现了县域抱团项目全覆盖、集体经济薄弱村全打包、"消薄"任务全兜底。浙江高质量发展建设共同富裕示范区，为嘉兴继续创新"飞地抱团十低收入农户增收"等扶持模式提供良好契机。

龙港市由"农民城"发展而来，在城乡融合发展方面具有天然优势。龙港当务之急在于找到农民增收的新办法。以河底高社区为代表的龙港先进社区已在做强集体经济方面做了长期而充分的探索，也获得了实实在在的好处，可见发展集体经济在龙港同样是行之有效的。嘉兴的经验说明，更高层级的统筹、更广泛的土地流转将更有利于发挥集体经济的优势。目前，龙港的土地流转范围十分有限，多以社区为单位。集体经济规模因此受限，对农民增收的效果也大打折扣。龙港可以考虑进一步放宽土地流转限制，给予集体经济更多扶持，在向高质量发展迈进的过程中，保障农民收入不掉队。

（三）差距缩小化，推进人民共享发展

实现更高质量就业。强化就业优先政策，坚持经济发展就业导向，扩大就业容量，提升就业质量，促进充分就业。支持和规范发展新就业形态，完善促进创业带动就业、多渠道灵活就业的保障制度。统筹各类职业技能培训资金，合理安排就业补助资金。完善重点群体就业支持体系，帮扶困难人员就业。创造公平就业环境，率先消除户籍、地域、身份、性别等影响就业的制度障碍，深化构建和谐劳动关系，推动劳动者通过辛勤劳动提高生活品质。

拓宽居民增收渠道。增加低收入者收入，使其成为中等收入者。拓展城乡居民增收渠道，深入实施就业优先战略，通过市场化方式提高居民收入增长率。强化技能培训提升人力资本，完善劳动者终身职业技能培训体系，持

续开展职业技能提升行动，不断提升劳动者人力资本存量和质量，满足快速变化的产业需求。完善集体产权制度改革的税收优惠政策，全面推开农村集体经营性建设用地入市，扩展农民土地增值收益，将占补平衡指标调剂的相关收益纳入农民分红，增加农民以集体经营性资产入股新型经营主体的股权收入。

扩大中等收入群体。重点实施扩大中等收入群体行动计划，激发技能人才、科研人员、小微创业者、高素质农民等重点群体活力。加大人力资本投入力度，健全面向劳动者的终身职业技能培训制度，实施新时代浙江工匠培育工程，加快构建产教训融合、政企社协同、育选用贯通的技术技能人才培养培训体系，完善技能人才薪酬分配政策，拓宽技术工人上升通道。对有劳动能力的低收入群体，坚持开发式帮扶，提高内生发展能力，着力发展产业使其积极参与就业。拓展基层发展空间，保障不同群体发展机会公平，推动更多低收入群体迈入中等收入群体行列。实行更加开放的人才政策，激发人才创新活力。

提高劳动报酬在国民收入中的比重。要着力缩小收入差距，拓宽居民增收渠道，壮大中等收入群体，推动低收入群体持续较快增收，完善收入分配调节机制，率先形成以中等收入群体为主体的橄榄型社会结构。进一步提高劳动报酬特别是一线劳动者报酬，持续提高居民收入水平，使国民收入分配适当向居民收入倾斜。通过终身教育和终身培训，提高劳动者素质和技能水平，匹配企业和社会对高技能人才的需求。推进行业工资集体协商谈判机制，将劳动分红、高技能人才待遇、技能创新奖励等纳入工资集体协商范围，积极探索劳动、技能要素参与分配的形式。

实现人力资本投资均等化。营造人人机会均等的发展环境，缩小个体间发展环境差别，特别是强化教育机会均等。关注儿童早期发展，加大对儿童早期发展、营养健康、教育保障等方面的资源投入，缩小城乡区域间0—3岁或7岁以下儿童的基本公共服务差异，提高人力资本公共投资均等化。

（四）服务均等化，提高人民群众获得感

健全"幼有所育"。完善现行生育保险制度，建立面向全体城乡居民的生育津贴制度。以0—3岁儿童为重点，试点普惠型儿童津贴制度，今后逐渐扩展到0—15岁少年儿童。完善留守儿童关爱体系，加快发展婴幼儿托育事业，

鼓励和支持用人单位开办托育设施，发展社会化托育服务。

提升"学有所教"。发展普惠性学前教育。推动义务教育基本均衡向优质均衡发展，推进城乡间教师轮岗制度。保障农业转移人口随迁子女平等享有基本公共教育服务，逐步放宽随迁子女在就读地升学考试条件。提升乡村教育数字化水平，改善乡村学校基础设施，加强乡村教师队伍建设，提高乡村教师素质能力。巩固提升高中阶段教育普及水平，鼓励高中阶段学校多样化发展，优化结构布局，提高重点地区高中阶段教育毛入学率。发展特殊教育，完善专门教育保障机制。

完善"劳有所得"。完善重点人群就业支持体系，通过统筹城乡就业政策体系、深化户籍制度改革等手段，提高就业率和就业质量，加快农业转移人口市民化。完善中低收入家庭个人所得税税收返还政策，根据报税人身份及其供养子女数量设置不同的税收返还标准，实现促进就业和缓解相对贫困的双重目标。改革职业技能培训体制，发展市场化职业培训，加强面向市场的技能培训，鼓励以工代训，共建生产性实训基地，形成以用人单位为主体的职业培训体制。完善财政对就业培训的补助机制，将职业技能培训资金更多地直接用于补助用人单位和劳动者。

健全"老有所养"。加快发展养老服务业，尤其是完善居家养老服务网络，增加照护服务特别是农村照护服务的可及性。优化养老机构布局，增加护理型床位，鼓励民办养老机构连锁化、品牌化、社区化发展。普遍实施困难家庭失能老人照护服务补助制度，稳步推进长期照护保障制度，保障失能老人具有购买基本照护服务的能力。完善财政补助机制，向对低收入失能老人的需方补贴倾斜，保障失能老人购买基本照护服务的支付能力和选择权，改变低收入失能老年人"公办养老机构住不进，民办养老机构住不起"的困境。逐步改革公办养老机构服务价格管理制度，分步实现经营成本定价和完全成本定价。基本养老服务实行政府定价，其他养老服务实行市场定价。推进"放管服"改革，通过"公建民营""民建公助"等多种方式将公办养老机构委托企业或社会组织运行。

加强"病有所医"。加强欠发达地区区域医疗中心建设，通过高水平医院组团式帮扶发展，提升综合能力和专科能力，重点加强针对"一老一小"等人群的区域专科医疗资源均等化配置。多部门协同推进基层卫生人才定向培养，创新村级卫生人才"县招乡管村用"机制，加强基层医疗卫生服务人才的流动机制建设，加强区（县）及以下医疗卫生服务机构的能力建设。实施重点慢性病干预计划，强化常见慢性疾病防治，推进常见癌症的预防筛查。完善精神卫生和心理健康服务体系，实施心理救援队伍、社会工作者的储备计划，健全社会心理服务体系和危机干预机制。

实现"住有所居"。完善长租房政策，有序扩大城市租赁住房供给，逐步使租购住房在享受公共服务上具有同等权利，保障承租人和出租人合法权益。扩大保障性租赁住房供给，着力解决困难群体和新市民住房问题。单列租赁住房用地计划，探索利用集体建设用地和企事业单位自有闲置土地建设租赁住房，支持将非住宅房屋改建为保障性租赁住房。处理好基本保障和非基本保障的关系，完善住房保障方式，健全保障对象、准入门槛、退出管理等政策。改革完善住房公积金制度，健全缴存、使用、管理和运行机制。

控制社保差距。稳步提高以老年农民为主体的城乡居民基础养老金和基本医疗保险待遇水平，保持职工基本养老金和基本医疗保险待遇的适度水平，制定这两个群体基本保障待遇差距缩小的目标和行动计划。按照"统账分离"的思路，改造基本养老保险制度设计，建立全民统一的基本养老金制度。鼓励和支持职工基本医疗保险与城乡居民基本医疗保险制度整合，逐步形成全民统一的基本医疗保险制度。

优化社会兜底。清理各类不合理低保申请资格门槛条款，合理划分子女赡养责任和政府兜底责任边界，建立尽职免责工作机制，改变"宁漏勿错"的工作倾向，让收入和财产状况符合低保标准的城乡居民都能得到保障。合理确定低保标准，既保障城乡居民的基本生活，又防止标准过高出现"福利依赖"现象。完善低收入家庭核定机制，打破数据孤岛，试点引入水电燃气通讯费大数据作为辅助性指标，建立主动识别工作机制。

（五）治理现代化，打造智慧政府体系

打造县域治理现代化。以数字化改革撬动各领域各方面改革，全面对接融入全省党政机关整体智治、数字政府、数字经济、数字社会、数字法治等五大综合应用，推进县域治理体系和治理能力现代化，加快形成具有龙港特色的"一张智网管全域"数字治理模式。开展国家城市标准化综合试点，构

建县域治理标准体系，提升城市建设和管理的科学化、规范化、精细化水平。深化基层治理"四化"集成改革，通过搭建信息化平台、强化网格管控、完善多元共治机制、争取社区赋权立法，加快实现社区直接管理、服务直接落地、事件直接处置，力争把扁平化的制度优势转化为发展胜势，努力打造县域治理现代化的样板区。

完善政府运行模式。以"体制创新"打通政府运行堵点，探索最优的大部制运行机制，真正将机构的"物理整合"转变为"化学融合"；统筹实施"一张清单转职能"改革和政府购买服务综合改革，制定完善可动态调整的政府职能转移和购买服务事项清单，加速政府转型、瘦身、提效；深入实施综合行政执法改革，建立"审批—监管—执法"协调联动机制，打造综合执法信息化平台，着力提升执法能力和执法效率。以"数字赋能"提升政府效能，推动部门核心业务数字化迭代升级，加强跨部门数据共享、流程再造、业务协同，健全综合集成、闭环管理的工作机制；集成运用数字资源，推进政务服务"一网通办""全域通办"，加快实现"掌上办事""掌上办公""掌上治理"；立足"场景化""一件事"数字应用和群众需求，让政府运行更加高效。

专栏6：杭州的公共治理

杭州作为全国唯一一个连续 13 年获得"中国最具幸福感城市"殊荣的城市，在提高公共服务质量方面具有示范性。拥有超千万人口的大城市杭州，能长期保持高质量公共服务良性运转，居民满意度不下降，与其先进的治理办法密不可分。

重视民众意见，帮助杭州市精准发现公共服务漏洞，提高"查漏"效率。2006 年 8 月，杭州设立了市综合考评委员会办公室，对市直单位实行全方位、多维度的综合考核评价，其中，社会评价占 50%。近年来，杭州市对 116 家市直党政机关和企事业单位，以及 13 个区、县（市）都开展了全方位、多维度、综合性考核评价，注重考评公民导向和公众诉求回应机制的建设意见收集对象从初期的 4 个层面 6000 余名参评代表，到目前的 9 个层面 1.2 万人。为保障居民意见与诉求可以原汁原味地反映到相应部门，杭州政府外包专门单位，通过入户调查等方式分门别类收集信息。收集上来的意见既作为年度考评依据，又当作今后工作推动的抓手。综合考评的民意导向，无疑成为杭州市各项公共服务提升的重要源动力。

同时，杭州市通过绩效管理结果与奖励惩戒、职务升降直接挂钩等方式，强化"补缺"能力。为使收集到的民意切实转换为提高公共服务水平的措施，杭州市同时配套一系列行之有效的整改机制。杭州市民不仅通过社会评价表达对政府部门工作的意见和建议，2008 年以来，杭州市考评办每年还会向社会公开发布由各部门制定、总计近 200 项的年度社会评价意见整改目标。市民可以对政府机关整改结果进行考核评价，从结果上进行监督。每年年底整改结果会向社会公示，接受公众的再评价，形成"评价—整改—反馈—再评价—再整改—再反馈"的有效公众诉求回应机制，倒逼民生问题不断得到改善。

以杭州市卫生健康委员会（原卫生和计划生育委员会）为例，2013 年，杭州市卫生局（2014 年，杭州市卫生局与杭州市人口计生委合并，组建杭州市卫计委）把推行智慧医疗作为年度社会评价意见整改目标，承诺当年市属医院开通市民卡智慧医疗结算的诊间覆盖率达100%，年底前市属医院持市民卡就诊患者诊间结算比例达40% 以上。至 2015 年，杭州所有市级医院均已实现患者在医生的电脑上刷市民卡或健康卡即可缴费，无需再到窗口排队缴费，化验、检查的预约缴费也都可同时完成。目前，这项服务已延伸到杭州所有县级医院、城区社区卫生服务机构和部分民营医院，甚至还扩展到住院病人"床边结算"，每个病人平均至少节约 1 小时看病时间。

杭州市的公共服务水平处于全国前列。对于龙港而言，在提高公共服务质量、努力向杭州看齐的同时，更重要的是学习杭州提升公共服务的方法和思路。首先，通过收集民意，自下而上地查找公共服务的漏洞和短板，大大提高办事效率。龙港刚刚经历撤镇设市，城市部分职能空缺在所难免，民众意见可以帮助政府快速分辨查漏补缺的重点难点。其次，抓住数字化发展机遇，公共服务建设切忌按图索骥。数字化发展为提高公共服务质量的提高提供了直接的便利，龙港的部分公共服务建设可以一步到位，部分职能直接在线上开发，避免"重置成本"。

龙港市要发扬舍我其谁的改革精神，增强敢闯敢试、改革破难的担当精神，始终保持奋进姿态，谋在先、干在前，争当全省高质量发展建设共同富裕示范区的先锋军。龙港要进一步健全共同富裕的推进机制，加快建立"领导小组十工作专班"机制，抓紧完善重点任务清单、突破性抓手清单和重大改革清单，充分调动各方积极性、主动性、创造性，发动全社会参与共建，建立健全示范推广机制，及时总结好经验好做法，归纳提炼体制机制创新成果，成熟一批、推广一批，发挥好示范带动作用。

课题负责人：李　实
课题组成员：马高明　陶彦君　于书恒

后 记

　　龙港自诞生之日起，就是一座自带光环和流量的城市。读龙港的历史就像在读一部中国的改革开放史。自 1984 年 6 月开始允许农民"自理口粮进城"后的短短半年时间内，就有 7000 多户农民到龙港落户，在造就"中国第一座农民城"的同时，也开启了户籍制度改革的先河。与此同时，提出"谁投资谁受益、谁出钱谁建房"，按照级差地租来收取费用。到 1985 年底，共收取城市建设配套费 1000 多万元，基本上解决了"三通一平"建设所需要的资金，在全国率先实行土地有偿使用制度改革。为简化农民进城的审批手续，龙港设立"欢迎农民进城办公室"，从一开始的每月两次在港区召开县长办公会议，八颗"大印"集中一次盖全，到后来的减去 7 颗"大印"，由县计经委一家审批，妥妥地就是"一窗受理""一枚印章管审批"等"放管服"改革的鼻祖。类似的改革例子在龙港的成长道路上不胜枚举，称龙港是一个改革的"国家实验室"亦不为过。2019 年 9 月，龙港又成为全国唯一一个同时实施"大部制"和"扁平化"改革的"镇改市"，扛起新一轮改革的大任。这样一座"不改革无龙港"的城市，是诸多公共管理学者心目中极好的研究案例。正因为此，本人主持的"研究阐释党的十九届五中全会精神国家社科基金重大项目'推进以县城为重要载体的城镇化建设研究'（21ZDA071）"选择龙港作为其中一个典型案例加以重点追踪和研究。

　　与龙港结缘始于 2019 年 12 月 13 日，履新还不到一周的郑建忠书记带队访问我们学院，希望与我院建立长期、稳定、紧密的战略合作关系，并希望我院能把龙港作为一个长期的教学、研究和实践基地，关注并指导龙港改革。被郑书记的诚意打动，我受时任院长郁建兴教授委托，于一周后带队回访龙港。

回访期间，郑书记于百忙中两次跟我们座谈，畅谈龙港美好愿景之余，也非常务实地与我们交流他的一些困惑以及改革过程中遇到的困难和困境。2019年12月21日，我代表学院与龙港市正式签署战略合作协议。自此，我们与踏上新征程的龙港一路同行。2020年9月26日，恰逢龙港"镇改市"一周年之际，"2020中国（温州·龙港）新型城镇化改革发展高峰论坛"在龙港召开，我受邀作为圆桌论坛分享嘉宾出席论坛，并很荣幸地受聘为龙港市国家新型城镇化综合改革专家顾问之一。2021年4月1日，在龙港市深化国家新型城镇化综合改革推进会上，我代表浙江大学中国新型城镇化研究院与龙港市人民政府签订合作协议，合作内容之一是协助龙港一起交好建市两周年高分答卷，这也是浙江省委书记袁家军2021年1月调研温州时对龙港提出的要求。

为交出满意的答卷，我们给自己制订的目标是"总结改革、指导改革、倒逼改革"。总结改革可以为类似地区的改革提供可以复制、可以推广的经验；指导改革是充分发挥公共管理学者在理论储备上的优势，为龙港高质量发展出谋划策；倒逼改革则是跳出龙港看龙港，为更高层面的配套改革建言献策。在此目标引领下，结合龙港的改革任务，我们设计了两大块研究内容：体制变革篇和城镇化改革篇。

体制变革篇包含以下五个子课题：

（1）龙港市行政管理"大部制"改革实践研究；

（2）龙港市基层治理"扁平化"改革下社区治理机制实践研究；

（3）全域一体化新型政务服务"龙港模式"实践研究；

（4）龙港"市社一体、条抓块统"整体智治实践研究；

（5）龙港市"大部制、扁平化"改革下干部激励机制研究。

城镇化改革篇包含以下四个子课题：

（1）龙港市打造全国新型城镇化改革策源地实践研究；

（2）龙港市创新发展路径研究；

（3）龙港市推进城乡融合发展路径研究；

（4）龙港打造共同富裕先行城市研究。

呈现在读者面前的这份研究报告是团队共同努力的成果，研究开展期间，团队成员对龙港开展了广泛而深入的调研和座谈，并进行了大小团队多次线上、线下研讨。以下是团队核心成员：

陈丽君,浙江大学公共管理学院教授,行政管理研究所所长;浙江省人才发展研究院执行院长

李　实,浙江大学文科资深教授,浙江大学共享与发展研究院院长;

刘　亭,浙江省政府咨询委员会学术委副主任、研究员,浙江省发展和改革委员会原副主任;

李学文,浙江大学公共管理学院副教授,城镇化与空间治理研究中心副主任;

胡税根,浙江大学公共管理学院教授,公共服务与绩效评估研究中心主任;

马高明,浙江大学公共管理学院特聘副研究员;

庞亚君,浙江省发展规划研究院产业发展研究所副所长;

吴结兵,浙江大学公共管理学院教授,城市治理研究所所长;

吴金群,浙江大学公共管理学院教授,中国地方政府创新研究中心副主任;

吴宇哲,浙江大学公共管理学院教授,城镇化与空间治理研究中心主任;

张蔚文,浙江大学公共管理学院副院长,中国新型城镇化研究院副院长。

研究团队的阵容可谓豪华,资深者如浙大文科资深教授,实践经验丰富者如荣休和在职的政策部门学者型官员,新生力量如刚入职我院的特聘副研究员,更有一帮朝气蓬勃的硕博士研究生参与其中,为我们的研究带来了无限活力。要特别感谢李实老师和刘亭老师,屈尊参与子课题研究,并对我的工作给予最大的支持,他们是课题组的"定海神针"。由于成员较多,不在这里一一罗列,根据各自贡献已在各章节里具体呈现,在这里一并表示感谢!没有团队的精诚合作,就没有这份报告。

十分感谢以下专家(按姓氏拼音排序)在项目开展过程中给我们提了非常专业到位的意见和建议!

高　翔　浙江大学公共管理学院教授、院长助理,浙江大学 MPA 教育中心主任;

马　亮　中国人民大学公共管理学院教授;

潘广俊　浙江省司法厅二级巡视员,浙江省综合执法办原副主任;

孙　涛　哈尔滨工业大学(深圳)人文社科学院执行院长;

朱春奎　复旦大学国际关系与公共事务学院教授;

范　毅　国家发展和改革委员会城市和小城镇中心规划设计部原主任；

刘士林　上海交通大学城市科学研究院院长、教授；

潘毅刚　浙江省咨询委特约研究员、浙江省发展规划研究院首席研究员、区域所所长；

谭　荣　浙江大学公共管理学院教授、博导、副院长；

吴登国　华东勘测设计研究院一级专家；

俞伯灵　《浙江社会科学》杂志社社长、主编、研究员；

朱希伟　浙江大学经济学院专聘副院长、教授、博导。

感谢浙江省社科联两位领导对本课题的帮助和支持，原党组副书记、副主席蓝蔚青参与了课题组在杭州举行的每一场研讨会，提出了很多真知灼见；现任党组副书记、副主席郭华巍抽出宝贵时间与我们分享他前后几次对龙港调研的感受和感悟，对我们启发很大。

感谢国家发展改革委发展战略和规划司、国家发展改革委城市和小城镇改革发展中心、浙江省发展改革委城镇发展处、浙江省委改革办、浙江省综合执法办，以上单位和领导高度关心和关注龙港改革，在与他们的工作对接和课题交流中，受益良多。

要特别感谢国务院参事仇保兴院士一直对我们研究院工作的大力帮助和支持，作为研究院专家委员会的主任委员，仇院士不仅百忙中拨冗出席研究院的重大活动，对本人主持的五中全会国家社科重大项目"推进以县城为重要载体的城镇化建设研究"也不吝赐教，并欣然作序，使本书增色不少。

为了能让课题组成员了解到一个全面和真实的龙港，在整个研究开展过程中，龙港方面给予了非常专业和细致的安排。在大部制和扁平化双重改革的压力下，龙港政府部门的职员基本都是处于超负荷工作状态，因此，像后半夜回复我们的微信工作留言这样的事都已经变得司空见惯了。感谢龙港人开放、包容的态度和敢闯、敢拼的精神，让我们充分感受到了"无改革不龙港"。

感谢浙江大学出版社副总编辑张琛在本课题启动之初就与我们对接出版事宜，并不厌其烦给予专业指导。感谢吴伟伟、陈佩钰等编辑为本书出版所付出的大量心血。

在龙港撤镇设市两周年之际，这本凝聚了众人心血的研究报告终于跟读者见面了。由于研究能力和精力的原因，本报告肯定存在不当和错漏之处，文责自负。作为龙港市成立两周年答卷的一部分，我们诚惶诚恐，等待阅卷人的批改和指正。

最后，我们将继续跟踪龙港改革。唯改革，才龙港；再改革、兴龙港。祝愿龙港改革结出更多硕果！

张蔚文

2021 年 8 月 23 日于浙江大学中国新型城镇化研究院